आधुनिकता और हिन्दी साहित्य

आधुनिकता और हिन्दी साहित्य

इन्द्रनाथ मदान

राजकमल प्रकाशन

ISBN : 978-81-7178-957-3

मूल्य : ₹795

पहला संस्करण : 1973
पाँचवाँ संस्करण : 2018
पहली आवृत्ति : 2023

प्रकाशक : राजकमल प्रकाशन प्रा.लि.
1-बी, नेताजी सुभाष मार्ग, दरियागंज
नई दिल्ली-110 002
शाखाएँ : अशोक राजपथ, साइंस कॉलेज के सामने, पटना-800 006
पहली मंजिल, दरबारी बिल्डिंग, महात्मा गांधी मार्ग, प्रयागराज-211 001
वेबसाइट : www.rajkamalprakashan.com
ई-मेल : info@rajkamalprakashan.com

मुद्रक : बी.के. ऑफसेट
नवीन शाहदरा, दिल्ली-110 032

AADHUNIKTA AUR HINDI SAHITYA
by Indranath Madaan

क्रम

आधुनिकता
और
हिन्दी साहित्य

आधुनिकता और कविता

१—आधुनिकता को देश-विदेश की कविता में पहचानने की कोशिश एक अरसे से होती रही है; लेकिन हिन्दी कविता में इसकी छुट-पुट पहचान हाल में होने लगी है और वह भी कवियों को लेकर अधिक और कविताओं को लेकर कम। इसे परिभाषा में बाँधने की कोशिश भी असफल होने की गवाही देती रही है। आधुनिकता इतनी पास है कि इसे तटस्थ दृष्टि से आँकना कठिन जान पड़ता है। आज इस शब्द के इस्तेमाल की बाढ़-सी आ चुकी है और पत्रकारों और पत्रकार-आलोचकों ने इसे इतना दूषित कर दिया है कि इसकी बात करने में थोड़ी झिझक महसूस होती है। आधुनिकता और आधुनिकवाद में अन्तर भी थोड़ा साफ होने लगा है—एक प्रक्रिया है और दूसरा मूल्य, एक गति है और दूसरी स्थिति। क्या इसे परखने की कसौटी काल की संगत है या देश की या देश-काल की ? क्या इसे ऐतिहासिक दृष्टि को लेकर आँकना सही है ? क्या इसमें निरन्तरता को खोजा और पाया जा सकता है या अनिरन्तरता में इसकी पहचान हो सकती है ? यदि इसमें निरन्तरता है तो किसकी ? क्या यह निरन्तरता प्रश्नचिह्न की है या अनिरन्तरता संवेदना या बोध की है ? इस तरह के पेचीदा सवालों के जवाब कविता में पाना बेहतर है या कविता के बारे में बात से ? आधुनिकता की दृष्टि से हिन्दी कविता की शुरुआत कहाँ से होती है ? क्या आधुनिकता का एक ही दौर हिन्दी कविता में आया है या एक से अधिक। यदि एक से अधिक दौर आये हैं तो उनकी पहचान और परख किस तरह हो सकती है ! इस तरह के और सवालों का पैदा होना लाजमी है। आधुनिकवाद को कभी एक सदी से जोड़ा गया तो कभी दूसरी से, कभी एक युग से जोड़ा गया है तो कभी दूसरे युग से, कभी एक दशक से जोड़ा गया है तो कभी दूसरे दशक से, कभी एक पीढ़ी से तो कभी दूसरी पीढ़ी से। कुछ नाम भी इससे जुड़ गए हैं, कुछ आविष्कार भी। नाम

कलाकारों और चिन्तकों के हैं और आविष्कार विज्ञान के। इनकी तह में आधुनिकता को खोजा और पाया गया है। इनके बारे में बात से बात कविता को लेकर निकलती रहेगी।

२—आधुनिकता की दृष्टि से हिन्दी कविता की शुरुआत अगर **कुकुरमुत्ता** (निराला) से की जाए तो आज यह असंगत नहीं जान पड़ता है और महादेवी ने एक संपादक के नाते यदि इसे **अपरा** में शामिल करने में संकोच किया था तो यह भी असंगत न था। इसमें छायावादी बोध का अस्वीकार था और उस समय यह कविता किस तरह हो सकती थी? इसका अन्दाज़ और मिजाज छायावादी बोध से भिन्न था। इस तरह की कविताओं की रचना निराला इससे पहले कर चुके थे। अन्य कवियों ने भी इस अन्दाज़ में कविताओं की रचना की हो—इसकी जानकारी अब तक मेरे पास नहीं है। इसके बाद **तार सप्तक** (१९४३) है जिसमें आधुनिकता को खोजा और पाया गया है। **कुकुरमुत्ता** (१९४१) एक लंबी कविता है। इसलिए शायद इसे आधुनिकता का दस्तावेज़ घोषित किया जाने लगा है जो युग का मुहावरा भी है। इसमें आधुनिकता को कसौटी बनाकर इन कविताओं में आधुनिकता को परखना भी खतरे से खाली नहीं है। **कुकुरमुत्ता** में आधुनिकता का बोध **हरी घास पर क्षण भर** में आधुनिकता की संवेदना से भिन्न है और **अँधेरे में** आधुनिकता का स्वीकार **अंधा-युग** में आधुनिकता के स्वीकार-अस्वीकार से भिन्न है। आधुनिकता कभी परम्परा से कट जाने की गवाही देती है, विगत से नाता तोड़ने में झलकती है तो कभी इससे नए धरातल पर जुड़ने की; विगत और आगत को मिथक के माध्यम से समकालीनता के स्तर पर जोड़ा भी गया है। **अंधा-युग** इसका उदाहरण है। इसलिए हर कविता आधुनिकता की पहचान खुद बेहतर करवा सकती है। आधुनिकता के बारे में बात कि यह क्यों इस तरह है बाद में करना शायद बेहतर साबित हो सकता है। **अन्तिम** की बात तो आधुनिकता में संगत भी नहीं बैठती। अनिरन्तरता की खोज बीसवीं सदी में उसी तरह है जिस तरह निरन्तरता की तलाश उन्नीसवीं सदी में होती रही है और शाश्वत या चरम की मध्यकालीनता में। यह छायावादी बोध को भी सूचित करती रही है।

३—**कुकुरमुत्ता** कविता इस तरह के बोध से अलग होने की गवाही देने लगती है, इसे काटने भी लगती है। इसकी पहचान अनेक दृष्टियों से होती रही है। **एक दृष्टि** समाजशास्त्र की है जिसके अनुसार गुलाब शोषक का संकेत देता है और कुकुरमुत्ता शोषित का। यह कविता की सतह पर है। यदि कविता में गुलाब को कोसा गया है तो कुकुरमुत्ता का कम मज़ाक नहीं उड़ाया गया है—

काम मुझसे सधा है
शेर भी मुझसे गधा है—कुकुरमुत्ता

यह दृष्टि कभी व्यंग्य के स्तर पर है तो कभी विनोद के स्तर पर। कविता की सैर नव्वाब के बाग से शुरू होती है। इस बाग में तरह-तरह के फूल हैं, तरह-तरह के पेड़ हैं, तरह-तरह के रंग हैं। एक-एक को गिनवाया गया है जिससे नीरसता का बोध होने लगता है और इसे तोड़ने के लिए व्यंग्य का सहारा लिया गया है—

बीच में आरामगाह
दे रही बड़प्पन की थाह—कुकुरमुत्ता

इसके बाद गुलाब और कुकुरमुत्ता संवाद—'अबे, सुन बे, गुलाब' से शुरू होता है जो वास्तव में कुकुरमुत्ता का एकालाप है, जिसमें निराला के उपेक्षित अहं को खोजा और पाया गया है। यह **दूसरी दृष्टि है** जो मनोविज्ञान की है और समाजशास्त्र की दृष्टि से अधिक गहरे में है। पहली दृष्टि डा० रामविलास की है और दूसरी दृष्टि डा० मदान और दूधनाथसिंह की है। यह सही है कि इसमें गुलाब को कोसा गया है और कुकुरमुत्ता को पोसा गया है; लेकिन इसके साथ ही इसका मज़ाक भी उड़ाया गया है। यह उपहास **विसंगति** का बोध कराने लगता है जिसमें आधुनिकता उजागर होने लगती है। **मैं** या कुकुरमुत्ता की तुलना कभी चीनी छाते से तो कभी भारत के छत्र से, कभी पैराशूट से तो कभी सुदर्शन चक्र से, कभी जसोदा की उलटी मथानी से तो कभी राम के कसे धनुष और बलराम के हल से जब की जाती है तो क्या कुकुरमुत्ता के अहं को पोसती है, उसके मौलिक होने की गवाही देती है या उसका मज़ाक उड़ाने के लिए है?

मैं ही डाँडी से लगा पल्ला
सारी दुनिया तोलती गल्ला।

आदि में व्यंग्य का पुट गहराने के बाद विनोद नहीं, विसंगति और उपहास का बोध होने लगता है—

मुझ से मूँछें मुझ से कल्ला
मेरे लल्लू, मेरे लल्ला

इस तरह की संरचना में न केवल छायावादी संरचनात्मक निरन्तरता को तोड़ा गया है, विसंगति के बोध को भी गहराया गया है—

लगाता हूँ पार मैं ही
डुबाता मँझधार मैं ही
डब्बे का मैं ही नमूना
पान मैं ही, मैं ही चूना

इस तरह का बोध यहाँ तक ठहरने वाला नहीं है, जारी रहता है—

मैं कुकुरमुत्ता हूँ

....

सरसता में फ्राड

कैंपिटल में जैसे लेनिनग्राड

सच समझ जैसे रकीब

लेखकों में लंठ जैसे खुशनसीब।

इस तरह के व्यंग्य-उपहास-विसंगति के स्तर पर कविता जब चल रही हो तो इसकी पहचान शोषक-शोषित और उपेक्षित अहं की भाषा में करना इसके निकट ले जाता है या अपने निकट ले आता है—यह सवाल तो बना रहता है; लेकिन आधुनिकता के बारे में संदेह की संभावना नहीं रहती। इसमें छायावादी बोध का नकार है। इस कविता के बारे में निराला के विभाजित कवि-व्यक्तित्व और इसके बिखर जाने की बात इसलिए संगत नहीं जान पड़ती है कि इसमें बिखराव इसकी पूरी संरचना में है, व्यंग्य-उपहास-विसंगति का बोध इसके पूरे अन्दाज़ और मिज़ाज में है। यह बोध शोषक-शोषित, अहं के उन्नयन को पार कर या सतह पर छोड़कर गहरे में उतर जाता है, इसकी तह में है। तुम और मैं की पैरोडी-शैली में कभी संगीत के साजों का उपहास है तो कभी संगीत-कारों का, कभी नृत्य की शैलियों का है तो कभी कलाकारों का, कभी कविता की विधाओं का है तो कभी कवियों का—यहाँ तक कि **कालिदास** पर चुटकी लेने के लिए **कुकुरमुत्ता** के दूसरे संस्करण में **कालीदास** लिखा गया है। इसमें दूधनाथसिंह अहं के उन्नयन को खोजना चाहें तो खोज सकते हैं, लेकिन रामविलास को शोषक-शोषित की संवेदना खोजने में मुश्किल पड़ेगी। इसी अन्दाज़ में **प्रोग्रेसिव** की कलम की रवानी का मज़ाक उड़ाया गया है जिसके जोश का पारा रोके से रुक सकने वाला नहीं है। तान इस बात पर टूटती है—

यहीं से यह कुल हुआ

जैसे अमरा से बुआ।

इसलिए **कुकुरमुत्ता** की पहचान न तो समाजशास्त्र और न ही मनोविज्ञानशास्त्र की दृष्टि से संगत जान पड़ती है। इसमें घायल अहं के बिखराव को खोजना भी इसलिए संगत नहीं जान पड़ता कि इसके बाह्य बिखराव में आन्तरिक रचाव विसंगति के स्तर पर है जो छायावादी बोध के विरोध में आधुनिकता के बोध को लिए हुए है। क्या कविता में जो अपना मज़ाक उड़ाया है दूसरों का मज़ाक उड़ाने के लिए बेहतर तरीका नहीं है? कविता के पहले अंश की तान किसम-किसम की टोपियों पर टूटती है—

सर सभी का फाँसने वाला हूँ ट्रेप
टरकी टोपी, दुपलिया या किश्ती केप

और

घूमता हूँ सर चढ़ा
तू नहीं मैं ही बड़ा

अगर **कुकुरमुत्ता** की रचना केवल अपना बड़प्पन या अहं कायम करने के लिए है तो शोषक-शोषित का संकेत उसी तरह है जिस तरह उपेक्षित अहं के उन्नयन का; लेकिन इनकी तह में विसंगति का बोध है जो आधुनिकता की चुनौती का परिणाम है जो तोड़ती **पत्थर** और **भिक्षुक** की छायावादी करुणा और समवेदना के विरोध में है। इसमें विसंगति का बोध अस्तित्ववादी चिन्तन की देन न होकर व्यर्थता की संवेदना को लिए हुए है।

४—यह कविता का पहला अंश है, इसका दूसरा अंश नव्वाब के बाग के बाहर से शुरू होता है, उस परिवेश से जो शोषक-शोषित का संकेत दे सकता है, लेकिन इसमें भदेस का चित्रण, नव्वाब के सोलह खादिमों की गिनती, मोना बीबी, गोली और बहार को बयान करने का अन्दाज़ शोषित से सहानुभूति के उद्देश्य को लिए हुए नहीं है। गोली और बहार दोनों पर मीठी चुटकियाँ, गोली की माँ की पहचान समाजशास्त्रीय मूल्यांकन में फिट नहीं बैठती। कुकुरमुत्ता का भी अन्त में मज़ाक उड़ाया गया है। इस कविता के दूसरे अंश में व्यंग्य उतार पर है; लेकिन कहीं-कहीं बराती टेरियर और आधुनिक पोयट पर व्यंग्य के छींटे कविता को ठस होने से बचा लेते हैं। इसकी तान कुकुरमुत्ता की **मौलिकता** पर टूटती है; लेकिन कविता का यह शाब्दिक अन्त है; इसका अन्त इसके बाहर निकल कर खुल जाता है। यह व्यर्थता और विसंगति का संकेत छोड़ जाता है। इस तरह के सवाल पैदा हो जाते हैं। क्या कविता गंभीरता को लिए हुए है? क्या इसकी अगंभीरता में गंभीरता का पुट है? क्या कुकुरमुत्ता की डींग में कुण्ठा का बोध है या निरर्थकता का? क्या इसकी **अकाव्यात्मक** भाषा में छायावादी **काव्यात्मक** भाषा का विरोध नहीं है? क्या इसमें साधारण और असाधारण दोनों का उपहास नहीं है? क्या इन सब में आधुनिकता का बोध उजागर नहीं होता? यह आवश्यक नहीं है कि यह उसी तरह हो जो इसके बाद की कविता में है। आधुनिकता की प्रक्रिया, जो जारी है, कभी मानव की बदलती स्थिति को लेकर है तो कभी इसकी अनिश्चित नियति को लेकर और दोनों को अलगाना भी संगत नहीं जान पड़ता। बात बल देने की है। **कुकुरमुत्ता** के अतिरिक्त निराला की **रानी और कानी**, **खजोहरा**, **प्रेम-संगीत**, **गर्म पकौड़ी** आदि का मिज़ाज और अन्दाज़ भी छायावादी कविता के स्वभाव और शैली के विरोध में है। इसलिए **कुकुरमुत्ता** को इन कविताओं का प्रति-

निधि मानकर इससे आधुनिकता की शुरुआत की जाए तो यह आज असंगत नहीं जान पड़ता और इसे विस्तार भी इसलिए देना पड़ा है कि इसकी शुरुआत के बारे में संकुलता की स्थिति गहराती रही है और मतभेद बना हुआ है।

५—आम तौर पर **तारसप्तक** से आधुनिकता की शुरुआत की जाती रही है जो अब असंगत जान पड़ता है। यह सही है कि इस संकलन की रचनाओं में नया मोड़ लेने की कोशिश है; लेकिन यह कितना और कैसे है इसे आँकना शेष है। इसके सात कवियों ने अपने-अपने वक्तव्यों में इस नये मोड़ के संकेत भी दिए हैं। अज्ञेय ने भी 'राहों के अन्वेषी' का संकेत दिया है। **हरी घास पर क्षण भर** नाम के संकलन में इस नाम की कविता को अज्ञेय भी एक सांकेतिक रचना मानते हैं। क्या इसमें संकेत आधुनिकता को उजागर करते हैं? पहला संकेत क्षण-भर का है। क्या क्षण के सत्य में छायावादी शाश्वत सत्य का अस्वीकार है? दूसरा संकेत हरी घास का है। इसे कविता में अधुनातन मानव-मन की भावना कहा गया है जो सदा हरी और बिछी होकर रौंदी जाने के लिए सबको **न्यौतती** है ताकि उस पर बैठकर **सहज जीवन** की अनुभूति को पाया जा सके। यह **अन्तःस्थित, अन्तःसंयत** है जो हरी घास की तरह है। इसे भाषिक संरचना की दृष्टि से ठेठ देहाती मुहावरे का नाम भी दिया गया है। क्या यह भाषा अभिजात की है या ठेठ देहाती जीवन की? यदि कविता में कुछ देहाती जीवन के शब्द आ जाते हैं तो इनके आधार पर कविता की पूरी संरचना को यह नाम देना कहाँ तक संगत है—इसका जवाब संरचनावादी आलोचक ही बेहतर दे सकता है। इस बात से हटकर इस समय सवाल आधुनिकता की संवेदना का है। इसका स्वरूप क्या है? इस कविता में एक तरफ़ तो नगरी की अकुलाहट को भुलाने की बात है और दूसरी तरफ़ सहज जीवन की अनुभूति को पाने की जो चाहे क्षण-भर के लिए ही हो। इसे कहीं ले चल भुलावा देकर—छायावादी पलायन न मान लिया जाए—इसका अस्वीकार कविता में यह कहकर किया गया है—'और न मानें उसे पलायन'। इसके बाद कविता में आकाश है, धरा है, मेघाली है, दोलती लता है, फूल और झरे पत्ते हैं, तितली और भुनगे हैं, पूंछ उठाती इतराती चिड़िया है। और फिर किसी दूर सागर की लोल लहर की दोनों तरफ़ छोटी-छोटी-सी सिहरन है। इसके बाद भी कविता की संरचना इसी स्वभाव और संवेदना को लिए हुए है—स्मृति के चित्रों की एक कतार है जो अज्ञेय की लंबी कविता की रीत है (असाध्य वीणा)। इन चित्रों की **सायास** स्मृति को **अनायास** का नाम दिया गया है और इसके निषेध की भी कोशिश है ताकि क्षण के सत्य का संकेत दिया जा सके और सहज जीवन का निरूपण किया जा सके। इसे जीने के लिए नारी को निहारने की प्रक्रिया जारी हो जाती है। इसे कहीं दबी वासना की विकृति

न समझ लिया जाए—इसलिए इसमें झिझकने को अस्वीकारा गया है। अपराध का बोध इसके बावजूद बना रहता है, लोगों की दृष्टि इस सहज जीवन पर हावी है। अन्त में छुटकारा पाने की कोशिश इन शब्दों में कही गई है—

वह हम हों भी
तो यह हरी घास ही जाने :
(जिसके खुले निमन्त्रण के बल
जग ने सदा उसे रौंदा है
और वह नहीं बोली)
नहीं सुने हम वह नगरी के नागरिकों से
जिनकी भाषा में
अतिशय चिकनाई है साबुन की
किन्तु नहीं है
करुणा
उठो, चलें, प्रिय।

६—क्या इसमें नगर-जीवन के खोखलेपन और बनावटीपन का विरोध है और सहज़ जीवन की पुकार है? छायावादी कविता में यह स्वर सुनने को मिलता है। इन दोनों में यदि अन्तर है तो वह क्या है? इस बारे में सायास-अनायास, चेत-अचेत की बात करने से अन्तर साफ़ नहीं होता। छायावादी बोध का अस्वीकार इतना कहने से नहीं हो जाता है कि इसे पलायन न समझा जाए। सहज जीवन का निरूपण अज्ञेय की कृतियों में बार-बार किया गया है। वह चाहे **शेखर : एक जीवनी** हो या **नदी के द्वीप**, **हरी घास पर क्षण भर** हो या **कलगी बाजरे की**। लारेंस ने भी सहज-जीवन का निरूपण अपनी कृतियों में किया है। इसमें आधुनिकता को खोजा और पाया गया है। लारेंस के चिन्तन की छाप भी अज्ञय की रचनाओं पर हो सकती है। इनके निरूपण में अन्तर पाया जाता है। अज्ञेय की रचनाओं में सहज जीवन का निरूपण लारेंस के आवेश और आवेग को लिए हुए नहीं है, इनमें अभिजात का संयम है, संस्करण है। इन दोनों में सभ्यता का विरोध है; लेकिन लारेंस में यह कड़वा और तीखा है और अज्ञेय में यह इलियट के क्लासिकल संयम और विधान के बोध से नियन्त्रित है। इनमें अबौद्धिकता का निरूपण बौद्धिकता के धरातल पर किया गया है। इस कविता में रोमांटिक बोध के नये चरण और आधुनिकता के बीच तनाव की स्थिति है। यह शायद हिन्दी कविता में आधुनिकता के पहले दौर को सूचित करता है। इसलिए कविता की तान करुणा की पुकार पर टूटती है जिसका नगर-जीवन में अभाव लारेंस की आदिम जीवन

की ओर ले गया, राजकमल को उग्रतारा की ओर, इलियट को शान्ति-शान्ति की ओर, अज्ञेय को नये रहस्यवाद की ओर। इनकी कविता बाद में **सागर मुद्रा** में आकर किनारे लग जाती है।[1] **हरी घास पर क्षण भर** में संकेत वहाँ से उठकर चल देने तक सीमित है। कहाँ? इसका संकेत नहीं है। कविता का अन्त बन्द होने के बजाय खुल जाने की गवाही देता है और इसमें एक हद तक आधुनिकता को आँकना असंगत न होगा। कविता का शेष छायावादी अवशेष की गवाही देता है। इसलिए इसे आधुनिकता के पहले दौर की कविता में रखना उसी तरह संगत है जिस तरह इलियट की कुछ कविताओं की ओर लारेंस के कुछ उपन्यासों को। यह ठीक है कि अज्ञेय की कविता में नारी का मुख कमल की तरह नहीं रहा, बिछली घास की तरह है। अब नारी लह-लहाती हवा में बाजरे की छरहरी कलगी है। उसका मुखड़ापन नये उपमानों को लेकर कायम है। इस दृष्टि से इनकी कविता एक नया मोड़ लेने की कोशिश में अवश्य है। **बड़ी लम्बी राह** में यह कोशिश आगे बढ़ने की कोशिश करती है।[2] इस कविता में रोमांटिक बोध से पीछा छुड़ाने की कोशिश, अतीत से कट जाने का बोध, मौत के स्वीकार में आधुनिकता की संवेदना गहराने लगती है—

> बड़ी लम्बी राह, आह
> पनाह इस पर नहीं—
> कोई ठौर जिस पर छाँह हो।
> कौन आँके मोल उसके शोध का
> मूल्य के मूल्य की जो थाह पाने
> एक मरु-सागर उलीच रहा अकेला।
> जल जहाँ है नहीं
> क्या वह अब्धि है?
> रेत क्या उपलब्धि है?

इसमें संवेदना के बिखर जाने की बात के बजाय इसकी आरियों की बात है जो **मैं** को **तुम** से काट देती है। अब पहुँचने या पड़ाव की बात करना बेकार लगता है—

> तेजाब जब चुक जायगा
> थम जायेंगे सब यन्त्र, कारोबार—
> अपने आप सब रुक जायगा।

---

१. अज्ञेय की कविता 'आलोचना और आलोचना' में
२. अरी ओ करुणा प्रभामय

क्या मौत के उदासीन और तटस्थ स्वीकार में आधुनिकता का बोध नहीं है ? क्या इस कविता में राह् का मंज़िल हो जाना इसकी गवाही नहीं देता ? क्या इसकी भाषिक संरचना छायावादी संरचना से हटकर नहीं है ? यदि इनकी कविता की बात को छोड़कर इनकी कविता के बारे में बात की जाए तो यह तीन नावों पर बार-बार सवार होती रही है। एक नाव की कविता आधुनिकता की संवेदना को लिए हुए है। एक और नाव का नया **रहस्य-बोध** भी आधुनिकता की प्रक्रिया से गुज़रा है और इसलिए यह छायावादी रहस्य-बोध से भिन्न है। इनकी कविता के बारे में एक और बात यह कही जा सकती है कि यह **विकासशील** होने की इतनी साक्षी नहीं देती जितनी **चक्रांतशील** होने की देती है। रोमांटिक बोध का अवशेष पहले भी था, अब भी है; रहस्य का बोध पहले भी था, अब भी है; आधुनिकता का बोध पहले भी था और अब भी है। क्या आधुनिकता का बोध रोमांटिक बोध का संस्कार है, इसे आगे ले जाता है ? आधुनिकता एक प्रक्रिया होने के कारण एक से अधिक दौरों से गुज़री है और आज भी यह जारी है। इसलिए इसके किसी एक दौर पर अँगुली रखकर यह कहना कठिन है कि आधुनिकता यह है। इसकी पहचान अनेक पहलुओं से की गई है। इसे कभी अपरम्परागत परम्परा कहा गया है, कभी ऐतिहासिक अनिरन्तरता तो कभी इसे अन्त के बोध की दृष्टि से पहचानने की कोशिश की गई है। अज्ञेय की कविता में कभी परम्परा से कट जाने का बोध है तो कभी नये स्तर पर इससे जुड़ जाने का, कभी इतिहास से कटकर क्षण को जीने की बात है तो कभी इतिहास से नये धरातल पर जुड़ जाने की। इसी तरह **सहज जीवन** के निरूपण में, व्यक्तित्व की खोज और आत्मान्वेषण में, द्वीप के अकेलेपन में और अस्मिता की पहचान में आधुनिकता के बोध को खोजा और पाया जा सकता है और शुद्ध आधुनिकता की बात करना इसे बाद में बदलकर जड़ बनाना होगा, इसकी प्रक्रिया को नकारना होगा, इसके मूल में प्रश्नचिह्न की निरन्तरता पर विरामचिह्न लगाना होगा।

७—आधुनिकता की दृष्टि से भारती के **अंधा युग** को पहचानने की आवश्यकता इसलिए महसूस होती है कि इसमें आधुनिकता को खोजा और पाया गया है। यह इसमें कहाँ है, कैसे और किस तरह है ? यहाँ यह जोड़ देना बेकार न होगा कि आधुनिकता से न तो कृति बनती है और न ही बिगड़ती है। आज यह अगर इसे महत्त्व दे सकती है तो यह अलग बात है। **अंधा युग** (१९५४) के रचना-विधान की योजना से, जो कवि के मन में थी, इसमें कुछ पात्रों के कथनों से, इसकी मिथक-पद्धति से, जो आगत को विगत से जोड़ने के काम आती है, आधुनिकता के संकेत जो बराबर मिलते हैं उनका मतलब क्या है, वे किस दौर के हैं ? भारती के मन में इसका रचना-विधान क्या

व्यापक सत्य की निजी उपलब्धि है ? कवि की उपलब्धि तो सदा निजी होती है; लेकिन यह **व्यापक सत्य** क्या है ? अज्ञेय ने भी सप्तकों के वक्तव्यों में व्यक्ति-सत्य और व्यापक-सत्य की भाषा का उपयोग किया है। व्यष्टि और समष्टि समय की भाषा थी। जब इनमें पाट गहरा हो रहा था, परिवेश से कवि एक धरातल पर कट रहा था, यह भाषा इससे जुड़ने और कट जाने का साधन बन रही थी। इसलिए **व्यापक सत्य** को कवि निजी परिवेश में पकड़ने की कोशिश में था। वह नगर में परिवेश से कटता जा रहा था। भारती ने **अंधा युग** में कौरव नगरी को उसकी उजड़ती और गिरती दशा में उसी तरह पकड़ने की कोशिश की है जिस तरह इलियट ने **वेस्टलैंड** में लन्दन को और जायस ने **यूलिसेस** में डबलिन को। इनकी स्थितियाँ कौरव नगरी की स्थिति से अलग होकर भी एक दृष्टि से समान हैं कि इनमें सम्बन्ध टूट रहे हैं, इन्सान की हस्ती खतरे में पड़ चुकी है, आस्था टूट चुकी है। अनिरन्तरता की समस्या का समाधान खोजने में आधुनिकता की प्रक्रिया का पहला दौर झलकता है। भारती ने इन कवियों और लेखकों की तरह या इनसे इशारा पाकर मिथकीय पद्धति को इसलिए अपनाया है ताकि विगत को आगत से जोड़ा जा सके और निरन्तरता में आस्था पैदा की जा सके। **अंधा युग** में विगत और आगत के दो छोर एक-दूसरे के आमने-सामने हैं और मिथकीय पद्धति इन छोरों को मिलाने के काम आती है। इसलिए यह रचना दो स्तरों पर चलती है—विगत और आगत के स्तरों पर चलकर दो मायनों को उजागर करती है। क्या और कहाँ इसमें आधुनिकता का बोध है ? क्या कहीं इसमें इसका स्वीकार और अस्वीकार दोनों तो नहीं हैं ? इसके आदि और अन्त में इसका अस्वीकार और बीच में इसका स्वीकार क्या नहीं झलकता ? क्या अथ और इति तक इसकी संरचना दोनों में डोलती तो नहीं रहती या दोनों को उजागर तो नहीं करती ? क्या **समापन** से इस रचना का अन्त बन्द होकर आधुनिकता के अस्वीकार की गवाही तो नहीं देता ? क्या आज के अन्त-बोध को आधार बनाकर आधुनिकता की इस पहचान को आरोपित दृष्टि का परिणाम तो नहीं कहा जाएगा ? क्या आधुनिकता गांधारी के शाप के बाद कहीं घिसटने तो नहीं लगती और समापन में ठस होने की गवाही तो देने नहीं लगती ?

८—इन सवालों का जवाब देने के लिए **अंधा युग** की राह से गुज़रना आवश्यक है। पहले अंक में कौरव नगरी है और यह महायुद्ध या महाभारत के परिणाम की नगरी है जो गिर चुकी है, उजड़ चुकी है। यह द्वापर युग की नगरी है और आज की भी है। इसमें महाभारत के आखिरी दिन की शाम का चित्रण इस तरह है—

यह महायुद्ध के अन्तिम दिन की संध्या
है छाई चारों ओर उदासी गहरी
कौरव के महलों का सूना गलियारा
हैं घूम रहे केवल दो बूढ़े प्रहरी।

इनकी बातचीत और नगरी की स्थिति में, जो न तो कौरवों की रही और न ही पाण्डवों की बन सकी और इन दो बूढ़ों के लिए बेगानी-परायी बन गई है, आधुनिकता बोलने लगती है। यह आधुनिक चिन्तन से घिरकर आधुनिक संवेदना में लिपट जाती है, उस अंधी संस्कृति को उजागर करती है जो आज और अतीत दोनों के इन्सान को जकड़े हुए है। इन बूढ़ों के संवाद में बोरियत, व्यर्थता, अर्थहीनता के संकेत हैं—

प्रहरी १ : भाले हमारे ये
ढालें हमारी ये
निरर्थक पड़ी रहीं
रक्षक थे हम केवल
लेकिन रक्षणीय कुछ भी था नहीं

प्रहरी २ : रक्षणीय कुछ भी नहीं था यहाँ……
संस्कृति थी यह एक बूढ़े और अंधे की
……………………

जिसके अंधेपन में मर्यादा
गलित अंग वेश्या-सी
प्रजाजनों को रोगी बनाती फिरी

प्रहरी १ : अस्तित्व का हमारे
कुछ भी अर्थ नहीं था

इनके संवाद में आधुनिकता के बोध की टीका करना अनावश्यक है। इसके बाद गिद्धों के बादल का आकाश में छा जाना और उसका कुरुक्षेत्र की ओर चले जाना महायुद्ध के मरघटी या श्मशानी परिणाम को उजागर करता है, आधुनिकता की संवेदना को गहराता है। धृतराष्ट्र, जो अंधे होकर भी राष्ट्र को धारण करते हैं, अपने कथनों में आधुनिकता के संकेत देकर विगत और आगत की स्थिति को जोड़ने का साधन बनते हैं। वह जन्म से अंधे होने के कारण बाहर के वास्तव से कटे हुए हैं, व्यक्ति-वास्तव और समाज वास्तव में गहरे पाट को इंगित करते हैं। इनका अंधापन एक से अधिक आयामों को उजागर करता है। इस तरह रचना में कालगत आयामों को देशगत रूप मिल जाता है जो आधुनिकता की चुनौती का परिणाम है। गांधारी के व्यंग्यात्मक और आवेशात्मक कथनों से आधुनिकता के संकेत तो मिल जाते हैं, लेकिन आँखों पर पट्टी बाँधने

की वजह से इनमें आवेश अधिक है, वास्तव की पूरी जानकारी के अभाव का परिणाम है। इसलिए वह विदुर की बात को बुरी तरह काटती है जब वह गीता के आस्थावान संदेश का हवाला देते हैं। वह धृतराष्ट्र के अनुरोध को उसी तरह काट देती है जब वह शांत रहने को कहते हैं। इस नगरी में गांधारी के लिए नैतिकता झूठी है, नीति आडम्बर है, विवेक बेमानी है। इन सब पर प्रश्नचिह्न लगाकर उन्हें जब वह संदेह की आँख से देखने लगती है तो आधुनिकता का बोध उजागर होने लगता है। गांधारी के लिए कृष्ण या आस्था वंचक है जिसने सबको धोखा दिया है और युद्ध में धकेल दिया है। विदुर की आवाज़ जो आस्था को लिए हुए है इसके नीचे दब जाती है, पुराने विवेक की पराजय है। आधुनिकता की अभिव्यक्ति कभी आवेग के स्तर पर तो कभी चिन्तन के स्तर पर; लेकिन प्रहरियों के संवाद में यह संवेदना के स्तर पर है जो गहरे में है। इन दोनों पात्रों का नामहीन होना भी आधुनिकता के बोध को लिए हुए है। विदुर की आस्था और गांधारी की अनास्था आदि का इस तरह उपहास करते हैं—

प्रहरी २ : वे जिनको ये सब प्रभु कहते हैं
इन सबको अपने जिम्मे ले लेते हैं।

प्रहरी १ : पर यह जो हम दोनों का जीवन
सूने गलियारे में बीत गया

प्रहरी २ : कौन इसे जिम्मे लेगा ?

इन्होंने कुछ नहीं किया और इनका सूना जीवन सूने गलियारे में बीत गया और किस तरह बीत गया—

प्रहरी १ : इसलिए सूने गलियारे में
निरुद्देश्य
चलते हम रहे सदा
दाएँ से बाएँ
और बाएँ से दाएँ

क्या यह आज के यान्त्रिक जीवन पर, जो नगर का है, गहरी चोट नहीं है, पैना व्यंग्य नहीं है जो आधुनिकता के बोध को लिए हुए है ? इतना ही नहीं—

प्रहरी २ : मरने के बाद भी
यम के गलियारे में
चलते रहेंगे सदा

दाएँ से बाएँ
ग्रौर बाएँ से दाएँ।

क्या इन पंक्तियों में मानव नियति के अभिशप्त होने का स्वर ध्वनित नहीं होता ? इस अंक के अन्त में मानव की स्थिति का चित्रण भी इसी संवेदना को उजागर करता है—

यह शाम पराजय की, भय की, संशय की
भर गए तिमिर से ये सूने गलियारे
जिन में बूढ़ा भूठा भविष्य याचक सा
है भटक रहा टुकड़े को हाथ पसारे

आधुनिकता की प्रक्रिया **अंधा युग** के दूसरे अंक में भी जारी है जिसे **पशु का उदय** नाम दिया गया है, जिसमें संजय की लाचारी, तटस्थ विवेक की लाचारी है, अश्वत्थामा में या घायल मानव में पशु का उदय होता है। युधिष्ठिर का नर या कुंजर वाला आधा सच इसके मूल में है। क्या अतीत की बात समकालीन स्थिति को सूचित नहीं करती कि संकट की स्थिति में मानव की पूँछ जो विकासवाद के अनुसार तो गायब हो गई है, मनोविश्लेषणवाद के अनुसार भीतर चली गई है, बाहर आने की बार-बार गवाही देती रही है। मानव में पशुता का उदय आधुनिक मानव को आदिम मानव से जोड़ देता है। अश्वत्थामा के लिए वध और वध करने के सिवा और चारा ही नहीं है। उसके लिए **तटस्थ** शब्द बेकार और बेमानी है। क्या यह भारत की विदेशी नीति का संकेत देकर स्थिति को समकालीन नहीं बना डालता ? इस तरह मिथकीय पद्धति से विगत को आगत से जोड़ा गया है और आधुनिकता के बोध से अनागत को जीने के बजाय आगत को जीने का संकेत है। हर क्षण को इतिहास को बदलने वाला क्षण कहा गया है। अश्वत्थामा वध करने के बाद अपनी मांस-पेशियों के तनावों को खुला हुआ पाते हैं और इसे व्यंग्यात्मक स्तर पर **अनासक्ति** कहा गया है। क्या यह स्थिति आज की संस्कृति और उसके संकट का परिचय नहीं देती है ? कभी-कभी सवाल में भी जवाब मिल जाता है। इस अंक के अन्त में भी कथा-गायन है, जो कोरस की याद दिलाता है। यह सम्बोधनगत शैली में मानव की स्थिति के संकेतों से आधुनिकता के बोध का परिचय दे जाता है—

यह छूटी हुई आत्माओं की रात
यह भटकी हुई आत्माओं की रात

इस स्थिति पर दूसरे अंक का परदा गिरता है और तीसरे अंक का परदा जीभ-कटे सैनिक की दशा पर उठता है जो महायुद्ध की भयंकरता का परिणाम है। धृतराष्ट्र को जब यह बताया जाता है कि **गूंगा** सैनिक उनकी जय **बोल** रहा है तो महाराज की वाणी में व्यंग्य और विडम्बना का स्वर आधुनिकता के बोध

को गहराने लगता है—गूँगों के सिवा ग्राज ग्रौर कौन बोलेगा मेरी जय। इधर युद्ध का मारा गूँगा सैनिक है ग्रौर उधर दुविधा का मारा, युद्ध में जीता ग्रौर जीवन में हारा युयुत्सु है। गांधारी माँ से उपेक्षित होकर उसकी स्थिति ग्राधुनिक मानव की है—

> ग्रन्तिम परिणति में
> दोनों जर्जर करते हैं
> पक्ष चाहे सत्य का हो
> ग्रथवा ग्रसत्य का
> मुझको क्या मिला विदुर
> मुझको क्या मिला ?

विदुर का ग्रास्थावान मन भी संशय ग्रौर शंका से घिरकर यह महसूस करता है कि ग्राज सब ग्रपनी धुरी से उतर गए हैं ग्रौर यह बेकार हो चुकी है। यह धुरी ग्रास्था की है। **ग्रंधा युग** के ग्रन्तराल में भी दो ग्राकृतियों ग्रौर ग्रन्य संकेतों में ग्राधुनिकता की प्रक्रिया जारी है—पंख, पहिये ग्रौर पट्टियाँ एक ऐसे लोक का संकेत देते हैं जो फैंटेसी का है। इसकी योजना बूढ़े याचक, युयुत्सु, संजय, विदुर का बारी-बारी परिचय देने के लिए है। इनके परिचय में ग्राधुनिकता संवेदना के स्तर से उतरकर धारणा के धरातल पर ग्रा जाती है। इस लोक में सबको एक जगह लाने की मन्त्रशक्ति बूढ़े याचक के पास है। भारती की कविता में रथ ग्रौर उसके भाग ग्राधुनिकता को उजागर करने के लिए बड़े काम के हैं। वह कभी टूटा पहिया है, कभी यह रथ से उतरा हुग्रा है, कभी यह गलत धुरी में लगा हुग्रा है, कभी रथ की धुरी है तो कभी रथ का शोभा-चक्र। इनके माध्यम से ग्रसंगति, विसंगति, व्यर्थता, निरर्थकता, विडम्बना ग्रादि के स्वर ध्वनित होते हैं जो संवेदना में इतने भीगे नहीं हैं जितने चिन्तन में चमकते हैं। ग्रन्तिम या पाँचवें ग्रंक में प्रहरियों के कथन में ग्राधुनिकता संवेदना में फिर भीगने की गवाही देने लगते हैं—

प्रहरी १ : जैसे हम पहले थे
प्रहरी २ : वैसे ही ग्रब भी हैं

इस जड़ता ग्रौर उदासीनता की स्थिति में ग्राधुनिकता भीगने की गवाही देती है। यदि कवि की भाषा में कहा जाए तो इन दोनों के कथनों में ग्राधुनिकता का बोध **ग्रंधा युग** के रथ की धुरी है जिसके बल पर यह चलता है। ग्रन्य पात्रों में यह प्रायः धारणा के स्तर पर है। इसलिए शायद **समापन** में ग्रास्था ग्रौर ग्रनास्था में होड़ है ग्रौर इसमें ग्राधुनिकता का ग्रस्वीकार होने लगता है। इसका संकेत इस रचना की स्थापना में भी दिया गया है जो इसका उद्देश्य जान पड़ता है—यह कथा ग्रन्धों की है या कथा ज्योति की है ग्रन्धों के माध्यम

से। बूढ़े के संदेश में आस्था का स्वर है; वह भगवान के अन्तिम संदेश का वाहक है। जरा नामक व्याध अपनी बाँहों को तीन बार उठाकर, इस संदेश को सुनाकर कृति में आधुनिकता की धारा को पलट देता है; रचना के खुलते अन्त को बन्द कर देता है। इस तरह **अंधा युग** के समापन में आधुनिकता का अस्वीकार मुखर होने लगता है। यह इसकी अन्तिम परिणति है, अन्तिम तान है जिस पर इसे तोड़ा गया है ताकि शमन का बोध कराया जा सके। आधुनिकता की दृष्टि से ही नहीं, कृति की दृष्टि से भी **अंधा युग** अपने सृजनात्मक स्तर से उतरने की गवाही देने लगता है। यह रचना दृश्यकाव्य की दृष्टि से सफल है या असफल है इसके बारे में भी दो मत हैं। यदि इसका अन्त कहीं गांधारी के शाप के बाद या समापन से पहले हो जाता तो न तो इसे सृजनात्मक स्तर से उतरना पड़ता और न ही आधुनिकता को अस्वीकार करना पड़ता। अपने सृजनात्मक स्तर से कृति का उतरना इसके असफल होने से बेहतर है; लेकिन यदि की बात करना अब बेकार है।

६—भारती के **अंधा युग** में अंधों के माध्यम से ज्योति की कथा है; लेकिन मुक्तिबोध के **अँधेरे में** अँधेरे के माध्यम से परम अभिव्यक्ति की खोज है। इस कविता को अनेक दृष्टियों से पहचाना गया है, लेकिन आधुनिकता की दृष्टि से इसकी पहचान अभी शेष है। यह शायद मुक्तिबोध की आखिरी कविता है और शायद इसलिए कि इनकी सब कविताएँ अभी तक छपने से रह गई हैं। यह कविता देश के आधुनिक जन-इतिहास का एक दस्तावेज़ है (शमशेर), इसमें रोमान और वास्तव के घोल को भी आँका गया है और इसे एकदम आधुनिक भी कहा गया है। इसे युग की काव्य-परिणति के रूप में भी पहचाना गया है। इसमें असंगत संसार शब्द और अर्थ के अलगाव से पैदा हो गया है जो जितना ही पैशाचिक है उतना ही मानवीय है (श्रीकांत)। कविता के अन्त को आधार बनाकर इसे **परम अभिव्यक्ति की खोज** या **अस्मिता की खोज** भी कहा गया है (नामवर सिंह)। एक इस कविता के नायक को अपराध-भावना से घिरा हुआ पाते हैं (रामविलास) और दूसरे इसे आत्म-निर्वासित (नामवर सिंह)। वह न तो पूरी तरह जनता के साथ और न ही शोषकों के। इसका हवाला यह है—

> विचित्र अनुभव ॥
> जितना मैं लोगों की पाँतों को पार कर
> बढ़ता हूँ आगे
> उतना ही पीछे रहता हूँ अकेला।

क्या इसमें अकेलेपन का बोध मानव की स्थिति का है या मानव की नियति का? क्या यह अस्तित्ववादी है या रहस्यवादी या छायावादी? हर आलोचक ने इसे अपनी आँख से देखने की कोशिश की है और इसलिए शायद इनके जवाब

परस्पर विरोधी हैं। यह सही है, कृति एक से अधिक संकेत देने की क्षमता रखती है। इसमें अकेलेपन के बोध की पहचान आधुनिकता की दृष्टि से करनी है। इस बोध को कविता की संरचना से तोड़कर अपने मन की बात करना उसी तरह असंगत होगा जिस तरह कवि के मन की बात को आधार बनाकर उसकी पहचान करना। क्या किसी गवाह के कथन को उसकी पूरी गवाही से तोड़कर मुकदमा जीतना आलोचक का काम है? इसी तरह की कोशिश कविता में बोध को पकड़ने से रह सकती है। इसके अथ से इति तक की प्रक्रिया से गुजरकर ही इसे पहचानना कम असंगत होगा।

१०—**अँधेरे में** एक लम्बी कविता मानी जाती है जिसमें नायक जिन्दगी के अँधेरे कमरे में चक्कर काट रहा है। यह रचना आठ अंशों में विभाजित है, सुविधा के लिए। इसमें एक **मैं** है और दूसरा **वह** है और दोनों में संवाद का विधान है। यह वास्तव में नाट्य-विधान न होकर एकालाप है—एक के ही दो चेहरे हैं। इसे रहस्यमय व्यक्ति का नाम दिया गया है। यह इसलिए कि वह **अब तक न पायी मेरी अभिव्यक्ति** का संकेत देता है, जिसे कविता के अन्त में **परम अभिव्यक्ति** कहा गया है। इस कविता में **मैं** खो गया है और इसकी खोज इसमें जारी है। यह रहस्यमय व्यक्ति वही है जो **मैं** को तिलस्मी खोह में दिखा था। **मैं** और **वह** में अलगाव की स्थिति है जो **मैं** को अकेला कर देती है और **मैं** सबके साथ होना चाहता है। क्या अकेलेपन के बोध में अस्तित्ववादी या रोमांटिक या रहस्यवादी दृष्टि को आँकना संगत होगा? क्या **मैं** के तनाव के मूल में यह बोध नहीं है कि वह सबके साथ होना चाहता है, लेकिन अपनी कमज़ोरियों की वजह से वह हो नहीं पाता। क्या इसे अपराध-भावना कहा जाए या तनाव की स्थिति? यदि **मैं** में तनाव की स्थिति न होती तो वह कविता की बजाय नारों की रचना ही कर सकता था। **मैं** चिन्तन की जुगाली करता रह जाता है, विचारों की फिरकी **मैं** के सिर में घूमती है और घूमती रहती है। **मैं** की समस्या क्या करूँ और क्या न करूँ के बीच की इतनी नहीं है जितनी इसके बीच में है जिसे **तुम लोगों से दूर मैं** कविता में बेहतर तौर पर कहा गया है—

> इसलिए कि जो है उससे बेहतर चाहिए
> पूरी दुनिया को साफ़ करने के लिए **मेहतर** चाहिए
> वह मेहतर मैं हो नहीं **पाता**

मुक्तिबोध की कविता में **सकता** के बजाय **पाता** है जो आत्म-संशोधन की प्रक्रिया को जारी रखता है और **सकता** के विरामचिह्न से दूर है। इसलिए अकेलेपन के अहसास में आधुनिकता का बोध है जो समकालीनता को लिए हुए है। इन स्तरों में भाषा भी बोध का साथ देती है, कदम-से-कदम मिलाकर

चलती है, जो अनेक बार इनकी कविता में कभी लँगड़ाने तो कभी हकलाने की गवाही भी देने लगती है। यह इतर सवाल है। आधुनिकता का बोध अस्तित्ववादी भी नहीं जान पड़ता और आधुनिकता को अस्तित्ववादी बोध तक सीमित करना इसकी प्रक्रिया को वाद में बदलने के समान है। कविता में समकालीनता को जलूस के निकलने, गोलियों के चलने, आग के लगने और दमन की साज़िशों में भी आँका जा सकता है। **मैं** के बार-बार यह पूछने में भी 'अब तक क्या किया, जीवन क्या जिया' आधुनिकता का बोध है, कबीर के हीरा जनम खो देने की न तो **अपराध-भावना** है और न ही इसमें **साधना** का संदेश है। इसमें आत्म-संशोधन है, काव्य-व्यक्तित्व और कवि-व्यक्तित्व दोनों को साथ-साथ लेकर चलता है। इन पंक्तियों में भाषा चाहे थोड़ा लँगड़ाने लगे, लेकिन आत्म-संशोधन की प्रक्रिया जारी है—

> **उदरम्भरि** बन **अनात्म** बन गये,
> भूतों की शादी में कनात-से तन गये,
> कि व्यभिचारी के बन गये बिस्तर,
> दुःखों के दागों को तमगा-सा पहना,
> अपने ही खयालों में दिन-रात रहना
> **असंग** बुद्धि व अकेले में सहना
> जिन्दगी निष्क्रिय बन गयी तलघर,
> अब तक क्या किया,
> जीवन क्या जिया ॥

एक धुन के तौर पर अन्तिम दो पंक्तियों को तीन बार कविता में दोहराया गया है ताकि इस प्रक्रिया पर बल दिया जा सके। कविता-नायक को गांधी और तिलक से चेतावनी मिलती है—शिशु को सँभालने की या आनेवाले को सँभालने की विरासत मिलती है। इसलिए शायद शिशु की जगह कंधे पर बन्दूक आ जाती है जो आने वाले को सँभालने का साधन है, नक्सलवादी चेतना का संकेत है, आधुनिकता की चुनौती का स्वीकार है, अस्तित्ववादी चेतना से भिन्न है। आधुनिकता का बोध अस्तित्ववादी चिन्तन तक सीमित भी नहीं हो सकता, इसके और स्तर भी हैं, दिशाएँ भी हैं और दिशाहीनता भी है। कविता-नायक अकेलेपन की स्थिति से निकलना चाहता है, उन दोस्तों की खोज में लग जाता है जिनके साथ मिलकर समकालीन स्थिति का वह सामना करेगा, लेकिन इसके ऐन बाद इसकी खोपड़ी की स्क्रीनिंग होने लगती है ताकि उसके दिमाग की खतरनाक हालत का पता लगाया जा सके। वह सिरफिरे की तरह क्यों सोचता है? वह पकड़ा जाता है और रिहा भी हो जाता है। वह मठों और गढ़ों को तोड़ने के लिए 'अभिव्यक्ति के सारे खतरों को उठाने' की सोचता है जिसमें

आधुनिकता का बोध है। इसे कहने के लिए कविता में **अरुण-कमल** के मुहावरे को अपनाया है जो हठयोग का शाब्दिक संकेत दे सकता है; लेकिन इसमें संकेत जोखिम उठाने का है। भाषा हठयोग की और मायनी आधुनिक, सतह पर हठयोगी-बोध और गहरे में आधुनिक। कभी-कभी इस तरह की भाषा भुलावे में डाल देती है, कविता की अपनी लय को तोड़ देती है। यह मुक्तिबोध की कुछ कविताओं में दरारें डाल देती है। **मैं** को अकेलेपन का बोध कचोटता रहता है। यह कभी-कभी अनास्था के बोध की भी गवाही देता है (मुझे कदम-कदम पर) जब काव्य-नायक ठीक चुनाव कर नहीं पाता और अकेला चौराहे पर खड़ा रह जाता है। **अँधेरे में** बौद्धिक जुगाली **मैं** को अकेलेपन की स्थिति में पटक देती है। उसने यह जान लिया है कि पूंजी से जुड़ा दिल कभी बदल नहीं सकता। इसलिए इन्सान पूंजीवादी समाज में चल नहीं सकता—

मैं परिणत हूँ,
कविता में कहने की आदत नहीं, पर कह दूँ
कि वर्तमान समाज में चल नहीं सकता।
स्वातन्त्र्य व्यक्ति का वादी
छल नहीं सकता मुक्ति के मन को
जन को।

इस दृष्टि में व्यक्तिवादी स्वतन्त्रता का विरोध है और आधुनिकता का बोध भिन्न धरातल पर है। इसे नकारने के लिए कविता-नायक या **मैं** को एक लम्बी यात्रा करनी पड़ी है, आत्मसंशोधन की एक लम्बी प्रक्रिया से गुज़रना पड़ा है। इसके बाद वह अपने साथियों से मिलकर नगर में एक खतरनाक स्थिति का संकेत देता है—

नगर से भयानक धुआँ उठ रहा है,
कहीं आग लग गयी, कहीं गोली चल गयी।
सड़कों पर मरा हुआ फैला सुनसान,
हवाओं में अदृश्य ज्वाला की गरमी
गरमी का आवेग।

लेकिन कलाकार इसे गप मानते हैं और उन पर किए गए कड़े व्यंग्य में आधुनिकता की दृष्टि उजागर होने लगती है। कविता में एक और धुन सुनने को मिलती है जिसे आठ बार दोहराया गया है—कहीं आग लग गई, कहीं गोली चल गई। इसका बार-बार दोहराया जाना अलग-अलग स्थितियों के चित्रण में है। इसलिए यह संरचना का अभिन्न अंग है। अन्तिम तान परम अभिव्यक्ति पर तोड़ी गई है, जो शायद टूटने की गवाही नहीं देती, सायास है। क्या यह कविता की संरचना की विवशता का परिणाम है या कविता का अंत देने की

लाचारी का ? अन्त का होना लाज़मी समझा जाता रहा है। इसलिए **अँधेरे में** भी अन्त का देना आवश्यक है; लेकिन आधुनिकता का बोध अन्त के बोध को तोड़ देता है, कविता समापन से बाहर निकल जाने की गवाही देने लगती है। मैं अपनी पहचान और खोज के लिए कभी पठार पर भटक रहा है, कभी पहाड़ पर तो कभी समुन्दर में। छायावादी काव्य में क्रांति का अन्त होता था, इसके बाद आधुनिकता का बोध इसे खोल देता है और अब कविता का अन्त अन्तहीन होने की भी गवाही देने लगा है—आदि और अन्त दोनों पर प्रश्नचिह्न लग गया है।

११—इस दृष्टि से भी मुक्तिबोध की समस्त कविता को अधूरी कहा जाए तो असंगत नहीं है; यह पूरा होना नहीं चाहती, पहुँचना नहीं चाहती, किनारे लगना नहीं चाहती, शमन से बचना चाहती है। इन्होंने शायद एक ही कविता लिखी है जो अधूरी है और पूरी से बेहतर है, बच्चन के पूरे गीत से या इसी तरह की किसी और की पूरी रचना से। इसलिए इनकी कविता **तट** की न होकर **मँझधार** की है।[1] इसमें न तो छायावादी शमन या अंत है और न ही छायावादी वैयक्तिक अकेलापन है। इनकी कविता में अकेलेपन का बोध आधुनिकता की संवेदना को लिए हुए है और यह भी अस्तित्ववादी चिन्तन की परणिति इतनी नहीं है, भीड़ों में अकेलेपन का बोध इतना नहीं जितना जलूसों से कट जाने का परिणाम है। इस अन्तर की जब तक पहचान नहीं की जाती तब तक इसमें आधुनिकता की पहचान धुँधली रह सकती है। **अँधेरे में** में भी मुक्तिबोध का कवि छायावादी **काव्यात्मक** भाषा से छुटकारा पाने से रह जाता है, इन्हें अपनी कविता में इस स्तर पर कभी-कभी असफलता का मुँह ताकना पड़ा है। इसके कारणों का विश्लेषण एक स्वतन्त्र विषय बन सकता है। इनकी काव्यात्मक भाषा आधुनिकता को कहने में बाधा डालती है; लेकिन इन्हें दूर करने की कोशिश इनकी कविता में बराबर जारी है और इस कोशिश में आधुनिकता के बोध को आँका जा सकता है इनकी कविता में आधुनिकता की पहचान कभी तो मानव की स्थिति को लिए हुए है और कभी मानव की नियति को और इन दोनों को अलगाने से भी जटिल को सरल करना होगा जो खतरे से खाली नहीं है। **अँधेरे में** में जो **परम अभिव्यक्ति** की खोज है वह मुक्तिबोध की अन्य कविताओं में भी जारी है—**पता नहीं, ब्रह्म राक्षस, चाँद का मुँह टेढ़ा है, मुझे कदम-कदम पर, चम्बल की घाटी में, नक्षत्र-खण्ड** आदि में न केवल मानव की स्थिति और नियति को पहचानने की कोशिश है, उसके संशोधन की भी प्रक्रिया है, उसकी रचना की प्रक्रिया है। इसमें कवि-व्यक्तित्व और काव्य-व्यक्तित्व दोनों

---

१. मदान : आलोचना और आलोचना—पृ० १५२

की रचना रन्दों और बसूलों की छील-छाल से हो रही है। यह अज्ञेय की कविता में **व्यक्तित्व की खोज** या **आत्मान्वेषण** या **आत्म-शोध** की प्रक्रिया से भिन्न है। इसमें छील-छाल की बजाय तराश है, अभिजात का संयम है। इसलिए इनकी आधुनिकता के बोध में अन्तर को आँका जा सकता है—एक में मानव की **नियति पर बल है** और दूसरे में उसकी **स्थिति पर**। नियति पर बल देने से कविता का चेहरा स्थितिशील और शांत होने की गवाही देता है और स्थिति पर बल देने से यह गतिशील और तनावशील होने की साक्षी देता है। इसलिए शायद अज्ञेय की कविता की नियति किनारे लग जाने में है और मुक्तिबोध की कविता की स्थिति मँझधार में गोता खाने में है। इस रूपक की, हर रूपक की तरह निजी सीमा है और इस सीमा में इनकी आधुनिकता की पहचान सीमित हो सकती है।

१२—इसी तरह हर कवि ने अपने परिवेश और युग की सीमा में आधुनिकता को स्वीकारा-अस्वीकारा है। राजकमल के **मुक्ति-प्रसंग** में या इसे कविता में आँकना बेहतर है। इसमें आधुनिकता की पहचान इसके कृति होने या न होने से सम्बन्ध नहीं रखती। राजकमल की खोज नगर-बोध को जीने और इससे छुटकारा पाने की है। आधुनिकता में नगर-बोध का विरोध भी होता है, और यह विरोध छायावादी विरोध से भिन्न है। यह सही है कि दोनों में बौद्धिकता का विरोध है; लेकिन आधुनिकता में बौद्धिकता का विरोध भावात्मक स्तर पर न होकर बौद्धिकता के स्तर पर है। रोमान्टिक बोध में परिवेश से कट कर मानव कभी शिव से जुड़ जाता है तो कभी चिर-सुन्दर से; लेकिन आधुनिकता में वह किसी से जुड़ने की कोशिश में छटपटा कर रह जाता है। आधुनिक के लिए नगर गिर रहा है, उसकी दीवारें गिर रही हैं, उसकी चीज़ें मिट रही हैं। वह अब पहले की तरह धरती से छुटकारा पाने के लिए आसमान के नगर की तरफ उठने की कोशिश नहीं कर सकता, नरक के या नीचे के नगर की दिशा में जा सकता है। उसके लिए यूतोपिया बेमानी है। इसलिए कविता में कभी सागर के संकेत हैं, कभी रेगिस्तान के, कभी जंगल के जो नगर के विपरीत है। इस नगर-सभ्यता का कड़वा विरोध कविता में झलकता है। यह सही है भारत में संस्कृति का नगरीकरण इतनी मात्रा में नहीं हुआ है जितनी मात्रा में योरुप और अमरीका में हुआ है। इनके भले-बुरे की बात करना यहाँ संगत नहीं है। यह एक समाजशास्त्रीय घटना है। नगर-बोध के अनेक परिणाम निकले हैं। एक अजातीयता या परिवेश से कट जाने का बोध गहराने लगा है। यह बाहर से कट जाने से अधिक है; यह अपने से कट जाना भी है। राजकमल के कवि को अन्य कवियों की तरह यह घेरे हुए है, जकड़े हुए है। इन कवियों की छटपटाहट, अकुलाहट आधुनिकता

को लिए हुए है जिसके मूल में नगर-बोध है। यह नगर-बोध अभी भारतीय आधुनिक में इतना विकसित नहीं है जितना योरुप या अमरीका के आधुनिक में जहाँ नगरीकरण की प्रक्रिया की गति तेज़ है। इसलिए भारतीय आधुनिक अपने को इतना अनाम और उखड़ा हुआ नहीं पाता है जितना वह बनता और कहता है। इसलिए हिन्दी कविता में आधुनिकता जितनी धारणा के स्तर पर है उतनी संवेदना के स्तर पर नहीं है। हाल में भारतीय आधुनिक विगत या परम्परा से टूटा हुआ महसूस करने लगा है, भीड़ों में अकेला अनुभव करने लगा है, मानवीय सम्बन्धों को तड़का या टूटा हुआ पाने लगा है, भौतिक और राजनीतिक सड़ाँध को सूँघने लगा है, अरक्षित और चिन्तित होने लगा है। यह एक तरह का नरक है जो नगर से जुड़ गया है जहाँ खिचाव ही खिचाव है जिसे वह जीने के लिए बाधित है। इसे कविता के आधुनिक बोध में आँका जा सकता है।

१३—राजकमल का **मुक्ति-प्रसंग** नगर-बोध के तनाव और खिचाव को लिए हुए है। नागेश्वर लाल इस रचना को एक ऐतिहासिक घटना मानकर इसे नयी कविता की दिशा के संकेत देने वाली कहते हैं।[1] क्या हर घटना आधुनिकता की दृष्टि से ऐतिहासिक नहीं होती? क्या इस तरह की पहचान दस्तावेज़ के मुहावरे को नहीं लिए हुए जो आधुनिकता से मेल नहीं खाता। जहाँ तक कविता की पहचान का सवाल है वह इसके काफी पास है। राजेन्द्र-प्रसाद सिंह राजकमल की कविता और **मुक्ति-प्रसंग** की राह से गुज़रने में इसके अधिक पास इसलिए आ जाते हैं कि वह **मुक्ति-प्रसंग** को इनकी कविता के संदर्भ में आँकते हैं।[2] यह कविता अस्पताल में आपरेशन टेबल पर पड़े कवि-रोगी से शुरू होती है और अस्पताल देश का व्यापक बिम्ब होने की गवाही देने लगता है। **मैं** केवल कवि के लिए न होकर **वह** के लिए भी है, आधुनिक के लिए भी है जो बेहोशी की हालत में नगर-वधू या मौत को पा लेगा जिसे रोक लिया गया था। इस कविता में नीला रंग बार-बार आने लगता है—कोकाकोला के **नीले** गिलास में रम डालकर मंजू हालदार का देह की राजनीति करना, गाँव की **नीली** नदी, **नीली** उग्रतारा, आदिवर्ण **नीलापन**, **नील** कन्या। इस रंग से क्या मौत का संकेत देने की कोशिश तो नहीं है? इसका सामना करने के लिए **मैं** नीलकन्या का आभारी है जिसने धीरे-धीरे **मैं** को इस स्थिति में पहुँचा दिया है कि समकालीनता बेमानी और बेकार हो चुकी है। नगर की महिलाओं पर कसा गया व्यंग्य भी इसमें शामिल है—

---

१. लहर : कवितांक २ (१९६७)
२. आधुनिका—दिसम्बर १९६८

नागरिक भद्र महिलाएँ
अपनी हरी-लाल-पीली-सफेद-काली छतरी के बदले अब से
लूप-छतरी या एटम-छतरी इस्तेमाल करें

इस कविता में भाषा हठयोग और तान्त्रिक शब्दों को भी लिए हुए है — कौलिक, इड़ा, पिंगला, उग्रतारा; लेकिन इनको समकालीनता से जोड़ने की कोशिश सफल-असफल दोनों तरह की है। मैं नीलकन्या या मौत को पाना चाहता है। मैं अपना सब-कुछ उसी में परिणत करना चाहता है। बेहोशी में या संभोग की चरम स्थिति में मरण उसके लिए सुविधाजनक है। उसके पाँवों में लिपटी एक नारी है जो उसे अब भी मुनि कहती है जिसका अवचेतन आपरेशन टेबल पर इतिहास-पुस्तक की तरह खुला पड़ा है। मैं परम्परा की दृष्टि से लांछित है; लेकिन आधुनिकता की दृष्टि से मैं आदि शिशु को अपनी बाँहों में उठाकर धरती पर लाने वाला है। यहाँ जीने की लालसा फिर जाग उठती है। इसके बाद मैं **कुछ नहीं जानता** को लेकर उन सब चीज़ों को गिनवाता है जो समकालीन स्थिति से जुड़ी हुई हैं। उसे इसकी वजह मालूम नहीं है कि—

क्यों एक ही युद्ध मेरी कमर की हड्डियों में और कभी
वियतनाम में
होता है क्यों इन्दिरा गांधी क्यों तुम वह
मैं क्यों कुछ नहीं, कुछ नहीं

इस तरह मैं ने कुछ नहीं जाना, उसने कोई बड़ा काम नहीं किया और इसलिए शायद उसने विसंगति के बोध को ही पाया है; लेकिन मैं यह भी महसूस करता है—

कोई भी मिलने आये सूचित करना है—
सब के लिए सब के हित में अस्पताल चला गया है
राजकमल चौधरी।

अस्पताल उस नगर-बोध की स्थिति है जिसमें आधुनिक का आना लाज़मी हो गया है। इसके बाद समकालीनता कविता पर हावी होने की गवाही देने लगती है। मैं ने इसे भोगा और झेला अवश्य है, लेकिन वह इस परिवेश में बिके दास के सिवा कुछ नहीं बन सका जिसमें विज्ञान, राजनीति और तिजारत की ताकतों का बोलबाला है। उसका जीवन यान्त्रिक हो गया है। वह इतिहास-पुस्तक की तरह खुला पड़ा है और चेतावनी दे रहा है—

लेकिन मेरा देश, मेरा पेट, मेरा ब्लाडर, मेरी अंतड़ियाँ
खुलने से पहले
सरजनों को यह जान लेगा
हर जगह नहीं है जल अथवा रक्त अथवा मांस

अथवा मिट्टी
केवल हव्वा, कीड़े, ज़ख्म और गन्दे पनाले हैं अधिक स्थानों पर
इस देश में
जहाँ सड़ कर फट गयी हैं नसें वहाँ हवा तक नहीं

इस तरह **मैं** का पेट और **मैं** का देश आज़ादी के बाद एक समान हो गए हैं और इस समानता के चित्रण में आधुनिकता का बोध है। इसे कविता में इतना विस्तार दिया गया है कि यह न केवल जन-ज़ीवन को दबोच देता है, आधुनिकता के घने बोध को पतला कर देता है। यह शायद फ्लैश-पद्धति का परिणाम है। **मैं** के लिए देश नीले काँच का फूलदान है जो सत्ताधारियों की ठोकरों से टूटता-बिखरता और टुकड़े-टुकड़े होकर उसे चुभता रहता है और **मैं** में दासता के कारण **देह की राजनीति** पैदा करता है। अब स्थिति यह है कि 'भीड़ अब खाने के लिए गेहूँ और सो जाने के लिए किसी भी गंदे बिस्तरे के सिवा कोई बात नहीं करती'। **मैं** की स्थिति तनाव की है—

किन्तु भीड़ से विछिन्न असंपृक्त रह कर भी
भीड़ से मुक्त मैं हो नहीं पाता हूँ
मुक्त होना कविता से पहले और मृत्यु से पहले
मुक्त हो जाना असंभव है।

इस प्रसंग के अन्त में नगर-जीवन के नंगे वास्तव का चित्रण है। इसके बाद विश्व की राजनीतिक स्थिति पर कड़ा व्यंग्य है और व्यंग्य तिज़ारती सभ्यता-संस्कृति को काटने के लिए पैना एक अस्त्र है—

जिसे बेडौल टुकड़ों में बाँट कर अलग-अलग चाहते हैं
भोग करना बनिये-सौदागर
इस दुनिया की सब से नंगी सब से मज़बूत औरत का नाम
है वियतनाम

इसके बाद उन सब देशों को गिनवाया गया है जिनके टुकड़े हो चुके हैं, जिनमें भारत और पाकिस्तान भी शामिल हैं, सफ़ेद और काला अमरीका एक देश होकर भी विभाजित है और इस तरह इस दुनिया की हर मज़बूत और नंगी औरत दो टुकड़ों में विभाजित है और यह औरत कविता-नायक की माँ और बीवी है, उसका देश और उसकी ज़िन्दगी है। आधुनिकता की सशक्त अभिव्यक्ति अपने चढ़ाव पर है, व्यंग्य की धार समकालीनता को काटती चली जाती है, इसकी चीर-फाड़ करती चली जाती है और इससे भदेस, विडम्बना के स्वर निकलते रहते हैं। कविता-नायक की जिजीविषा जाग उठती है और वह जीवन में लौटना चाहता है; लेकिन उसके लिए कुछ नहीं रह गया है और वह यह

महसूस करने लगता है—मैं अपने होने और न होने के सवाल को कविता से पहले अपनी **उग्रतारा** पर छोड़ देना चाहता था जिसे कविता में **आदि कन्या** कहा गया है और जिसे तान्त्रिक बोध से जोड़ा गया है। क्या इस तान्त्रिक बोध में आधुनिकता का अस्वीकार आँका जा सकता है ? आदिम की ओर मुड़ने की बात, जंगल की ओर जाने की चाह न केवल राजकमल के **मुक्ति-प्रसंग** में है, उन कवियों की रचनाओं में भी है जो नगर-बोध के सचेतन से छुटकारा पाने के लिए आदिम-बोध के अचेतन में जाना चाहते हैं। एक दृष्टि से इसमें आधुनिकता की चुनौती का अस्वीकार झलकता है। मृत्यु का बोध, संत्रास का बोध, विसंगति का बोध आदि आधुनिकता की प्रक्रिया का परिणाम भी है; लेकिन यह कैसे और किस तरह कविता में है—इसके आधार पर आधुनिकता को आँकना संगत जान पड़ता है। **मुक्ति-प्रसंग** में इसे तब आँका जा सकता है जब कविता का नायक अपने अस्तित्व की खोज विसंगति के घने अंधकार में करने लगता है।[1] **मैं** का अस्तित्व एक अलौकिक नग्नता में डूब जाता है और **नीलापन** शून्य हो जाता है, देश और काल दोनों शून्य हो जाते हैं और पात्र गतिहीन और आकार-हीन हो जाते हैं। शून्य का यह बोध क्या है ? इसके बाद एलेन गिन्स बर्ग की कविता से चार पंक्तियों को दिया गया है जो एक **तिब्बती मन्त्र** का पाठ है जो होने और न होने में अन्तर को मिटा देता है। इस अस्ति और नास्ति के बोध ने शिव की तरह **मैं** को उग्रतारा के पाँव तले स्थापित कर दिया है। यह शिव आज का शिव है। उसे बार-बार होने का अधिकार मिल गया है और कविता की तान इस पर टूटती है—

> कविता से पहले और मृत्यु से पहले
> तुम मेरी पृथ्वी हो और मैं तुम्हारा इष्ट देवता हूँ और कवि
> हूँ मुझे
> जन्म देती हो और मेरे साथ रमण करती हो
> और मैं तुम्हें मुक्त करता हूँ अपने **मरण** में
> अपनी कविता में

इस तरह कविता का अन्त मृत्यु-बोध के साथ होता है। इसकी संरचना में यौन संकेतों का विधान, पौराणिक संकेतों की योजना, वाग्मिता की शैली और सम-कालीनता का विवरण हैं। इसके मूल में व्यंग्य है और व्यंग्य के मूल में जलता हुआ आवेश है जो नगर-बोध के विरोध को लिए हुए है। इस नगर-जीवन की असंगतियों, विसंगतियों, विडम्बनाओं को झेलता हुआ **मैं** होने और न होने के बीच संतुलन पाने में आधुनिकता के बोध को लिए हुए है। यह दूसरा सवाल

---

१. आधुनिकता—राजेन्द्रप्रसाद सिंह—पृ० १०७

है कि कहाँ तक पौराणिक, तान्त्रिक और आधुनिक उपादानों का एक साथ योग कविता में है या कविता पर हावी है, कविता को आगे बढ़ाता है या इसमें बाधा डालता है। उग्रतारा का तान्त्रिक प्रतीक कविता का केन्द्रीय प्रतीक है, इसे नौ बार कविता में दोहराया गया है (श्री चक्र के प्रस्फुटित कमल पर, काम मुद्रा में खड़ी नीलकन्या)। कविता के अन्त में भी यह इस तरह खड़ी है। क्या पूरी कविता में अस्वीकार का बोध, आधुनिकता का बोध कहीं इस तान्त्रिक शमन में आधुनिकता के अस्वीकार की गवाही तो नहीं देने लगता—यह प्रश्न खड़ा हो जाता है। इसके आठ प्रसंग हैं जो **मुक्ति-प्रसंग** कविता से जुड़े हुए हैं। इन प्रसंगों को मुख्य समाचारों का नाम देना इसलिए असंगत है कि अन्तिम समाचार या प्रसंग कविता में नहीं है। इसमें नगर-सभ्यता से अलग होने की बात है—

आदमी को इस लोकतन्त्री संसार से अलग हो जाना चाहिए
चले जाना चाहिए कस्साबों गंजाखोर साधुओं
भिखमंगों अफीमची रंडियों की काली और अन्धी दुनिया में
मसानों में
अधजली लाशें नोच कर
खाते रहना श्रेयस्कर है जीवित पड़ोसियों को खा जाने से
हमलोगों को अब शामिल नहीं रहना है
इस धरती से आदमी को हमेशा के लिए खत्म कर देने की
साजिश में

आदिम जीवन या आदिम स्थिति की ओर जाना कवि के लिए इसलिए लाजमी हो गया है कि आज की सभ्यता ने उसे नपुंसक बना दिया है, वह मौत को स्वीकारने के लिए बाधित है या जंगल की ओर जाने के लिए विवश है। इस तरह **मुक्ति-प्रसंग** कविता **मुक्ति का प्रसंग है और प्रसंग से मुक्ति है** जिसकी अन्तिम तान आदिम अवस्था की ओर जाने पर टूटती है। आधुनिकता का यह दौर विदेशी रचनाओं में भी आया, लारेंस में आया जिन्होंने ऐतिहासिक निरन्तरता को अस्वीकारा, समकालीनता और कला के पार चले गए। राजकमल भी **मुक्ति-प्रसंग** में लारेंस की तरह अनागतवादी होने की गवाही देने लगते हैं, उग्रतारा के बोध से जुड़ जाते हैं।

१४—इसके विपरीत रघुवीर सहाय अपनी कविता में न तो प्रसंग से मुक्ति की बात है और न ही इसमें मुक्ति के प्रसंग की है। वह **सीढ़ियों पर धूप** सेंककर **आत्महत्या के विरुद्ध** की स्थिति में आए हैं। वह आधुनिकता की चुनौती को भिन्न धरातल पर स्वीकारते हैं। राजकमल टूट जाते हैं और रघुवीर सहाय टूटने और न टूटने में तनाव की स्थिति में हैं। इनके अनुसार लोकतन्त्र ने 'इन्सान की शानदार जिन्दगी और कुत्ते की मौत के बीच' इन्सान को चांप

दिया है। कवि पहले की कायरता को महसूस करता है, इसे तोड़ने की कोशिश करता है; लेकिन टूटने और न टूटने का तनाव इनकी कविता के सृजन के मूल में है और जहाँ तनाव ढीला पड़ने लगता है, कविता सृजन के स्तर से उतरने की गवाही देने लगती है जिसे कभी सपाट कहा गया है, कभी अखबारी कहा गया तो कभी अकविता। इस समय सवाल कविता-अकविता के होने का नहीं है, आधुनिकता के बोध का है। इनकी कविता में यह राजनीति के दबाव का परिणाम है जिसने समकालीन वास्तव को विसंगत, असंगत घिनौना बना डाला है। इसका सामना निराला ने भी अपनी कविता से किया था। रघुवीर सहाय की कविता **एक अधेड़ भारतीय आत्मा**[1] में इसे आँका जा सकता है। इसमें आदि से अन्त तक समकालीन वास्तव को समेटने की कोशिश व्यंग्य की पैनी धार को लिए हुए है जो आस-पास को काटती चली जाती है—

हर संकट भारत में एक गाय
होता है
ठीक समय ठीक बहस कर नहीं सकती है
राजनीति
बाद में जहाँ कहीं से भी शुरू करो
बीच सड़क पर गोबर कर देता है विचार
हाय-हाय करते हुए हाँ-हाँ करते हुए हें-हें करते हुए
समुदाय
एक हज़ार लोग ध्यानमग्न सुनते हुए
एक अदद रिरियाता है सितार
जगे रहो जाने किस वक्त सब एकमत हो जायें।

बीस साल बीतने के बाद भी, या आज़ादी के बाद भी समुदाय हाय-हाय, हाँ-हाँ, हें-हें करता रह जाता है की स्थिति को उजागर किया गया है। आक्रोश के स्वर में व्यंग्य के स्वर की मिलावट है, चीज़ों को सही नामों से पुकारने की कोशिश है। इसलिए इनकी कविता में बार-बार व्यक्ति-विशेष के नाम आते हैं ताकि समकालीन वास्तव के धुँधलेपन को कम किया जा सके, चोर को चोर कहा जा सके। इस ढंग को निराला ने भी अपनाया था, राजकमल ने भी और अन्य कवियों ने भी; लेकिन यह रघुवीर सहाय की कविता की एक रीति होने की गवाही देती है। क्या इस ढंग का मकसद समकालीन वास्तव को सटीक करना है, इसे ठेठ बनाना है, भदेस का चित्रण करना है, विसंगति को उजागर करना है, असंगति को पेश करना है? इस सवाल का जवाब इसके

---

१. आत्म हत्या के विरुद्ध

इस्तेमाल में खोजा जा सकता है। यह नाम चाहे महकू या महंगू का हो या गुलाब और गोली का (निराला), मंजू हालदार का हो या उपाध्याय का (राजकमल), खुशनसीब खुशीराम का हो या रामकुमार का, देवी दयाल का हो या भोला रामदास का (रघुवीर सहाय)। इनका इस्तेमाल कभी समकालीन असंगति-विसंगति को उजागर करता है तो कभी समकालीन भदेस का चित्रण करता है। रघुवीर सहाय की कविता में इसे राजनीतिक परिवेश को सटीक बनाने के लिए इस्तेमाल किया गया है। इस तरह रघुवीर सहाय की कविता में आधुनिकता का बोध राजकमल की कविता में आधुनिकता के बोध से भिन्न है—

न सही यह कविता
यह मेरे हाथ की छटपटाहट ही सही
यह कि मैं घोर उजाले में खोजता हूँ
आग
जब कि हर अभिव्यक्ति
व्यक्ति नहीं
अभिव्यक्ति
जली हुई लकड़ी है न कोयला न राख
—फिल्म के बाद चीख

यह चीख अहं तक सीमित न होकर वयं तक फैल गई है, हर मतदाता की बन गई है। इस तरह समकालीन की पहचान की कोशिश में आधुनिकता का बोध उभरता है और इसमें विचारशीलता का पुट है जिसे बुद्धिवाद का निरूपण कहा गया है। इसका विरोध अशोक वाजपेयी और नामवर सिंह को खलता है। इसमें इनको आधुनिकता का विरोध भी लगता है। यह सवाल अहम है कि आधुनिकता को क्या बुद्धिवाद के निरूपण में सीमित किया जाए या नहीं। क्या मुक्तिबोध की कविता बुद्धिवाद के परे नहीं जाती ? यदि यह जाती है तो क्या इसमें आधुनिकता का अस्वीकार है। इसलिए अशोक वाजपेयी और नामवर सिंह आधुनिकता को एक मूल्य के रूप में स्थापित करना चाहते हैं और इस तरह वे इसे आधुनिकवाद में बदल देते हैं, जबकि यह एक प्रक्रिया है जो बुद्धिवाद के निरूपण और बुद्धिवाद के विरोध दोनों में आंकी जा सकती है। क्या लारेंस की रचनाओं में बुद्धिवाद का विरोध नहीं है ? क्या इन्हें आधुनिकता से वंचित करना संगत है ? क्या समकालीन कविता में भी बुद्धिवाद का विरोध नहीं है ? क्या इसमें आधुनिकता का बोध नहीं है ? और इस आधुनिकवाद के लिए वकील की दलील इस तरह है—छायावादी कविता में द्वैत से अद्वैत की ओर, द्वन्द्व से अद्वन्द्व की ओर जाने की बराबर कोशिश है। यह मध्यकालीन

बोध का परिणाम है। छायावादी कवि ने हृदय और बुद्धि के तनाव को एक हद तक झेला, लेकिन छायावाद के बाद गीतकारों ने बुद्धि को सारे खुराफात की जड़ मानकर इसे कविता से निकाल दिया। इनमें बच्चन, दिनकर, भगवतीचरण आदि को गिनवाया गया है। आगे चलकर नामवर सिंह सोम और सुरा में अन्तर को पहचानते हुए हाला को इनसे घटिया बताते हैं। हाला से पैदा बेहोशी द्वन्द्व को भुला देती है जब कि सोम इसे एक सीमा तक कायम रखता है। इस तरह सोम का सरूर हाला की बेहोशी से बेहतर है, इसमें द्वन्द्व का साक्षात कराने की क्षमता है।[1] यह सही है कि आधुनिकता की प्रक्रिया छायावाद के विरोध में है और मनु की समस्या कहीं-कहीं आधुनिकता का बोध लिए हुए है। इसकी परिणति समरसता में होती है जो आधुनिकता का अस्वीकार है। इस तरह **अंधा युग** के अन्त में आधुनिकता का अस्वीकार झलकने लगता है। इस रचना में प्रक्रिया-परिणति का अलगाव उस तरह असंगत नहीं जान पड़ता जिस तरह **कामायनी** में है। इस तरह मुक्तिबोध भी कभी-कभी इस प्रक्रिया के संशोधन में आधुनिकता को पूरी तरह स्वीकारने से रह जाते हैं; लेकिन यह कहना कठिन है कि मुक्तिबोध ने आधुनिकता के बोध को नकारा है। आधुनिकता के इस दौर में परिणति या अन्त बन्द होने के बजाय खुलने की गवाही देने लगा था। जब कविता में तनाव और घेराव पर बल दिया जाएगा, तो सामंजस्य या अन्त का बोध गौण होकर गायब होता जाएगा, आधुनिकता के इस दौर में वह कविता में गौण तो होता गया है, लेकिन गायब नहीं हुआ। इसलिए अन्त के बोध के आधार पर **आधुनिकता** के स्वीकार-अस्वीकार की गवाही तो मिल सकती है; लेकिन बुद्धिवाद के खण्डन-मण्डन के आधार पर इसे पाना **आधुनिकता** के बजाय **आधुनिकवाद** की गवाही देना है। इसी अन्दाज़ में बिम्ब-विधान को कविता में रोमांटिक बोध का अवशेष कहा गया है, सपाटबयानी को आधुनिक बोध से जोड़ा गया है। एक अरसे से पश्चिम में इस सवाल पर बहस चल रही है। **काव्य-बिम्ब** की पद्धति पुरानी पड़ने लगी है, कविता बिम्ब के दायरे से निकलकर सपाटबयानी की तरफ़ बढ़ने लगी है। अशोक वाजपेयी ने इस तरफ़ इशारा किया और नामवर सिंह ने रघुवीर सहाय की कविता को आधार बनाकर इसकी वकालत इस तरह की है—इसका इस्तेमाल इनकी कविता में बड़े पैमाने पर हुआ है और एक खास़ तरह से हुआ है। यह सही है कि कविता एक तरह के दायरे से निकलकर दूसरी तरह के दायरे में आने लगी है जो आधुनिकता की चुनौती का परिणाम है। क्या यह

१. कविता के नये प्रतिमान—पृष्ठ १८८।

कहना बेहतर न होगा कि आधुनिकता की प्रक्रिया एक दौर से निकलकर दूसरे दौर में आने लगी है ? यदि यह असंगत है तो मुक्तिबोध की अधिकांश कविता को, जो बिम्ब-विधान को लिए हुए है, आधुनिकता का अस्वीकार कहना पड़ेगा। इस तरह तो अज्ञेय की कविता में भी आधुनिकता का बोध का अस्वीकार ही मिल सकता है। इस दृष्टि से रघुवीर सहाय की पहले की कविता में भी आधुनिकता का नकार खोजा और पाया जा सकता है, इसमें जीने की सहजता को कहने के लिए बिम्ब-विधान को अपनाया गया है। इसलिए आधुनिकता का बोध न तो बिम्ब-विधान के दायरे में सीमित हो सकता है और न ही सपाटबयानी के दायरे में; कविता का मिज़ाज और अन्दाज़ बदलता रहा है। छायावाद में आधुनिकता और मध्यकालीनता के बोध में होड़ रही है जिसका परिणाम कभी समन्वय में निकला है तो कभी सम्मिश्रण में।[1] इसके बाद आधुनिकता की प्रक्रिया, जो अब भी जारी है, एक से अधिक दौर से गुज़रने की गवाही देती है। यह कभी परम्परा को तोड़ती है तो कभी यह नये स्तर पर इससे जुड़ने की साक्षी देती है। निराला का व्यंग्य-काव्य छायावादी परम्परा को तोड़ता है और अज्ञेय की कविता आधुनिकता के बोध को लेकर परम्परा से नये धरातल पर जुड़ने की कोशिश में है। इस तरह स्वीकृत अस्वीकृत होकर फिर स्वीकृत होने की स्थिति में आकर अस्वीकृत होने की गवाही देने लगता है। निराला के व्यंग्य-काव्य की परम्परा अपना चेहरा बदलकर रघुवीर सहाय, धूमिल, कुमार विकल, विनोद कुमार, ऋतुराज, कमलेश, मलयज, मणि मधुकर, सौमित्र मोहन आदि की रचनाओं में जारी है। यह **संयोग** की बात है या इस **परम्परा** की देन है कि निराला **महगूराम**, धूमिल के **मोचीराम** और कुमार विकल के **तरक्की राम** में राम के साँझे चेहरे को लेकर अलग-अलग चेहरा बन गया है। यह चेहरा कभी सौमित्र मोहन की कविता में **लुकमान अली** का है और रघुवीर सहाय की कविता में **पोस्टर के आदमी** का। इन कविताओं में **राग** के अभाव को आँका जा सकता है; इनमें संकट की आवाज़ भी है जो कभी-कभी डराती है। यदि सृजन की प्रक्रिया को गंभीरता से नहीं लिया तो इनके लिए यह कान की बीमारी से अधिक नहीं लगती। इनमें आधुनिकता का बोध कभी समकालीन परिवेश के विरोध में उजागर होता है तो कभी आक्रोश में चीख उठता है, कभी व्यंग्य का सहारा लेकर परिवेश को काटता है और कभी विडम्बना को साधन बनाकर इसकी विसंगति को उभारता है।

१५—श्रीकान्त की कविता में आधुनिकता का बोध इसकी गवाही देता है। इसमें नगर का बोध है और नगर एक पूरक के रूप में अंकित है। अशोक

---

१. मदान—कविता और कविता

वाजपेयी के अनुसार इनका काव्य-संसार दहशत को लिए हुए है और इस दहशत में करुणा का भी स्वर है, सहज और मानवीय बोध भी है; लेकिन अब इनका काव्य-संसार अधिक जटिल और शहरी होने की गवाही देने लगा है और विस्तार भी पाने लगा है। आधुनिकता का बोध नगर-बोध की उपज है और इसकी विविधता को इनकी कविताओं में आँका जा सकता है और इस पहचान में इनका कविता होना लाज़मी नहीं है। आधुनिकता का बोध कभी 'किसी के होने और न होने से कुछ नहीं होता' में है (माया दर्पण), कभी क्या करूँ के सवाल में है (एक दिन), कभी अकेले और असंग होने की स्थिति में है (एक और ढंग), कभी अजनबीपन के बोध में है (युगल), कभी नग्नता को लेकर है (प्रेम-वक्तव्य), कभी बेघर होने के बोध में है (बुख़ार में कविता) तो कभी नरक के बोध में (अन्तिम वक्तव्य)—

कोई भी जगह नहीं रही
रहने के लायक
न मैं आत्महत्या
कर सकता हूँ
न औरों का
खून !
तुम जाओ अपने अपने बहिश्त में
मैं जाता हूँ
अपने जहन्नुम में

इस तरह कविता का लटका चाहे नाट्यात्मक व्यंग्य का हो या व्यंग्यात्मक नाटक का, इसमें संवाद की सहजता हो या चित्रात्मक रचाव, इसमें सपाटबयानी या सपाटबाज़ी कभी-कभी इसे कमज़ोर भी कर देती हो; लेकिन इनका काव्य-संसार में नरक का बोध है, नगर का बोध है जिसमें नरक का बोध है जो आधुनिकता की चुनौती का परिणाम है जिसकी प्रक्रिया एक और दौर से गुज़र रही है। इसका अन्दाज़ परिचित संसार को फिर से पहचानने की कोशिश में है, वास्तव को सीधे देखने की ओर ले जाती है। इसलिए **समाधि-लेख** में तान इस बात पर टूटती है—

मुझ से नहीं होगा !
जो मुझ से
नहीं हुआ वह मेरा
संसार नहीं।

आज का आदमी कविता में इस तरह बयान है—

एक आदमी दूसरे का और दूसरा तीसरे का
दहेज है।
जिसकी वाणी में आज तेज है
दस साल बाद
वह इस तरह लौट आता है
जैसे किसी वेश्या के कोठे से
अपने को बुझा कर।
गाकर रिझा कर
वह क्या पाना
चाहता था?

इस तरह इनकी कविताओं में वास्तव की पहचान असंगति, विसंगति, अकेलापन, बेगानापन, अनिश्चतता, नग्नता, भदेस, अजातीयता में उजागर होकर आधुनिकता का बोध कराती है। इस पहचान में कभी खीझ का स्वर है तो कभी चिढ़ का, कभी क्षोभ का है तो कभी विवशता का, कभी छटपटाहट का है तो कभी असंगत का, कभी बोरियत का है तो कभी दहशत का, कभी चालाकी का है तो कभी मसखरेपन का, कभी त्रास का है तो कभी आक्रोश का, कभी असंगति का है तो कभी विसंगति का, कभी व्यर्थता का है तो कभी व्यंग्य-विडम्बना का, कभी अजनबीपन का है तो कभी बेगानेपन का। यह विविधता श्रीकान्त की कविता तक सीमित न होकर समकालीन कविता का मुहावरा बन गई है जिसे अनेक रचनाओं में आँका जा सकता है और जिसके मूल में आधुनिकता का बोध है। जीवन की विसंगति और परिवेश की असंगति के व्यंग्य और विडम्बना की दृष्टि को कवि अपनाने के लिए बाधित हैं। आज मानव की स्थिति और नियति दोनों सवालिया हो गए हैं—क्या हो रहा है, क्यों हो रहा है, कैसे हो रहा है, क्या करना है, कैसे करना है, क्यों करना है, क्या हो गया है, क्यों हो गया है, कैसे हो गया है, क्या होने वाला है, कैसे होने वाला है, क्यों होने वाला है। इस तरह के पेचीदा सवाल स्थिति और नियति को जटिल बना रहे हैं, विगत, आगत और अनागत का विभाजन बेमानी और बेकार होता जा रहा है, ऐतिहासिकता और निरन्तरता भी टूटने की गवाही देने लगी है।

१६—इस तरह की कविताओं की एक लंबी सूची है और कवियों की एक लंबी कतार है और इतनी लंबी है कि सब कविताओं और कवियों का नाम लेना भी कठिन काम है। कुछ कविताओं को लेकर ही आधुनिकता की प्रक्रिया की अधूरी पहचान संभव है। यह भी सही है सब रचनाओं को कविता कहना भी कठिन है, इसलिए कविता को किंचित् कविता भी कहा जाने लगा है। इन रचनाओं में गंभीरता अगंभीरता को लिए हुए है और कभी अगंभीरता में गंभीरता है,

स्थिति की कभी सीधी और सपाट अभिव्यक्ति है तो कभी गति का नाटकीय विन्यास है, कभी उपहास के ढंग को अपनाया गया है और कभी व्यंग्य की शैली को। कभी वास्तव को पकड़ने या उजागर करने के लिए फैंटेसी को माध्यम बनाया गया है तो कभी मिथक पद्धति को। वास्तव क्या है?—इसके बारे में चिन्तन को आधुनिकता की दृष्टि ने उलट-पलट दिया है, **देश** और **काल** जो पहले **शाश्वत** और **परम** माने जाते रहे हैं आज **देश-काल** के सापेक्ष रूप में आँके जाने लगे हैं, चिर-सुन्दर और चिर-शिव की चिरता पर प्रश्न लग गया है, जिन्दगी और मौत के बारे में संवेदना बदल चुकी है और बदल रही है। वास्तव में पहलू-दर-पहलू हैं जो आपस में टकराते भी हैं; इसकी परत-दर-परत है जिसके उधाड़ने की कोशिश जारी है। क्या आज का कवि बहुरूपिया होकर कविता में आ रहा है या मसखरा बनकर, मसीहा होकर आ रहा है या पैगम्बर बनकर, विदूषक बनकर आ रहा है या जोकर बनकर। आज का युग न तो शुद्ध त्रासदी का रहा है और न ही शुद्ध कामदी का! आधुनिकता के बोध ने इन धारणाओं को भी तोड़ दिया है। इसी तरह आज कविता में रस की बात करना भी बेकार लगता है। इसलिए अरस्तू और भरत मुनि के हवाले देना असंगत जान पड़ता है; लेकिन इनके ऐतिहासिक महत्त्व को अस्वीकारना भी उतना ही असंगत है। यह बात कविता के बारे में है जो प्रायः कविता से हटकर होती है, कविता की बात तो कविताओं के आधार पर हो सकती है, इनकी राह से गुज़र कर हो सकती है कि कहाँ, कैसे, किस तरह इनमें आधुनिकता का बोध है। केदारनाथ सिंह का मैं आज कितना बदल चुका है कि उसकी पहचान धुंधलाने लगी है—

मैं—
अर्थ—परिवर्तन की
एक अबूझ प्रक्रिया हूँ;
जिसके भीतर
ये लोग,
झाड़ियाँ,
बत्तखें और भविष्य
हर चीज़ एक-दूसरे में
घुली-मिली है।

—प्रक्रिया

इस तरह **मैं** की अस्मिता न केवल धुँधलाने लगी है, खो जाने की प्रक्रिया में है। आज जीवन के पथ पर चलता हुआ इन्सान अपने सफ़र की मंज़िल को नहीं जानता है और शंका की दृष्टि से पूछता चला जा रहा है कि इसका

खातमा कब होगा। कविता मैं और एक बच्चे के चलने से शुरू होती है जो न जाने कब से चुपचाप चल रहे हैं—

हर कदम पर
पूछता है—खत्म कब होगी
यह गहनतम भाप
जिसकी गर्म अनगिन तहों में
लिपटे हुए
हम चल रहे हैं
खत्म कब होगी,
बताओ
खत्म कब होगी ?
और मैं चुप हूँ
अनाहत चुप हूँ

इस चुप में, उत्तर के अभाव में आधुनिकता का बोध होने लगता है; लेकिन 'कमरे का दानव' कविता में इसका बोध गहराने लगता है। इस गुमसुम, अपलक, उदास होने की स्थिति में देखा नहीं जाता है, कवि के हाथों से इसे ललकारने, पछाड़ने का साहस छूट गया है, परिवेश का सामना करने के लिए वह अपने को लाचार पाता है। इस दानव के काले-काले डने हैं जिन्हें वह तोड़ना चाहता है। इस कविता के बिम्ब-विधान में कमज़ोरी हो सकती है; लेकिन आधुनिकता के बोध के बारे में शक नहीं है। इसी तरह **अनागत** कविता में नामवर सिंह को बिम्ब-विधान की बुनियादी कमज़ोरी अखरती है जब वह सपाटबयानी का मण्डन करने के लिए बिम्ब-विधान का खण्डन करते हैं; लेकिन आधुनिकता के बोध को यह एक स्तर पर उजागर करती है—

इस अनागत को हम करें क्या !
जो कि अक्सर
बिना सोचे, बिना जाने
सड़क पर चलते अचानक दीख जाता है।

आज केदारनाथ सिंह अगर काव्य-बिम्ब के मोह को छोड़ रहे हैं तो यह आधुनिकता की प्रक्रिया का परिणाम है जो एक दौर से गुज़रकर दूसरे दौर में आ रही है, लेकिन यह कहना कि पहले दौर में आधुनिकता का बोध नहीं है, संगत नहीं जान पड़ता। आज इनकी कविता यदि सपाटबयानी की तरफ़ बढ़ रही है तो इसका मतलब यह हुआ कि इनमें आधुनिकता की प्रक्रिया मूल्य न बनकर आधुनिकवाद में परिणत नहीं हो रही है—

तुम ने जहाँ लिखा है प्यार

वहाँ लिख दो सड़क
फरक नहीं पड़ता।
मेरे युग का मुहावरा है
फरक नहीं पड़ता।

क्या इसमें फरक न पड़ने की बात आधुनिकता को उजागर नहीं करती? इसी तरह केदारनाथ की कविता में यह कथन, जो तनाव को लिए हुए है, क्या कविता के इस मुहावरे का परिचय नहीं देता जिसके मूल में आधुनिकता की प्रक्रिया है?

और जिस भाषा में बोलना चाहता हूँ
मेरी जिह्वा पर नहीं
बल्कि दाँतों के बीच की जगहों में
सटी हुई है।

आम तौर पर यह कहा जाता है कि बिम्ब-विधान की पद्धति पुरानी पड़ चुकी है, वह वास्तव को पकड़ने से रह जाती है। इससे कविता तो बन सकती है, लेकिन सामाजिक जीवन के चित्र सरक जाते हैं। इस दृष्टि से कभी-कभी इस कविता में रोमांटिक बोध को भी आँका गया है। आधुनिकता का बोध उस कविता में ही हो सकता है जिसमें सामाजिक जीवन के चित्र सरकने के बजाय सीधे सामने आ सकें। इन चित्रों से आशय बाहर के वास्तव से है और वास्तव क्या है इसके बारे में मतभेद गहरा और कायम है। पूरा वास्तव क्या है? क्या इसे पकड़ा भी जा सकता है या नहीं? अगर नहीं तो कविता करना भी बेकार है। यह नारा भी आज सुनने को मिलता है। क्या कविता में बिम्ब वास्तव से बचने का तरीका और सपाटबयानी इसे पकड़ने का है? इस दृष्टि में जटिलता का सरलीकरण है। वास्तव को पकड़ना है या कहना है या उजागर करना है? यह किस तरह बेहतर हो सकता है? यह चित्र से नहीं हो पाया है (छायावाद), बिम्ब से नहीं हो पाया है (नयी कविता), अब सपाटबयानी से इसे पकड़ा जा रहा है। नामवर सिंह का यह दावा कहाँ तक सही है—कहना मुश्किल है। असल में आधुनिकता की प्रक्रिया कविता के तेवर को बदलती रही है और बदल रही है। बिम्ब-विधान की अपनी सीमा है, सपाट-विधान की अपनी, और खतरा दोनों में है। इसी तरह एक और दृष्टि कविता में विचार या महा विचार पर बल देती है और दूसरी संवेदना पर; लेकिन आधुनिकता दोनों में हो सकती है। अशोक वाजपेयी को अधिकांश नव-लेखन विचारहीन लगता है और इसलिए खलता है।[1] इसकी मिसाल अकविता है जिसमें बड़बोलापन है (बड़बोलापन तो और कवियों में है—जैसे धूमिल);

---

१. फिलहाल

लेकिन अकविता के बड़बोलेपन में रोमांटिक बोध है, अगर है, तो आधुनिकता का सवाल ही नहीं उठता। अकविता में नारी चीज़-भर है। इसलिए यह मध्य-कालीन हरकत है। यदि यह सही है तो अकविता आधुनिकता से अछूती है; लेकिन इसे जब वह आधुनिकता के विद्रोह से जोड़ देते हैं, असंगति-विसंगति से जोड़ देते हैं तो इसमें आलोचक के चिन्तन में असंगति का बोध होने लगता है और शिकायत इस तरह की होने लगती है—अकवि चोट क्यों नहीं करते, स्थापित पर आघात क्यों नहीं करते? इनकी रचनाओं में बुद्धि का विरोध क्यों है? इनमें आदिमता की स्थापना क्यों है?[1] इस तरह के सवाल असंगत होने की गवाही देते हैं। यह इसलिए कि आधुनिकता की प्रक्रिया एक मूल्य का रूप धारण करने लगती है और आधुनिकवाद में परिणत हो जाती है। अशोक वाजपेयी का यह कहना सही है कि योरुप और अमरीका के लिए यह अधिक सही हो सकती है, वहाँ की जटिलताएँ अधिक जटिल हैं जिन्हें बुद्धिवाद के घेरे में समेटा नहीं जा सकता, इसके परे जाने की या इसके आगे जाने की कोशिश लाज़मी है। भारतीय परिवेश में यह लाज़मी नहीं है। इसे अगर इस तरह कहा जाता तो असंगत न होता कि समकालीन कविता में आधुनिकता का यह पहलू धारणा के स्तर पर है, संवेदना के स्तर पर नहीं है। अबुद्धिवाद और बुद्धि-विरोध में अन्तर भी आँका जा सकता है। अशोक वाजपेयी को कैलाश वाजपेयी की कविता में बुद्धि-विरोध इसलिए खलता है कि यह सीधा और सपाट है—

पर जब सभी कुछ
ऊल ही जलूल है
सोचना फिज़ूल है।

क्या सोचने को फ़िज़ूल मानना इतना सीधा, सपाट और सरल है? क्या इसके पीछे सोचने की लम्बी प्रक्रिया नहीं है! क्या सोचने का अन्त कैलाशगत न होकर अशोकगत होना लाज़मी है? इसे विचारहीनता कहना कहाँ तक संगत है? क्या दिशा का संकेत देने में ही आधुनिकता सीमित है? क्या दिशाहीनता का बोध आधुनिकता का बोध नहीं है? इस समय सवाल कविता होने या न होने का नहीं है, आधुनिकता के होने या न होने का है। अधिकांश समकालीन कविता को कविता न कहना आलोचक का अधिकार है; लेकिन इसे आधुनिकता से वंचित करना और अपनी समझ को इतना तूल देकर दूसरे की समझ में पेच न देखना बाड़ेबाजी का परिणाम है। आधुनिकता रघुवीर सहाय, धूमिल, कुमार विकल आदि की कविताओं में भी है और कैलाश वाजपेयी, जगदीश

१. फिलहाल

चतुर्वेदी, सौमित्र मोहन, मणि मधुकर आदि की रचनाओं में भी है। यह कैसे है, किस तरह है को आँकना शायद बेहतर साबित हो सकता है। क्यों इस तरह है और क्यों इस तरह नहीं है का पैगम्बराना अन्दाज़ कवि का भी हो सकता है और आलोचक का भी या कविता का भी हो सकता है और आलोचना का भी।

१७—इस आधार पर या दृष्टि से तो सर्वेश्वर, कैलाश वाजपेयी, साही, कुँवर नारायण, विमल, दुष्यंत कुमार, मलयज आदि की अधिकांश रचनाओं में आधुनिकता का बोध उपेक्षित रह जाएगा—कभी बिम्ब-विधान के आधार पर तो कभी अबुद्धिवाद के आधार पर। सर्वेश्वर की कविता **तीमारदारी** की राह से गुज़रा जाए तो इसमें बिम्ब-विधान एक आलोचक को **वास्तव** को पकड़ने में बाधक लग सकता है और दूसरे को इसकी संरचना बुद्धि-विरोधी लग सकती है। कविता सुबह और शाम के बहुत सँकरी सुरंग से होकर गुज़र जाने से शुरू होती है और उस स्थिति का संकेत देती है जिसका बोध उस आधुनिक को होता है जो इसमें पड़ा हुआ है—

कगार पर पेड़ का खड़ा रहना ही बहुत है।
डालियों पर विश्राम करते पक्षी
और काटती लहरों के बीच एक रिश्ता है
जो पेड़ को गिरने
और पक्षियों के उड़ जाने पर भी टूटता नहीं।
हर अन्त से जुड़ जाती है
एक नयी शुरुआत।.........

इस निरन्तरता में आधुनिकता की प्रक्रिया है और **वास्तव** को पकड़ने के बजाय इसके पार जाना चाहती है या इसके आगे जाना चाहती है जो **इसका वास्तव** है—

कौन जानता है
कौन-सा स्पर्श जादू कर जाय!
प्यार की शक्ति
इतिहास की शक्ति नहीं है।

और विवेक खंडहरों में घूमता रह जाता है—

भूकंप नापने के यंत्र
पीठ पर लादे
खंडहरों से घूमता रह जाता है विवेक
जब कि दिल की गहराइयों में

बेबुनियाद चीज़ों की एक बस्ती खड़ी हो जाती है
ईश्वर और आदमी की तीमारदारी के लिए।

अन्तिम पंक्ति थोड़ा अखरने वाली है; लेकिन यह शायद इस मत का नतीजा है कि कविता का अन्त करना कवि के लिए लाज़मी है, इसके बिना कविता अधूरी रह जाती है, अंतिम पंक्ति में आधुनिकता की प्रक्रिया यदि ठहर भी जाती है तो इस बात की इतनी परवाह नहीं है जितनी इसका अन्त करने की चिन्ता है। **पोस्टर और आदमी** में आधुनिकता का बोध एक और स्तर को लिए हुए है—

कि आज के ज़माने में
आदमी से ज़्यादा लोग
पोस्टरों को पहचानते हैं
वे आदमी से बड़े सत्य हैं।
पोस्टर
जो दूसरे की बात करते हैं
जिनमें आकर्षण है लेकिन जान नहीं
जो चौराहों पर खड़े रहते हैं,
सबकी राह रोकते हैं, सबको टोकते हैं,
लेकिन किसी से कोई मतलब नहीं रखते······

—काठ की घंटियाँ

क्या पोस्टर के माध्यम से इन्सान का नया चेहरा नहीं उभरता जो नगर-बोध का परिणाम है, जिसके मूल में आधुनिकता की प्रक्रिया है। इन दोनों कविताओं में आधुनिकता का बोध अपने-अपने स्तर पर है और वास्तव को कहने का अन्दाज़ इतना भिन्न है कि एक में आधुनिकता का अस्वीकार और दूसरी में इसके स्वीकार को आँकना आधुनिकता को एक मूल्य के रूप में आँकना होगा। सर्वेश्वर की कविताओं में रोमांटिक बोध का अवशेष भी है और आधुनिकता के बोध की अभिव्यक्ति भी। इसके अलग-अलग स्तर भी हैं। इस **मृत नगर में** आधुनिकता नगर के बोध में है जिससे मृत्यु-बोध जुड़ गया है। अगर मानव की स्थिति और नियति किसी कविता में अभिशप्त रूप में अंकित है तो इसमें न तो आधुनिकता का दोष है और न ही कविता का। इसमें अमानवीयता को आँक कर आधुनिकता को नकारना आलोचक के साहस की ही सूचना दे सकता है जो बाड़ेबाजी की उपज है। कैलाश वाजपेयी की इन पंक्तियों में आलोचक को दंभ का बोध और शहीदाना मिज़ाज का अहसास होता है—

कोई भी नहीं बताता तुम्हें
इस सुअर सभ्यता का

भार ढोते हुए
तुम्हें कहाँ जाना है।

इसलिए मानवीयता और अमानवीयता के आधार पर आधुनिकता को सीमित करना आरोपित दृष्टि का परिणाम है। सर्वेश्वर की इन पंक्तियों में इन्सान लाचारी से घिरा हुआ है, वह अपने को इतना दोहराता है कि वह थक गया है और चल देने की सोच रहा है—

अपने को दोहराते-दोहराते
अब मैं थक गया हूँ
ताश के पत्तों की तरह
कब तक फेंटता रहूँ विश्वास,
और मक्खियों की तरह
उड़ाता रहूँ स्मृतियाँ,
या भिखारियों की तरह
गिनता रहूँ चन्द सिक्के,
गोया अधिक गिनने से
उनकी संख्या बढ़ जायेगी।......

—एक सूनी नाव

यदि बेकार, बेमानी होने का बोध आज कविता में होने लगता है तो यह आधुनिकता की चुनौती का एक पहलू है। मुक्तिबोध की कविता में तनाव अगर होने और न हो पाने में है, श्रीकान्त की कविता में अगर यह होने और न हो सकने में है तो इसका मतलब यह नहीं है कि **सकने** के बोध में आधुनिकता का नकार है और **पाने** के बोध में इसका स्वीकार है। इनमें अन्तर **स्थिति** और **गति** का है और दोनों में आधुनिकता की प्रक्रिया है।

१८—एक पाश्चात्य आलोचक ने बीसवीं सदी में आधुनिकवाद का निरूपण करते हुए इसे नगर-बोध से जोड़ा है।[1] इनके अनुसार आधुनिकता की शुरुआत तब से मानी जा सकती है जब से **दियोनीसस** का नगर में आना हुआ है। यह एक ही देव है जो आधुनिकवाद के स्वरूप को उजागर ही नहीं करता, इसे साकार रूप भी देता है। इसे एक रूपक के तौर पर लिया गया है जो हाल की स्थिति पर हावी है। इसे विसंगति, क्रूरता, सामाजिक भागीकरण, नग्नता आदि में आँका जा सकता है। एक दूसरा देव है **अपोलो** जो इसके विपरीत है। अपोलो में क्लासिकल विवेक है, विधान है, संयम है। इस देव के पहले **अति** का युग था, दानवों और बरबरों की दुनिया थी, राक्षसों और असुरों का संसार था। दियोनीसस का काम अपोलो की दृष्टि

१. दियोनीसस एण्ड दि सिटी—मोनरो क़े. स्पीयरस।

को तोड़ना है। दियोनीसस की दृष्टि के अधीन होकर संयम, विधान की दीवारें गिर जाती हैं, पुराने सम्बन्ध बदलने लगते हैं। आदमी खुद कलाकार नहीं रहता, कला-कृति बन जाता है। नीत्शे ने इस देव को माध्यम बनाकर आधुनिकवाद को इससे जोड़ दिया है। त्रासदी का जन्म इसी से होता है और अपोलो के विवेक से यह मर जाती है। अपोलो और दियोनीसस परस्पर विरोधी हैं जो बारी-बारी अपना राज स्थापित करते रहे हैं। अंगरेज़ी साहित्य का इतिहास इसका गवाह है—रेनेसां से लेकर आज तक। आधुनिकवाद में यह देव प्रतीक रूप में फिर से उभरने लगा है। अवचेतन मन इसी देव को सूचित करता है—मानस की वे परतें जो चेतन मानस की पकड़ में नहीं आतीं, बुद्धि से परे हैं। इसके चार उन्नायकों को गिनवाया गया है—फरेज़र, फ्रॉयड और युंग और चौथे मार्क्स। फ्रॉयड के अचेतन से लेकर मार्क्स की जनता तक यह देव आधुनिकवाद का बेहतर प्रतीक है; लेकिन यह काफी भी नहीं है। यदि इससे **नगर** के प्रतीक को जोड़ दिया जाए तो यह आधुनिकता का पूरक प्रतीक बन जाता है। इसका नगर में दाखिल होना आधुनिकवाद की शुरुआत करता है। नगर या शहर शाब्दिक परिवेश और दृश्य हैं जो आधुनिक मानव को जन्म देता है। यह नगर गिर रहा है, इसका विधान टूट रहा है, यह नरक के नगर की दिशा में जा रहा है। इस तरह आधुनिकवाद अपोलो और दियो-नीसस में तनाव से पैदा होता है, त्रासदी भी इससे जन्म लेती है। इस आलो-चक ने इस तरह आधुनिकवाद को पहचानने की कोशिश की है। कामू ने **सिसिफस** के आधार पर आधुनिकता को विसंगति के रूप में पहचाना है। एक बात थोड़ा साफ नज़र आती है कि आधुनिकता के बोध और नगर के बोध में नाता अवश्य है। यह बात आधुनिकता के बारे में है जो कविता में आधुनिकता से भटक तो जाती है; लेकिन इसके बिना बात अधूरी भी समझी जाती है। भारतीय परिवेश में अभी **सिसिफस** की जगह **हनुमान** हैं और **दियोनीसस** के स्थान पर **शिव** हैं। क्या शांभव की स्थिति और दियोनीसस की स्थिति में आनन्दमय होने की स्थिति समान है या इनमें अन्तर है? इससे पहले यह संकेत दिया गया है कि भारतीय आधुनिक और अमरीकी या योरुपीय आधुनिक की संवेदना में अन्तर है। इसलिए हिन्दी कविता में सिसिफस बरबस हनुमान की स्थिति है, शहर अभी संभावना की स्थिति में है, कविता भी शायद आधुनिकता की संभावना की स्थिति में हो सकती है। इशारा केवल इतना है कि पाश्चात्य आधुनिकता के आधार पर हिन्दी कविता में आधुनिकता की पहचान और परख असंगत तो नहीं, लेकिन इसमें आधुनिकता की प्रक्रिया धारणात्मक अवश्य लगती है। असंगत इसलिए नहीं कि नगरीकरण की प्रक्रिया भारतीय परिवेश में भी जारी है और धारणात्मक इसलिए कि यह अभी चिन्तन के स्तर पर

अधिक है, बोध-संवेदना के स्तर पर कम; उथले में अधिक है, गहरे में कम।

१९—इसका बोध उन रचनाओं में भी मिलता है जिन्हें **अकविता** नाम से जोड़ा गया है। यह नाम किस तरह रखा गया और किसने रखा—इसके बारे में डा० श्याम परमार ने बयान भी दिया है।[1] इसका नाम नयी कविता के वज़न पर है जो खतरे से खाली नहीं है। इस तरह बीसियों नाम समकालीन कविता के बारे में पढ़ने को मिलते हैं। यदि आधुनिकता को एक प्रक्रिया के रूप में आँका गया होता और मूल्यों के रूप में बार-बार स्थापित न किया गया होता तो इतने नामों की शायद आवश्यकता न पड़ती। इस तरह कहानी को लेकर भी हुआ है; लेकिन कहानी का चेहरा इतनी बार बदलता नहीं लगा जितनी बार कविता का लगा है। इसलिए कहानी का नामकरण संस्कार इतनी बार नहीं करना पड़ा है। **प्रारंभ** नाम से कविताओं का एक संकलन १९६३ में निकाला गया जिसमें **चौदह** कवियों को शामिल किया गया ताकि इसका वज़न दो सप्तकों के बराबर हो सके।[2] इसकी भूमिका से और इसके विभाजन के नामों से एक बात साफ हो जाती है कि इसमें सब रचनाएँ नगर या महानगर के बोध को लिए हुए हैं—नस्लहीन नगर और अधनंगे लोग, कमज़ोर आवाज़ें और छटपटाते हाथ, आकाश के बाजुओं में, सिलहुटी रूपाभास और अनजान रागनियाँ। सब नाम सटीक हैं या नहीं; लेकिन कविता में आधुनिकता के बदलते दौर को सूचित करने का मकसद साफ़ है, नयी कविता का विरोध स्पष्ट है। नयी कविता में आधुनिकता का दौर और तरह का था; दियोनीसस शहर में इतना घुस नहीं पाया था, सम्बन्ध इतने नहीं टूटे थे जितने बाद में टूटने लगे, नगरीकरण की प्रक्रिया इतनी तेज़ नहीं थी जितनी बाद में होने लगी। इस दौर की आधुनिकता को लिए कविता को अकविता कहा गया है और इसके चेहरे को स्थापित करने के लिए एक-एक करके इसके मोहरों की गिनती होने लगी—इसमें सैक्स-अनुभूति झिझक और झेंप से अलग हो गई, यह आदिम अनघड़ता की ओर जाने लगी, कामुक विह्वलता व्यंग्य और विडम्बना में बदल गई, व्यक्ति की चेतना का रंग काला हो गया, गोपन भाव का अन्त हो गया, व्यवस्था से विश्वास उठ गया, विसंगति का जाल बुना जाने लगा।[3] छायावाद के बाद की कविता को, **नयी कविता** को रोमांटिक बोध की कविता माना गया, इसमें आधुनिकता के बोध के अभाव को पाया गया। यह कहाँ तक संगत है? इस तरह तो इलियट की कविता में भी रोमांटिक बोध को खोजा

---

१. अकविता और कला-संदर्भ
२. अकविता—जगदीश चतुर्वेदी
३. अकविता और कला-संदर्भ

और पाया जा सकता है और पाया जा रहा है। आज की आधुनिकता को एक मूल्य के रूप में कसौटी बनाकर इसके पहले की कविता को इस पर परखना कहाँ तक सही है। पहले नयी कविता के मानों को स्थापित किया गया, इसके बाद कविता के नये मानों को और अब अकविता के मानों को इस तरह स्थापित किया जा रहा है कि यह सहज है, इसमें मात्र मानसिक योग नहीं, निरा समाधान नहीं, सधा हुआ व्यंग्य भाव है, इसमें त्रासदी की स्थिति से गुज़रने के बाद का विक्षोभ है, इसमें नयी कविता की आडम्बर शैली नहीं है, सैक्स का किशोर भाव भी नहीं है, भाषा का अभिजात भी नहीं है। इसमें **क्या नहीं है** का बयान इस तरह दिया गया है, क्या है का बयान देना अभी बाकी है। इस नास्ति के बयान में भी आधुनिकता की प्रक्रिया को आँका जा सकता है; लेकिन इसका अन्दाज़ आन्दोलन का है। इसे आगे बढ़ाने के लिए **प्रारंभ** के बाद **अकविता** नाम से कुछ अंकों को छापा गया है, संकलनों को भी रोशनी में लाया गया है।[1] अगर कविता में सृजन की बात करना बेकार और बेमानी है तो इनमें आधुनिकता के बोध की अभिव्यक्ति पाना असंगत न होगा। इन नामों को अकविता के आन्दोलन से जोड़ा गया है···जगदीश चतुर्वेदी, कैलाश वाजपेयी, नरेन्द्र धीर, राजकमल चौधरी, केशु, ममता अग्रवाल, श्याम परमार, विष्णुचन्द्र शर्मा, श्याममोहन श्रीवास्तव, मन मोहिनी, रमेश गौड़, राजीव सक्सेना, स्नेहमयी चौधरी, नर्मदाप्रसाद त्रिपाठी और इसके बाद नामों की बाढ़ और भीड़ देखने को मिलती है—अतुल भारद्वाज, कमलेश, मुद्राराक्षस, चन्द्रकान्त देवताले, प्रयाग शुक्ल, मीना गुलाटी, कुमार विकल, परेश, मणिका मोहिनी, धूमिल आदि।[2] अब कितने नाम अकविता से कट जाना चाहेंगे या कन्नी काटना चाहेंगे यह उसी तरह है जिस तरह मोहन राकेश, कमलेश्वर आदि ने **नयी कहानी** से कन्नी काट ली है और इसके बाद कुछ कहानीकारों को अकहानी का नारा लगाना पड़ा है। आधुनिकता की प्रक्रिया जब एक दौर में पड़कर मूल्य में परिणत होने लगती है तो वह वहाँ से निकलना चाहती है और इसका चेहरा इतना बदला हुआ भी नहीं होता कि इसे नये नाम से पुकारा जाए।

२०—इसके चेहरे को पहचानने के लिए कुछ रचनाओं की राह से गुज़रना पड़ेगा, वरना बात कविता-अकविता के बारे में होकर हवा में उड़ जाएगी। इनमें आधुनिकता की आवाज़ की विविधता सुनने को मिलेगी। विमल की कविता **शेष** में एक आवाज़ है जो अपनी अस्मिता को खोने की स्थिति में सुनी जा सकती है—

---

१. अकविता—विजप

२. अब इनकी कविताओं को 'निषेध' के नाम से छापा गया है।

बेहिसाब चेहरे हैं
बेहिसाब धन्धे
और उतने ही देखने वाले दृष्टि के अन्धे
जिन्होंने नहीं देखा है
देखते हुए
उस शेष को
उस एकान्त शेष को
जो मुझे पहचानता है
पहचानते हुए छोड़ जाता है
समय के अन्तरालों में ·····

—विजप

जगदीश चतुर्वेदी की रचनाओं में नगर-बोध की तीखी अनुभूति है और लगता है कि दियोनीसस का देव शहर के गहरे में धँसकर दहशत फैला रहा है। इस दहशत का परिणाम कभी मृत्यु-बोध में निकाला है तो कभी अजातीयता में, कभी बोरियत में तो कभी नगर-यन्त्रणा में। इनकी गवाही कुछ रचनाओं में मिल जाती है—**अकाल मृत्यु** में एक साथ नगर के गिरने की बात है और मौत के एहसास की—

नगर मरते हैं और संस्कृतियाँ **दफ़न** हो
कस्बों में उग आते हैं खलिहान
और रेतों में खो जाते हैं नखलिस्तान
रोज़
उदासी का एक पृष्ठ और खुल जाता है

—विजप

क्या इन स्तरों में आधुनिकता का बोध धारणा के स्तर पर है या संवेदना के स्तर पर ? क्या मरने के बाद संस्कृतियों के **जलने** की बात न होकर **दफ़न** करने की बात इस बोध के धारणात्मक स्तर की गवाही नहीं देती जिसे पश्चिम में इस भाषा में कहा गया है? **नगर-यन्त्रणा** में आधुनिकता की आवाज़ तीखी और विविध है—

अनिश्चित तिथियों में जीते हैं सभी लोग
साथियों को देते हैं चुपचाप गालियाँ
उम्र ढलती जाती है, रिसते जाते हैं दिन
इश्क करने को रह जाते हैं बूढ़ी सालियाँ या खूसट घरवालियाँ

—विजप

अगर इस तरह की आवाज़ों में बड़बोलापन आ गया है या वाग्मिता के ढंग को अपनाया गया है तो यह इनका अन्दाज़ है। इसी तरह व्यंग्य का अन्दाज़ भी

देखने को मिलता है—

ईश्वर पर मुझे विश्वास नहीं
पर
हर स्त्री के साथ सोते समय
मुझे ईश्वरीय सुख की अनुभूति होती है—
मैं आस्तिक होता जा रहा हूँ।

आधुनिकता का बोध कभी व्यंग्य-शैली में मिलता है तो कभी **कोलाज** की चित्र-शैली में। इसमें अवचेतन की असम्बद्ध स्थितियों का चित्रण है। श्याम परमार ने इसे आज़माने की कोशिश की है और इनका दावा है कि भीतर का बिखराव कविता में खण्डित बिम्बों को अपनाता है। इसलिए वह मुक्तिबोध के युग को बीता मानते हैं। बिम्ब एक-दूसरे के करीब विसंगतियों में आते हैं।[1] इसलिए शायद **काव्य-बिम्ब** और **बिम्ब-कविता** का विरोध होने लगा है और **सपाट-बयानी** का निरूपण। यह बाहर-भीतर का बिखराव नगर-बोध की उपज है; अशोक वाजपेयी की दृष्टि में शहर अभी संभावना है और कोलाजियों के अनुसार यह मौजूद है। एक के अनुसार बाहर-भीतर के बिखराव को या वास्तव को दिशा का संकेत देना है, इसकी संभावना को इंगित करना है। इसलिए अशोक वाजपेयी की कविता में आधुनिकता का बोध दिशा-संकेत को लिए है। इसे **ठण्ड की एक शाम : एक पागल औरत** कविता में आँका जा सकता है। यह औरत कहीं जाना चाहती है, वह एक बँगले में घुस आई है; लेकिन इसे बाहर ठेला गया है। वह फिर पूछती है—कहाँ जाऊँ; वह कहीं जाना चाहती है, क्योंकि

मेरे पास एक दिल है
    जो किसी बच्ची के साथ रहना चाहता है
मेरे पास दो बाँहें हैं
    जो लोगों को घेर लेना चाहती हैं
मेरे पास भाषा है
    जो किसी युवा कवि के हाथों रचना चाहती है
और
मैं कहीं जाना चाहती हूँ

—शहर भी एक संभावना है

इस कविता में अगर निश्चित दिशा का संकेत नहीं है, तो कहीं जाने का अवश्य है, ठहरने से परहेज़ है। इस तरह लोगों को घेर लेने और युवा कवि को पाने की चाह में मानवीय बोध अशोक वाजपेयी को आधुनिकता का बोध कराता है।

---

१. विजप

इसलिए अराजकता, मृत्यु, दृष्टिहीनता, दिशाहीनता आदि के बोध से बच निकलने की वह सलाह देते हैं। अगर श्रीकान्त की कविता में दहशत आदि का बोध है तो यह अशोक वाजपेयी को कमज़ोर लगती है। यह इसलिए भी कमज़ोर है कि यह राजनीतिक सच से अपना दामन बचाती है। रघुवीर सहाय की कविता, नामवर सिंह और अशोक वाजपेयी दोनों को इसलिए ताकतवर लगती है कि यह राजनीतिक सच की बगल में है। यह गोद में भी हो सकती है; लेकिन कविता राजनीतिक नहीं होती, कविता में राजनीति हो सकती है। इतनी ग़नीमत है कि इन दोनों को श्रीकान्त की कविता आधुनिकता से दामन बचाने वाली नहीं लगती। इस समय सवाल भी आधुनिकता के बोध का है, ताकतवर या कमज़ोर कविता का नहीं है।

२१—निराला से लेकर आज तक कविता राजनीतिक सच को कहती चली आ रही है। **आसमान खुल गया** कविता में निराला ने राजनीतिक सच को ही इंगित किया है। इस तरह की कविताओं की एक लम्बी कतार है और इन सबका नाम लेना भी मुश्किल है। आधुनिकता का बोध राजनीतिक सच को उजागर करने वाली कविता में भी है और इससे दामन बचाने वाली कविता में भी। नागार्जुन, धूमिल, कुमार विकल, रमेश गौड़, चन्द्रकान्त देवताले, विनय, मुद्राराक्षस, मणि मधुकर, राजीव सक्सेना, विष्णुचन्द्र शर्मा, कमलेश, मलयज की कुछ रचनाओं में राजनीतिक सच की बात है, लेकिन इनकी और विजय देवनारायण साही, केदारनाथ सिंह, कुँवर नारायण, भारत भूषण, गिरिजाकुमार की अनेक रचनाओं में आधुनिकता का बोध राजनीतिक सच से दामन भी बचाए हुए है। इसलिए आधुनिकता के बोध को किसी एक सच या वास्तव के कठघरे में बन्द करना इसे आधुनिकवाद में बन्द करने के समान है। इसे कमज़ोर-ताकतवर कविता के दायरे में रखकर आँकना शिविर-विशेष या बाड़ा-विशेष आलोचक के अधिकार में है। धूमिल की लम्बी कविता **पटकथा** में राजनीतिक सच को विस्तार से कहने की कोशिश है और इतनी लम्बी कविता में दो-तीन बार उतार भी आया है। इस लम्बी कविता पर मुक्तिबोध की कविता **अँधेरे में** हावी लगती है। **पटकथा** में भी सब-कुछ **अँधेरे में** होता है—

> मेरे सामने वही चिर परिचित अन्धकार है
> संशय की अनिश्चय-ग्रस्त ठंढी मुद्राएँ हैं

इसका कविता-नायक भी अपने को बन्द पाता है—

> घृणा में
> डूबा हुआ सारा का सारा देश
> पहले की तरह आज भी
> मेरा कारागार है।

इन दोनों में अन्तर परिवेश का है। **अँधेरे में** कहीं आग लग गई, कहीं गोली चल गई की बात है और **पटकथा** में चुनाव और मतदान की। मुक्तिबोध की कविता में सब-कुछ फैंटेसी में होता है और धूमिल की कविता में सब-कुछ नींद में होता है। इसे कविता में दोहराया गया है—

एक लंबे इन्तज़ार के बाद
चीज़ों का असली चेहरा
उजाले में आया है
और मैं चुपचाप सुनता हूँ
हाँ शायद
मैंने भी अपने भीतर
(कहीं बहुत गहरे)
'कुछ जलता हुआ-सा' छुआ है
लेकिन मैं जानता हूँ कि जो कुछ हुआ है
नींद में हुआ है

और तब से लेकर आज तक कविता-नायक ने सब रातें नींद और नींद के बीच जागकर जंगल काटते हुए गुज़ार दी हैं। **अँधेरे में** भी तरह-तरह के लोग हैं और **पटकथा** में उसी तरह के लोग हैं, लेकिन पहली में जुलूस है और दूसरी में भीड़ है। इन दोनों कविताओं के नायक पूँजीवाद समाज से घृणा करते हैं। इनका सारा सिर चकराता रहता है, मिलाता रहता है। इन दोनों में परिवेश देश है जहाँ—

समाजवाद
उनकी जुबान पर अपनी सुरक्षा का
एक आधुनिक मुहावरा है
मगर मैं जानता हूँ कि मेरे देश का समाज
माल गोदाम में लटकती हुई
उन बालटियों की तरह है जिन पर आग लिखा है
और उनमें बालू और पानी भरा है

इस तरह इन दोनों कविताओं में आधुनिकता का बोध भिन्न होने की गवाही देता है और यह परिवेश के थोड़ा बदल जाने का परिणाम है। **पटकथा** में परिवेश तीसरे आम चुनाव के बाद का है और **अँधेरे में** आज़ादी के बाद का। आम चुनाव के बाद संसद् का असली चेहरा दिखने लगा है—

अपने यहाँ संसद्
तेली की वह घानी है
जिसमें आधा तेल है

और आधा पानी है
और यदि यह सच नहीं है
तो वहाँ एक ईमानदार आदमी को
अपनी ईमानदारी का
मलाल क्यों है ?
जिसने सत्य कह दिया है
उसका बुरा हाल क्यों है ?

इन सवालों का जवाब कविता-नायक के पास तो नहीं है; लेकिन इसका संकेत **गया और नक्सलबाड़ी** में अन्तर से दिया भी गया है—

यहाँ जनता एक गाड़ी है
एक ही संविधान के नीचे
भूख से रिरियाती हुई फैली हथेली का नाम
गया है

और भूख में
तनी हुई मुट्ठी का नाम
नक्सलबाड़ी है ।

इस कविता की अन्तिम तान कारागार पर टूटती है और यह इसलिए कि इस स्थिति से निकल पाने का हल समझ में नहीं आ रहा है । इस तरह कविता में राजनीति तो है; लेकिन कविता राजनीतिक नहीं है । इसमें आधुनिकता का बोध ठण्डेपन को लिए हुए है । यह लाचारी में न होकर छटपटाहट और अकुलाहट में है जो कभी-कभी व्यंग्य के धरातल पर उठने की गवाही देती है—

मैंने हरेक को आवाज़ दी है
हरेक का दरवाज़ा खटखटाया है
मगर बेकार······। मैंने जिसकी पूँछ
उठाई है उसको **मादा**
पाया है ।

इसलिए हरेक कानून की भाषा बोलता हुआ अपराधियों के साँझे परिवार का सदस्य है । कविता की संरचना कथनों के आधार पर है और जहाँ इनमें तनाव ढीला पड़ गया है वहाँ सृजन में उतार आ गया है । **अँधेरे में** की संरचना नाट्यात्मक या दृश्यात्मक विधान को लिए हुए है और **पटकथा** की संरचना कथात्मक विधान को । अशोक वाजपेयी ने धूमिल की कविता में शहराती बौद्धिकता और देहाती संवेदना में रचनात्मक तनाव को सही तौर पर पहचाना है । इनकी कविता **मोचीराम** भी इसकी गवाही देती है और यह बेहतर शायद इसलिए है कि इसकी संरचना नाट्यात्मक स्तर पर है और मोचीराम का वातूनीपन कुछ

ऐसे पहलुओं को उजागर करता है जिनमें व्यंग्य की पैनी धार काटती चली जाती है—

असल बात तो यह है कि ज़िन्दा रहने के पीछे
अगर कोई सही तर्क नहीं है
तो रामनामी बेचकर या रंडियों की
दलाली करके रोज़ी कमाने में
कोई फर्क नहीं है।

इसकी अन्तिम तान मोची और शायर में अन्तर को पाट कर व्यंग्य के धरातल को उठा देती है—

जो असलियत और अनुभव के बीच
खून के किसी कमजात मौके पर कायर है
वह बड़ी आसानी से कह सकता है
कि यार तू मोची नहीं शायर है।

इस समय सवाल पटकथा और मोचीराम के असफल और सफल कविता होने का नहीं है, बातूनीपन और बड़बोलेपन में अन्तर का नहीं है, आधुनिकता के बोध का है जो कविता-नायक का समकालीन घेराव में पड़ने से उजागर होता है; लेकिन कभी-कभी लगता है घेराव से बाहर होकर वह पैगम्बराना अन्दाज़ में कथनों की झड़ी लगा देता है। अशोक वाजपेयी इस कविता में निरी भाषण-बाज़ी को आँकने लगते हैं; लेकिन यह मत सरलीकरण का परिणाम है। इस तरह आधुनिकता का बोध कुमार विकल की कुछ रचनाओं में उपलब्ध है। यह बोध निराला, मुक्तिबोध, रघुवीर सहाय की विरासत को लिए हुए है। वह दीवार के इस पार और उस पार में अन्तर को इस तरह उजागर करते हैं—

मेरे परिचितों की सूची में हो रही है
तरक्कीपसंद लोगों की भरमार
जिनकी एक जेब में अमरीकी वीज़ा
दूसरी में माओ की लाल किताब

—आलोचना १३

कविता-नायक की लाश को इस पार स्वीकार करने वाला कोई न होगा; लेकिन उस पार—

तराई के जंगलों में
ठिठुरती रातों में भटकते हुए
गुरिल्ला नौजवानों का एक दस्ता
मेरी मौत पर रक्खेगा यह प्रस्ताव—
कि आदमी ने जाने हैं अब तक जितने ज़हर

उन में सब से अधिक घातक है
सुरक्षा की एक छोटी-सी चाहत का ज़हर

—आलोचना १३

इस तरह कुमार विकल की सपाटबयानी में व्यंग्य का पुट है जो तनाव को लिए हुए है, जो कविता को कथन बनने से बचा लेता है। इस कविता की संरचना का धरातल उस समकालीनता को लिए हुए है जो नक्सल-दृष्टि का संकेत देती है। इसमें उस पार की बात या जंगल की ओर जाने की बात राजकमल की कविता के बोध से मेल नहीं खाती; लेकिन आधुनिकता का बोध एक और दौर से गुज़रने की गवाही देता है। इसके पहले इनकी कविता में आधुनिकता का बोध विसंगति और अजनबीपन के अस्तित्ववादी बोध से गुज़र चुका है।

किसी ने मुझे अजनबी कह कर पुकारा है
किसी ने मेरी नियति को अभिशप्त ठहराया है
कभी मैं बाहर का आदमी माना जाता हूँ
कभी विसंगत पुरुष के नाम से जाना जाता हूँ
इस प्रक्रिया में मैं सिमट कर
वर्णमाला का एक अक्षर—
मात्र **क** रह गया हूँ
आरोपित नामों की भीड़ में
मैं **अनाम** हो गया हूँ
पहले से अधिक उदास हो गया हूँ

—विसंगति[1]

इस तरह विसंगति का बोध जिस सपाट अन्दाज़ में इस कविता में उजागर हुआ है उससे लगता है कि यह धारणा के स्तर पर न होकर संवेदना के स्तर पर है। अजनबीपन, परायापन, बेगानापन का बोध आधुनिकता की प्रक्रिया का परिणाम है और भीड़ में इसका बोध अधिक गहराने लगता है—

दिशाहीनों की भीड़ में
दिशा का बोध अजनबी बनाता है
और दुविधा के किसी कमज़ोर क्षण में
　　डूबती आवाज़ के संग
　　दिशा संकेत हाथों में काँप जाता है
आत्मसंकट के इस क्षण में
कोई दिशा-संकेत संभाले

---

१. मदान : कविता और कविता

या अपनी डूबती आवाज़ को थामे।

—दिशा-संकेत[1]

इस तरह हस्ती या होने को थामने और दिशा-संकेत को सँभालने में तनाव आधुनिकता के बोध को उजागर करता है। सपाटबयानी कभी-कभी सम्बोधन या वक्तव्य के खतरे में भी पड़ जाती है।[2] इसके बावजूद आधुनिकता का बोध विवशता की स्थिति में पड़कर भी व्यवस्था पर अट्टहास करने से रुकता नहीं है और कविता-नायक लड़ने की सोचता है—

मुझे लड़ना है—
जनतन्त्र में उग रहे वन-तन्त्र के खिलाफ़
जिस में एक गैंडानुमा आदमी दनदनाता है
मुझे लड़ना है
अपनी ही कविताओं के बिम्बों के खिलाफ़
जिनके अँधेरे में मुझ से—
ज़िन्दगी का उजाला छूट जाता है

—एक छोटी-सी लड़ाई[3]

मैं को अगर उजाले का एहसास है तो इस पर एतराज़ करना कि आधुनिकता में अँधेरे के बजाय उजाला क्यों है—आरोपित दृष्टि का परिणाम है। इसमें दोनों का बोध हो सकता है। इसका संकेत दिया जा चुका है कि आधुनिकता की प्रक्रिया किसी कठघरे में बन्द होने वाली नहीं है। कुमार विकल की कविता में आधुनिकता का बोध कभी **मैं** के अनाम होने में है, कभी दिशा-संकेत के छूट जाने में है जो ज़िन्दगी में उजाले के छूट जाने की तरह है।

२२—आधुनिकता की प्रक्रिया कविता में विविधता को लिए हुए है। यदि इसे किसी एक बाड़े तक सीमित रखा जाता है तो आज दुष्यन्त कुमार और कुँवर नारायण की कविता में या **नयी कविता** में आधुनिकता का बोध नहीं मिलेगा। इस नाम से जुड़ने वाले कवियों के अनेक नाम हैं जिनमें गिरिजाकुमार माथुर, भारत भूषण, जगदीश गुप्त, भवानी प्रसाद मिश्र, नेमिचन्द्र जैन, प्रभाकर माचवे, बालकृष्ण राव, हरिनारायण व्यास हैं। इनकी रचनाओं में अब रोमांटिक बोध को आँका जाने लगा है; लेकिन इससे छुटकारा पाने की कोशिश को नहीं। यह उसी तरह है जिस तरह इलियट के दौर की कविता में आज रोमांटिक बोध को आँका जाने लगा है; आधुनिकता का बोध पुराना पड़ने की गवाही

---

१. मदान : कविता और कविता
२. जन्म-शताब्दियों वाला वर्ष—आलोचना १३
३. आलोचना १३

देने लगा है। इसका मूल कारण यह है कि आधुनिकता एक मूल्य के रूप में स्थापित होकर परखने की कसौटी बन जाती है जो इसकी प्रक्रिया को आँकने से रह जाती है। यह सही है कि कुँवर नारायण की कविता **चक्रव्यूह**[1] में आज अभिमन्यु का चेहरा बदल चुका है; लेकिन यह चेहरा भी आधुनिकता की देन था। इसी तरह दुष्यन्त कुमार की कविता **विसंगति कुण्ठा**[2] में भी आधुनिकता का बोध है—

…प्राप्य सत्य के लिए
महाभारत का जब युद्ध छिड़ेगा
यह कुण्ठा का पुत्र हमेशा
कौरव-दल की ओर रहेगा
और लड़ेगा…

इशारा कुन्ती के पुत्र की तरफ़ है जो क्वारी है; कविता में **मैं** की कुण्ठा है जो रेशम के कीड़े-सी ताने-बाने बुनती है, तड़फ-तड़फकर बाहर आने को अपना सिर धुनती है। गिरिजाकुमार माथुर की कविता **सत्य का अपराध : एक स्वप्न**[3] में अजनबीपन का बोध है, **इतिहास : विकृत सत्य**[4] में इतिहास से किनाराकशी है और आस्था के टूटने का बोध है, **अदृश्य की प्रतीक्षा**[5] में मृत्यु का बोध है, **कबन्धों के नायक**[6] में सत्य के खण्डित होने का बोध है, **चलती हुई रील**[7] में अस्तित्व-बोध का शून्य में लोप हो गया है—

—पल भर के बाद जिसे (खाली सीट)
आकर कोई और भर देगा
और मैं भूल गया
मैं हाल में हूँ
या कहीं नहीं

क्या इन कविताओं में आधुनिकता का बोध का इसके एक खास दौर की गवाही नहीं देता ? माथुर की कविता चाँद और चाँदनी के रोमांटिक दौर से गुज़र कर इससे हटने की कोशिश में है, आधुनिकता के बोध में आने की है। आधुनिकता का बोध कभी इन्सान के **होने** और **न होने** की स्थिति और तनाव

---

१. मदान : कविता और कविता
२. मदान : कविता और कविता
३. गिरिजाकुमार माथुर : जो बाँध न सका
४. वही
५. वही
६. वही
७. वही

को लिए हुए है, कभी **करने** और **न कर सकने** की स्थिति और तनाव को उजागर करता है। आधुनिकता के एक से अधिक दौर कविता में आए हैं और इसके अनेक स्वर कविताओं में सुनने को मिलते हैं। भवानी प्रसाद का कवि **जड़ होना चाहता हूँ**[1] कविता में चेतन से घबड़ाकर जड़ होना चाहता है, नेमिचन्द्र का कवि **सुनोगे ?** में सनसनाते चीड़ के पेड़ से सम्बोधित होकर रेगिस्तान की कहानी सुनाना चाहता है, भारत भूषण का कवि **साथ हो जलूस के** में नीड़ों से निकलकर भीड़ों में खो जाने की बात करता है और जगदीश गुप्त का कवि **क्षुधा-काम-स्तोत्र** में आज के युग के सिया-राम का क्षुधा-काम के रूप में व्यंग्यात्मक चित्रण करता है। इस तरह इन कविताओं में रोमांटिक बोध से छुटकारा पाने की कोशिश में आधुनिकता के पहले दौर का बोध झलकता है और जिसके संदर्भ में और दौरों की आधुनिकता की पहचान बेहतर जान पड़ती है।

२३—आधुनिकता का बोध किस तरह और कैसे समकालीन कविता में बदल रहा है, किस दौर से गुज़र रहा है, इसकी पहचान छोटी पत्रिकाओं और कभी-कभार बड़ी पत्रिकाओं में भी मिल जाती है। छोटी पत्रिकाओं की तो एक बाढ़-सी आ चुकी है जो बोध के बदलने की भी एक गवाही है। इन सब पर नज़र डालना एक स्वतन्त्र विषय है जिसे यहाँ उठाया नहीं जा सकता, लेकिन कुछ पर नज़र डालना आधुनिकता के इस दौर की पहचान के लिए आवश्यक है। इनकी अधूरी सूची (पूरी तो शायद रमेश बक्षी के पास भी न हो) से अनुमान लगाया जा सकता है कि चालीस-पचास को आँकना कितना कठिन काम है।[2] इनके अलावा कुछ रचनाएँ स्वतन्त्र रूप से भी छप चुकी हैं—जैसे **आकस्मिक** (सकलदीप सिंह) **समाप्ति पर** (शेषमणि पाण्डेय)। इन सब रचनाओं में आधुनिकता के बोध को खोजना और पाना भी कठिन है। इन पर सरसरी नज़र डालने से भी एक बात साफ़ होने लगती है कि इनमें तोड़-फोड़ है, छटपटाहट है, आक्रोश है, गालियाँ हैं, नंगापन है, संभोग है और विद्रोह है। इनमें आज तक के स्वीकृत का अस्वीकार है, परम्परा का नकार है जिसमें बयान और अन्दाज़ दोनों आ जाते हैं। कवि अगर आज संकट में है तो कविता भी संकट का सामना करने पर मजबूर है। इसमें चीख और चिल्लाहट है तो यह संकट का परिणाम हो सकता है। अब कविता कहाँ खड़ी है और कहाँ जा

१. मदान : कविता और कविता

२. अ, अकविता, अकथ, अक्षर, अंकन, अन्तर, अर्थ, अप्रस्तुत, अधुना, आधुनिकी, आमुख, आरंभ, आवेश अभिव्यक्ति, उन्मेष, उपलब्धि क, ख, ग, कथा, कृति-परिचय, चिति, तटस्थ, नीरा, प्रक्रिया, पहचान, फर्क, परिदृश्य, मतान्तर, मंच, रूपाम्बरा, लहर, लेखन, बिन्दु, विकला, वातायन, वाम, विभक्ति, हस्ताक्षर, समारंभ, संकलन, संक्रान्त, सम्बोधन, संदर्भ, संत्रास, समवेत, सनीचर, सृजन, विध्वंस, युयुत्सु, क्ष त्र ज्ञ

रही है इसका अन्दाज़ रचनाओं में आँकना बेहतर होगा। यह सारी कविता के बारे में भी सही किस तरह हो सकता है। सकलदीप सिंह की लंबी कविता **आकस्मिक** में आत्म-निषेध की घोषणा है—

तन कर रहा नहीं गया
टूट जाना हुआ नहीं
आत्महत्या कर नहीं सका
समझौता किया—बीमारी से
भय से, आशंका से
लाचारी से, दुख से
पराजय से, झूठ से

इस स्थिति में कविता-नायक का **अपना** सच नहीं रहा और उसका हर सच दूसरे से टकराता रहा है और वह नंगा होने की पुकार लगाने लगता है जो समकालीन कविता में नयी नहीं है। **मैं** का बड़बोलापन विस्तार पाने लगता है। **मैं** अनास्था, भाषा के संकट, अरक्षा के बारे में बतियाने लगता है। **मैं** की मजबूरी और लाचारी उसे एक ऐसी स्थिति में पटक देती है कि उसका **परिचय** फुटपाथ पर मरे कुत्ते की तरह है। वह बिखर जाने की हालत में है, रोगी है जो अस्पताल में है जहाँ डाक्टर की कैंची काटना ही जानती है और सिस्टर अपनी ड्यूटी करना ही जानती है। सकलदीप ने राजकमल की तरह कुछ नहीं किया; जो किया बुरा किया। अब ज़िन्दगी के बारे में सोचना बेकार है और उसे राजकमल की तरह मादा देह की गरमाहट याद आती है। अब वह चेतना से भी छुटकारा पाना चाहता है और लगता है कि राजकमल की कविता **मुक्ति-प्रसंग** इस कविता पर हावी है। इस लंबी रचना में अस्मिता और अस्तित्व दोनों के लोप हो जाने की पुकार परिवेश के **गड्डमड्ड** हो जाने का परिणाम है। इसमें अनेक स्वर सुनने को मिलते हैं—अनास्था, अरक्षा, भलावा, छलावा, संत्रास, मौत, लेकिन अन्तिम तान व्यक्तित्व के टूटने में टूटती है जिसे सकलदीप नाम के अक्षरों को तोड़कर सुनाया गया है। इसमें बुद्धिवाद का विरोध है, अबौद्धिकता का निरूपण है। इसमें आधुनिकता का बोध है जो **दियोनीसस** देव के नगर में धँसने का परिणाम है, इसके घुसने से आधुनिकता की शुरुआत होती है जिसका संकेत दिया जा चुका है। इसी तरह बुद्धिवाद के विरोध में, **अपोलो** या विवेक के निरूपण में भी आधुनिकता का बोध है। इस तरह समकालीन कविता में दोनों तरह की आधुनिकता आँकी जा सकती है। आक्रोश की प्रक्रिया भी इस बोध का परिणाम है। निर्भय मलिक की रचना **महा अंधकार** इसका उदाहरण है।[1]

---

१. विभक्ति (छोटी पत्रिका)---५

इसमें नारी के **रेप** की बात में संस्कृति के रेप का संकेत है। देश कभी रोगी तो कभी बूढ़ा होने की गवाही देता है। इस रचना में राजनीति का दबाव है और कभी-कभी यह राजनीतिक होने का खतरा भी मोल ले लेती है। इसका बोध सकलदीप की रचना के विरोध में है; लेकिन दोनों में आधुनिकता का बोध है। इसी तरह विष्णुचन्द्र शर्मा की **अपने जनतंत्र में** नामक रचना में राजनीति का दबाव सपाट रूप में है—चार दरवाज़ों का बयान इतना सपाट है कि वह इस अन्दाज़ की सीमाओं को सूचित करने लगता है।[1] देवेन्द्र कुमार की कविता **खास कर उन्हीं अर्थों में**[2] की शुरुआत अँधेरे में होती है, लोग घरों से नहीं, मांदों से निकलते हैं। कविता-नायक, क्या करना है और क्या नहीं करना है के तनाव में है, कहाँ जाना है के ठीक जवाब को न पाकर वह अपने को भाषा के जंगल में पाता है जहाँ विचारों की भूमि आज भी बंजर है। वह कुछ तय नहीं कर पा रहा है, अनिश्चय की स्थिति में है—

> जब कि मैं यहा तय नहीं कर पाता कि क्या उचित है
> संसार की सबसे सुन्दर वेश्या का नाम
>   है, राजनीति।
> और कहना न होगा
> कि मैं भी उसी कोठे के निचले हिस्से में रहता हूँ
> जहाँ शामों में
> सिर नहीं; पैर ठनकते हैं
>   और अब
> मेरे कानों में संगीत के **कीड़े कुलबुला** रहे हैं

इसमें वेश्या समकालीन कविता का मुहावरा बनती जा रही है, कभी वेश्या वियतनाम है, कभी राजनीति है; कभी वह सबसे ताकतवर है तो कभी सबसे सुन्दर। इस रचना में बीभत्स का स्वर आधुनिकता के बोध का परिचय देता है जो छायावादी काव्य के भव्य और उदात्त बोध के विरोध में है। इसी तरह विपिन की कविता में आधुनिकता के बोध को आंका जा सकता है और इसे आधुनिकता का **नया** स्वर कहा गया है।[3] **नया** शब्द अब इतना खोखला और दूषित हो चुका है कि इसका इस्तेमाल करने में झिझक महसूस होती है। विपिन में आधुनिकता का बोध विज्ञान की देन है या वैज्ञानिक दृष्टि की—यह अलग सवाल है। क्या इनकी कविता में बिम्ब-विधान आधुनिकता में बाधक है या

---

१. आलोचना—१०
२. कथा—२, पृष्ठ ५३
३. रघुवंश—साहित्य का नया परिप्रेक्ष्य—पृ० २९७

साधक—यह भी दूसरा सवाल है। आज के परिवेश को इस तरह बयान किया गया है जो एक महानगर का है—

अजब जंगल है—
धूप के कतरे को तरसती
होड़ लेती
उठती मीनारों का !
बड़ा घना जंगल है
मकड़ी के जालों का
जानवरों के नाद से भी भयानक है
यह शोर—बिना गले की आवाज़ों का !
कैसा दम घुटता है,
हर कदम पर जान का खतरा है
यहाँ—
न सूरज है
न चाँद है
न हवा है।

इस तरह दियोनीसस का बोध नगर-बोध से जुड़ जाता है और विसंगति के बोध में उजागर हो जाता है जो इनकी कविता के मूल में है। यदि इनकी भाषा काव्यभाषा से छुटकारा पाने की अभी कोशिश में है तो यह भी आधुनिकता की चुनौती का परिणाम है। वह राह को जब मंज़िल में आँकते हैं, तो अनायास मंज़िल का संकेत भी दे जाते हैं—

सफ़र अब भी करते हैं
असबाब बाँध गाड़ियों पर चढ़ते हैं
पहुँचते हैं यहाँ-वहाँ
पर भूले हैं आत्मा की राह
कब चले थे
जाना था कहाँ ?[१]

इसमें अर्थहीनता और उद्देश्यहीनता को जब खोजा और पाया गया है तो आत्मा की राह को भुलाकर किया गया है जिसमें आधुनिकता का अस्वीकार है और यह स्वर इसमें असंगत लगता है। इसमें संदेह नहीं है कि विपिन की कुछ कविताओं में आधुनिकता का बोध नगर-बोध को लिए हुए है; असंगति और विसंगति के स्वर इनसे निकलते हैं। यह इनकी कविता का स्वर ही नहीं,

---

१. साहित्य का नया परिप्रेक्ष्य—पृ० ३१०

समकालीन कविता का भी स्वर है जिसे छोटी पत्रिकाओं की रचनाओं में भी आँका जा सकता है। परमानन्द श्रीवास्तव की कविता **खलनायक**[1] में सुबह-शाम काम पर जाने से भी आत्मघात किया जा सकता है की बात असंगति-विसंगति के बोध को लिए हुए है। इसलिए शायद आज की कविता को चन्द्रकान्त देवताले ने त्रासदी की घटना कहा है।[2] यह अब न तो त्रासदी के बोध तक सीमित है और न ही कामदी के बोध तक, यह त्रासदीय कामदी और कामदीय त्रासदी होती जा रही है, विसंगति होती जा रही है जिसके मूल में आधुनिकता का दूसरा-तीसरा दौर है। इसकी गवाही इनकी अपनी कविता में ही मिल जाती है—**सिर्फ एक संशय**।[3] वह अब सूली पर चढ़ने के लिए इस धरती पर नहीं आएगा, उसका इन्तज़ार करना गोदो का इन्तज़ार करना है : ज़िन्दगी बेमानी होती जा रही है—

आकाश का कलेजा
जख्मी अबाबील की तरह
ब्रह्माण्ड में लटक आया है
समुद्र की हाँफती हुई साँसें
रेत पर अंधी कौड़ियों की तरह
बिखर गयी हैं
कोई भी बात नहीं करता है
लोग सिर्फ पत्थर फेंकते हैं
और सड़क पर आदमी चले
या जनाजा निकले
एक-सी ही बात है

इस तरह परिवेश से या नगर-परिवेश से कटकर इन्सान अजातीयता या आत्म-निर्वासन के बोध को उजागर करता है और उसकी चेतना में—

हमारी चेतना की कोई-सी दराज
यदि झटके से खुल जाये
तो साँपों की केंचुल या पसो पर भूस
बिखर जाएगी।[4]

इस कविता की अन्तिम तान आधुनिकता के स्वीकार-अस्वीकार में डोलती रहती

---

१. लहर : कवितांक।
२. ,, ,, पृ० ४१
३. ,, ,, पृ० ४७
४. ,, ,,

है जब कविता-नायक बेदाग खड़े होने की बात करते हैं—

यह जानते हुए
वह कभी नहीं आएगा
सिर्फ एक संशय में रहेंगे हम
वह कभी भी आ सकता है
हम कभी भी जा सकते हैं

इस तरह शील की रचना **कभी कुछ नहीं होता**[1] में आक्रोश की नपुंसकता का इन शब्दों में बयान है—

कभी-कभी होठों में
एक भद्दी गाली उभरती है
और अव्यक्त, भीतर की गलित थूक के साथ घुल कर
नीचे पेड़ू में उतर पानी बन जाती है

इसमें नगर-बोध से पैदा जीवन की बोरियत का बोध उभरता है जो आधुनिकता से जुड़ा हुआ है। मणि मधुकर की रचनाओं में भी **खंड-खंड पाखंड पर्व** अशोक वाजपेयी को बुद्धिवाद का विरोध खलने वाला लगता हो; लेकिन इनमें आधुनिकता के बोध को आँकने से इन्कार करना आधुनिकवादी दृष्टि का या मूल्य-बोध का परिणाम ही कहा जा सकता है। **रात और न करो और गलियाँ** नामक लंबी रचना में कविता-नायक किसी परिचित शहर में इस तरह गुम हो गया है—

रात…खूंटे से बंधी हुई कामातुर भैंस
डकार-डकार कर
अपने पिछले पैर
        उछाल रही है
        शून्य में
नक्शों से गलियों
और गलियों से नक्शे ढूंढता हुआ मैं
        किसी परिचित शहर में
        गुम
        हो गया हूँ

मैंने सोचते-विचारते सूंघते अपने फेफड़े खराब कर लिए है। मैं नपुंसक हो गया हूँ, उसके लिए इतिहास और मलबे के ढेर में अन्तर नहीं रह गया है, आगत और अनागत बेमानी और बेकार हो गए हैं, मैं नंगा हो गया है, भूखे बालक को मैं बिम्ब और उपमान, जो अंडे नहीं हैं, दे सकता है। इस तरह कविता में आक्रोश और व्यंग्य उभरने लगता है। एक-एक की हालत का बयान होने लगता

है—छात्र, हरिजन, चपरासी, मसीजीवी, आवारा छोकरा। इसके बाद **मैं** को टुकड़े-टुकड़े हो जाने का एहसास मौत का इन्तज़ार करवाता है। इधर-उधर से ऐतिहासिक और समकालीन नामों को जोड़कर समसामयिकता को उजागर करने की कोशिश अवश्य है, वह चाहे कविता में सफल हो या न हो, **मैं** की स्थिति इस तरह है—

> बगलों में जूँएँ चुनते-मसलते
> मैं अपना व्यक्तित्व खो चुका हूँ

और इसलिए **तुम** से सम्बोधित होकर **मैं** का कथन राजनीतिक-व्यंग्यात्मक धरातल पर है—

> अब सड़े हुए जांघियों और
> मैले तकियों को
> मेरे कमरे से निकाल कर
> फुटपाथ पर डाल दो

ताकि समाजवादी, गैर-समाजवादी दल इनको समेटकर इनके अपने-अपने झण्डे बना सकें। इस लंबी रचना का अन्त उमस में होता है और **मैं** हवा में झूलता रह जाता है, रचना अपने अन्त से बाहर होकर आधुनिकता की प्रक्रिया का भान कराती है। इसकी पहचान कभी चन्द्रकान्त देवताले की रचना **कविता दो**[1] में दशहत के बोध में हो सकती है तो कभी लीलाधर जगूड़ी की कविता **एक** में ऐसी दुनिया और ज़िन्दगी के बोध में है, जहाँ—

> हम ऐसी दुनिया में पड़ गये हैं
> जहाँ तमाम लोग
> अपनी दैनिक ज़िन्दगी के पेंच
> दाँतों से कस रहे हैं

और जीवन का मामला **मैं** के उखड़े-कमज़ोर कन्धे पर किस तरह उठ सकता है, कौन-कौन सम्बन्ध समाज को बनाते हैं। इसलिए **मैं** के लिए सब-कुछ बेमतलब, बेमानी और बेकार हो गया है—

> शोर, धूल और चिथड़े
> फोकट में कौन बड़ा है
> इसका अब क्या मतलब रह गया है
> दृष्टि के कोण से

और अन्त में यह एहसास लीलाधर की कविता में आधुनिकता का बोध कराने

---

१. आरंभ—६

में अन्तहीन हो जाता है। इसकी पहचान विजय देवनारायण साही के कविता-संकलन **मछलीघर** की रचनाओं में भी एक और स्तर पर हो सकती है। **संदर्भहीन बारिश, घाटी का आखिरी आदमी, बारम्बार, इसी तरह उम्र भर, आखिरी सामना, अलविदा** नामक कविताओं में आधुनिकता की संवेदना गहरे में है; लेकिन इनके कविता-संसार के बारे में यह कहा गया है कि इसका रिश्ता समकालीन परिवेश से कटा हुआ है; इनमें शब्द, उपकरण, चित्र आदि या तो अतीत से जुड़े हुए हैं या पौराणिकता और परम्परा से। इस तरह की पहचान कविता की सतह पर है; लेकिन इसके गहरे में उतरकर यह समकालीन वास्तव से जुड़ने की गवाही देती है। इसे **संदर्भहीन, बारिश** कविता में आँका जा सकता है। **मैं** के पास सोचने को बहुत है, **मैं** इतिहास से कटकर भी अन्त में उस शहर में आ जाता है जो निरन्तर बारिश में इस तरह भीग गया है जिस तरह जानवर भीग जाते हैं। **मैं** के पास सोचने को बहुत है और करने को कुछ नहीं है। क्या इसमें आधुनिक मनुष्य की दुविधा का संकेत नहीं है ? इनकी कविता **बारम्बार** और **इसी तरह उम्र भर** में अजातीयता का बोध है, परिवेश से वनवास का बोध है, बोरियत और अकेले पड़ जाने का एहसास है; **आखिरी सामना** में मौत का एहसास है जो नगर-बोध का परिणाम है—

हवा, जैसी कि उसकी आदत है
फरश पर पड़ी तुम्हारी राख को
उड़ा कर ले जायेगी न जाने कहाँ कहाँ
बिना तुम्हारे इतिहास की परवाह किये हुए
क्योंकि हवा, जैसी कि उसकी आदत है,
सब को उनके इतिहास से मुक्त करती है

इस कविता का अन्त खुलकर आधुनिकता की गवाही देने लगता है। साही की कविता **अलविदा** की राह से गुज़रा जाए तो लगता है कि यह रहस्यमय है, समकालीन वास्तव से कटी हुई है, लेकिन इसकी संरचना दोहरे स्तर पर है। एक फैंटेसी के माध्यम से **मैं** और **वह** में संवाद है जो असल में एकालाप है। मुक्तिबोध की कविता में दूसरा कभी मित्र है तो कभी कविता में **मैं** का दूसरा पहलू। **अलविदा** में एक दोस्त को रास्ते की उस मंज़िल पर विदा दी जा रही है जिसके आगे एक बदनसीब इमारत है जिसमें एक 'हसीन चेहरे और एक भटके मुसाफ़िर' का साक्षात्कार होता है। इस कथा को लेकर साही फैंटेसी के माध्यम से अपने मित्र को उस बदनसीब इमारत की हसीना से मुलाकात की स्थिति तक ले जाते हैं। **मैं** के इन्तज़ार में आधुनिकता का बोध उजागर होने लगता है—

सच तो यह है
कि इस सारे वातावरण की तरह
मैं भी सिर्फ **इन्तजार** कर रहा हूँ
उस विकल्प का
जिसकी अफवाह
रात की हवा की तरह
समय के एक छोर से दूसरे छोर तक
मंडराती हुई सुनाई पड़ती है

इसी तरह **मैं** के पास इसकी साफ़ तसवीर नहीं है कि फिर क्या होगा और किस तरह होगा। नामवर सिंह इसमें निश्चितता का बोध पाते हैं जो कविता की सतह पर है; जब कि इसके गहरे में अनिश्चितता और अँधेरा है। साही ने भूमिका के नाम पर अपनी कविता के बारे में ठीक ही लिखा है—इतना ही कहना चाहूँगा कि औरों की तरह मैंने भी भीतर चलते हुए उस आन्तरिक एकालाप को पकड़ने की कोशिश की है जो आज के इस **अनैतिक और विश्रृंखल** युग में बहुत बड़ी जिम्मेदारी की तरह महसूस होता है। इस तरह तीसरे सप्तक का कवि आधुनिकता के **सप्तकीय दौर** को उजागर करता है। इस दौर की आधुनिकता को, **जिसे पहले देना अधिक संगत होता**, प्रयाग नारायण त्रिपाठी की कविता **नदी-तट, साँझ और मेरा प्रश्न** में अस्तित्व-बोध का लोप है, केदारनाथ सिंह की कविता **अनागत** में अनागत बिना सोचे, बिना जाने सड़क पर चलते अचानक दीख जाता है; कुँवर नारायण की कविताओं में अस्तित्ववादी बोध को आँका जा सकता है और सर्वेश्वर की कविता में छायावादी सौंदर्य-बोध से हट जाने का भी संकेत है जिसे व्यंग्य के धरातल पर कहने की कोशिश है—

ओछी नहीं है दुनिया
मैं फिर कहता हूँ
महज़ उसका
सौंदर्य-बोध बढ़ गया है

—तीसरा सप्तक

२४—इस तरह आधुनिकता की प्रक्रिया सप्तकीय दौर में छायावादी बोध से छुटकारा पाने की कोशिश में है जो आगे चलकर इसके घोर विरोध की गवाही भी देने लगती है। निराला से लेकर आज तक कविता में आधुनिकता की प्रक्रिया एक से अधिक दौरों से गुज़र चुकी है। इसलिए एक दौर की आधुनिकता के आधार पर दूसरे दौर की आधुनिकता को परखना कहाँ तक संगत है—इसका जवाब आधुनिकवादी ही दे सकता है। आधुनिकता की इस

प्रक्रिया में दो परस्पर विरोधी दृष्टियाँ भी सामने आती हैं। एक दृष्टि के अनुसार नगर-बोध, मृत्यु-बोध, सैक्स-बोध जो आधुनिकता से जुड़ गए हैं, **खतरनाक** हैं और खतरनाक की भाषा एक बाड़ेबाज़ पारखी की ही हो सकती है जो इन गलत बोधों का एक ही इलाज बताते हैं—**आत्म-बोध**। इस तरह की दृष्टिहीनता, धुरीहीनता, दिशाहीनता में आधुनिकता को आँकना **गलत** है और **आत्म-बोध में सही** है। इस तरह सही-गलत की भाषा से आधुनिकता की पहचान अधूरी रह जाती है। एक और दृष्टि से राजनीति के दबाव में लिखी रचना में आधुनिकता के बोध का अभाव पाया गया है! यह भी एक बाड़ेबाज़ पारखी का फतवा है। इन दृष्टियों में न केवल आपसी विरोध है, तनाव भी है। इस विरोध और तनाव में भी आधुनिकता की प्रक्रिया को आँका जा सकता है। आज आधुनिकता की क्या पहचान है, यह क्या, कैसे और किस तरह कविता में है—इसे साफ़ करने की कोशिश में चार बातें सामने आती हैं। पहली यह कि यह एक प्रक्रिया है जिसे वाद के साँचे में ढालकर जड़ बनाने की कोशिश नाकाम साबित होती रही है, गति को स्थिति का रूप देने में असफलता का मुँह ताकना पड़ा है। आधुनिकता स्थिति को तोड़कर गति में जारी होती रही है। इसलिए दूसरी बात जो पहली से निकलती है वह आधुनिकता के **दौरों** की गवाही देती है। छायावादी बोध से छुटकारा पाने में आधुनिकता का बोध अनेक नाम धारण करता रहा है जो आज अनावश्यक जान पड़ते हैं। इसके मूल में नगरीकरण की प्रक्रिया है। आधुनिकता का बोध नगर-बोध से जुड़ा हुआ है। यह तीसरी बात है जो सामने आती है। और चौथी बात इसके अन्दाज़ की है जो इसके बदलते मिज़ाज को कहने का ढंग है। इसमें कभी व्यंग्य का ढंग है तो कभी आयरनी का। इसमें कभी अनिरन्तरता का बोध है तो कभी निरन्तरता का, कभी अपरम्परा की बात है तो कभी परम्परा से नये स्तर पर जुड़ने का। आधुनिकता की प्रक्रिया में प्रश्न-चिह्न की निरन्तरता है जो इसके अन्दाज़ और मिज़ाज दोनों को बदलती रही है और बदल रही है। आधुनिकता कविता में किस दिशा या किन दिशाओं में जाने वाली है—इसका जवाब एक अवतारी आलोचक ही दे सकता है।

आधुनिकता और कहानी

१—यह कथा कहानी के माध्यम से कहानी की पहचान की न होकर आधुनिकता की पहचान की है। यह परख की इसलिए नहीं है कि आधुनिकता एक प्रक्रिया है जो एक से अधिक दौरों से गुज़रने की गवाही देती है, एक दौर की कसौटी पर दूसरे दौर की आधुनिकता को परखना उसी तरह असंगत है जिस तरह पाश्चात्य कथा-साहित्य में आधुनिकता को आधार बनाकर हिन्दी के कथा-साहित्य को परखना। इसलिए हिन्दी कहानी खुद इसकी पहचान बेहतर करवा सकती है। इसकी पहचान करने से पहले कुछ बातों को साफ़ करना बेहतर है। आधुनिकता की प्रक्रिया नगरीकरण की प्रक्रिया से जुड़कर किसी देश या भाषा की परिधि में बन्द भी नहीं हो सकती। मात्र आधुनिकता से कृति न तो बनती है और न ही बिगड़ती है। यह आज कृति को महत्त्व ही दे सकती है, आज **मानस** की रचना नहीं हो सकती और न ही **कामायनी** की हो सकती है। आधुनिकता मध्यकालीन और रोमांटिक दोनों बोधों का विरोध करती है। इसलिए आधुनिकता को पहचानने की कोशिश में जिस कहानी को लिया जाएगा उसका कृति होना लाज़मी नहीं है या जिसे छोड़ा जाएगा उसके कृति होने की संभावना हो सकती है। एक और बात की तरफ़ इशारा करना लाज़मी है—आधुनिकता की चुनौती ने जिस तरह कविता की संरचना आदि को बदला है उसी तरह कहानी की संरचना आदि को नहीं बदला है। एक विधा में आधुनिकता को लेकर दूसरी में आधुनिकता को खोजना गलत साबित हो सकता है। कहानी और उपन्यास दोनों कथा-साहित्य की विधाएँ हैं, दोनों बाहर-भीतर के वास्तव को कहती हैं, पेश करती हैं या उजागर करती हैं, दोनों में कथानक, चरित्र-चित्रण, देश और काल की समस्याओं पर आधुनिकता ने सोचने के लिए बाधित किया है, लेकिन इनके ढंग अपने-अपने हैं। इसी तरह दोनों का न तो इतिहास इतना लंबा है और न ही परम्परा इतनी सम्पन्न है, लेकिन हिन्दी कहानी में आधुनिकता का बोध जितने गहरे में है उतना हिन्दी उपन्यास में नहीं है। इसकी साक्षी इनकी राह से गुज़र कर मिल जाती है। ऐसा क्यों है का जवाब मनोविज्ञान या समाजशास्त्र का पंडित बेहतर दे सकता है। इतना साफ़ है कि हर विधा की अपनी लय होती है, वास्तव को उजागर करने के लिए उसकी अपनी सीमाएँ और संभावनाएँ होती हैं और अभी तक विधागत अन्तर कायम है, कहानी अभी उपन्यास से अलग है, कल अगर लंबी कहानी और लघु उपन्यास में अन्तर मिट जाता है तो बात दूसरी है। आधुनिकता क्या है, कैसे है और किस तरह है? इसे अगर किसी परिभाषा में बांधा जाता है तो यह आधुनिकवाद बनकर स्थिति में बन्द हो जाती है, गति से वंचित हो जाती है। आम तौर पर यह होता रहा है जो गलत साबित होता रहा है। इतना कहा जा सकता है कि आधुनिकता के बोध में

मध्यकालीन और रोमांटिक बोध दोनों का अस्वीकार है, इसमें प्रश्नचिह्न की निरन्तरता है, शाश्वत और चरम का अस्वीकार चिन्तन और संवेदना दोनों स्तर पर है। इसमें कभी अजातीयता को खोजा गया है तो कभी उद्देश्यहीनता को तलाशा गया है। इस तरह आधुनिकता में कभी बेगानेपन और अजनबीपन का एहसास है तो कभी व्यक्ति का व्यक्ति से कट जाने का बोध है और कभी व्यक्ति का परिवेश से कट जाने का जो नगरीकरण की प्रक्रिया का परिणाम है। अजातीयता एक चुनौती भी है और एक समस्या भी, मानव की स्थिति को लेकर चुनौती है और नियति को लेकर समस्या है। इसकी प्रक्रिया को कभी ऐतिहासिकता से जोड़ा गया है तो कभी इसे काटा गया है जो दो शिविरों के परस्पर विरोधी चिन्तन का परिणाम है। इसकी शुरुआत कभी सभ्यता के अथ से मानी जाती है तो कभी पूंजीवाद के अथ से। अभी तक अजातीयता की शुरुआत उस काल से नहीं मानी गई जब आदिमानव की पूंछ बाहर से भीतर चली गई और वह अपने कुदरती परिवेश से कट गया। अकेलेपन का बोध भी बहुत पुराना है, मध्यकालीन है, शायद इससे भी पहले का है। उपनिषदों में भी इसे आँका जा सकता है। आज का अकेलापन मध्यकालीन या रोमांटिक अकेलेपन से भिन्न कोटि का है। मध्यकालीन युग में यह आत्मिक स्तर पर है, रोमांटिक युग में वैयक्तिक स्तर पर और आधुनिक युग में यह स्थिति-नियति के स्तर पर है। आज यह पता नहीं चल रहा है कि इन्सान कहाँ से आया है और इसे कहाँ जाना है। उसकी नियति अनिश्चित है और उसकी स्थिति अरक्षित होने की गवाही देने लगी है। उसका अनाम हो जाना, उसके व्यक्तित्व का लोप हो जाना—यह सब-कुछ हिन्दी कहानी में उजागर हो रहा है जिसमें परिवेश नगर या महानगर का है या उस नगर-बोध का जो कभी-कभी देहात में घुस जाता है, कथावाचक स्वयं या कथानायक के माध्यम से जीवन-वास्तव के हर पहलू को कहता, पेश करता या उजागर करता है। इस तरह आधुनिकता का बोध प्रायः कहानी में भी नगर-बोध से जुड़ा हुआ है और प्रायः इसलिए कि देहाती जीवन को भी इस दृष्टि से आँका गया है जो कथावाचक या कथानायक की हो सकती है।

२—इसके बारे में अन्तिम बात यह है कि आधुनिकता की दृष्टि से हिन्दी-कहानी की शुरुआत किस कहानी से मानी जाए। अगर प्रेमचन्द की **पूस की रात** (१९३४) और **कफ़न** (१९३६) से इसकी शुरुआत करनी पड़ती है तो यह उसी तरह अजब लगता है जिस तरह कविता में आधुनिकता की शुरुआत निराला के **कुकुरमुत्ता** (१९३९) से करनी पड़ी है। इन दोनों कहानियों में लेखक ने अपनी कहानी-परम्परा को तोड़ा है और आधुनिकता की चुनौती को स्वीकारा है। इसके पहले वह इसके संकेत **जुरमाना** और **लेखक** कहानियों में

दे चुके थे। इन दोनों कहानियों के अन्त को खुला छोड़ने में आधुनिकता का बोध उजागर होने लगता है। इस तरह संरचना की दृष्टि से या अन्त-बोध की दृष्टि से आधुनिकता की गवाही मिल जाती है, लेकिन आधुनिकवाद के एक बाड़े की दलील यह है कि कहानी में मैल को धोना होता है, इसे शुद्ध बनाना होता है, इसमें सम्बोधन का स्थान नहीं रह सकता। कहानीकार इनमें वाग्मिता या सम्बोधन से जब दखल देते हैं तो यह मैल है, जिसे धोया नहीं गया है। यह सही है **धन की दुश्मनी** को निभाने के लिए लेखक पुरानी आदत से मजबूर होकर दो-तीन बार कहानी के बीच से गुज़र अवश्य जाते हैं, लेकिन पहले की तरह वह कहानी और पाठक के बीच डटकर खड़े नहीं होते। कला में मैल को धोने या शुद्धता को लाने की दलील आलोचना के उस बाड़े की है जो कथा-साहित्य में अमानवीकरण का निरूपण करता है। ओरतेगा संगीत-कला या चित्रकला की तरह कथा-साहित्य में भी शुद्धता लाने के पक्ष में हैं। क्या यह संभव है? इनकी दलील यह भी है कि पुरानी शैली में आज के जटिल वास्तव को या वास्तव की जटिलता को पकड़ा नहीं जा सकता। कहानी के वास्तव और बाहर के वास्तव का मेल खाना आवश्यक नहीं है। एक सीमा तक यह सही भी हो सकता है। इसके विरोध में आलोचकों का एक दूसरा बाड़ा भी है जो इस मैल को, सम्बोधन आदि को कथा-साहित्य का लाज़मी अंग मानता है। जहाँ तक **कफ़न** में आधुनिकता के उजागर होने का सवाल है, इसमें कहानी का वास्तव बाहर के वास्तव से मेल नहीं खाता। इसमें **धन की दुश्मनी** की बात भी कहानी की सतह पर है, इसके गहरे में नहीं है। इसके गहरे में माधव और घीसू का अभावों से घिरा हुआ जीवन है जो जड़ हो चुका है। यह एक पेचीदा सवाल है जिसका जवाब देने से लेखक ने परहेज़ किया है। इसलिए इसके अन्त को उसी तरह खुला छोड़ दिया है जिस तरह **पूस की रात** (१६३४) को या **गोदान** (१६३६) के अन्त को। इन दोनों कहानियों में कथा-नायकों को अपनी-अपनी स्थिति का भान है। **कफ़न** में माधव को अपनी पत्नी बुधिया के कराहने का और **पूस की रात** में हल्कू को खेत के चर जाने का। बाहर के वास्तव का तकाज़ा है कि माधव उसे भीतर पूछने तो चला जाए, लेकिन कहानी का वास्तव अधिक जटिल है। वह इसलिए पूछने नहीं जाता कि उसका बाप इतने में भुने आलू चट कर जाएगा। उसकी चेतना इतनी जड़ हो चुकी है। वह तो केवल इतना कह सकता है कि भीतर जाने से उसे डर लगता है, चुड़ैल फ़िसाद करेगी। इसी तरह **पूस की रात** में हल्कू नीलगायों को खेत से हटाने के लिए नहीं उठता जो बाहर के वास्तव का तकाज़ा है, कहानी का वास्तव अधिक जटिल है। वह मुन्नी के पूछने पर बहाना बना सकता है, केवल इतना कह सकता है कि उसके पेट में वह दरद उठा जिसे

वह ही जानता है। इनमें वास्तव का सामना करने के लिए व्यंग्य के सिवाय और सहारा ही क्या है, चारा ही क्या है। अन्त में घीसू और माधव का शराब के नशे में गिर पड़ना, या हल्कू का यह जवाब देना कि अब उसे ठण्ड में सोना नहीं पड़ेगा इनकी स्थिति पर प्रश्नचिह्न लगा देता है और इसमें आधुनिकता उजागर होने लगती है। यदि आधुनिकता का बोध नगर-बोध से गहरे स्तर पर जुड़ा होता है तो **पूस की रात** या **कफ़न** में इसे कैसे खोजा और पाया जा सकता है। यह एक पेचीदा सवाल है। अन्त-बोध और संरचना के आधार पर ही इसमें आधुनिकता को आँकना क्या संगत है? क्या इन कहानियों में जिस संसार की रचना है या जिस वास्तव को पेश किया गया है, जिस तटस्थ दृष्टि से इसे पकड़ा गया है, जिस व्यंग्य-दृष्टि से इसका सामना किया गया है वे आधुनिकता के बोध को या नगर-बोध को उजागर नहीं करते? परिवेश कहीं का हो सकता है, देहात का भी और कस्बे का भी, नगर का भी और महानगर का भी, पहाड़ का भी और रेगिस्तान का भी।

३—**अज्ञेय** की कहानी **गेंग्रीन** या **रोज़** में परिवेश पहाड़ का है। इसमें बोरियत की जो गहरी छाया इस पर मँडराती रहती है, परिवेश से कट जाने का जो ठण्डा एहसास है, घड़ियाल की मुनादी में अन्त के खुल जाने का जो बोध है इसमें आधुनिकता का एक और स्तर उजागर होता है। कहानी में छाया शब्द को अनेक बार दोहराया गया है और हर बार इसका नया आयाम खुलता है जो वास्तव की जटिलता को इंगित करता है। इस शब्द से रोमांटिक बोध की गंध भी आ सकती है, लेकिन यह उसी तरह जिस तरह **नयी कविता** या **नयी कहानी** में रोमांटिक बोध को अब आँका जाने लगा है। इसका मूल कारण शायद यह हो सकता है कि समकालीन कहानी में आधुनिकता की कसौटी पर इस दौर की आधुनिकता को परखा जा रहा है और यह भुला दिया जाता है कि आधुनिकता एक प्रक्रिया है जो एक से अधिक दौरों से गुज़र चुकी है। असल में **नयी कहानी** या **नयी कविता** नाम बेकार साबित हो जाते हैं अगर इनके मूल में आधुनिकता के उस दौर को पहचान लिया जाए। इनको नाम इसलिए देने पड़े हैं ताकि आधुनिकता के इस दौर को इंगित किया जा सके जो अब रूढ़ हो चुके हैं। घुसपैठियों की तरह ये नाम आलोचना में घुस गए हैं, धँस भी गए हैं। अज्ञेय की इस कहानी में छाया मालती के जीवन में है, उसके परिवेश में है। उसका डाक्टर पति गेंग्रीन का इलाज करता है, पाँव में काँटे की चुभन इस रोग को जन्म दे सकती है। समकालीन कहानी में यदि **कैंसर** आधुनिकता का संकेत देने लगा है तो उस दौर की कहानी में, **गेंग्रीन** इसका संकेत देता है। मालती को भी एक तरह का काँटा चुभ गया है, लेकिन आयरनी की स्थिति यह है कि उसे इसका एहसास तक नहीं है। उसका जीवन

धीरे-धीरे रिसता रहता है, खाली होता रहता है। उसके अकेलेपन, अजनबीपन, बेगानेपन, सूनेपन में आधुनिकता के बोध को आँका जा सकता है, लेकिन कभी-कभी इसे पेश करने के अन्दाज़ में रोमांटिक बोध भी झलकने लगता है जब कहानीकार का कवि जाग उठता है। इसमें आधुनिकता की संवेदना **नयी कहानी** के दौर की है। पहली बार उषा प्रियंवदा की कहानी **वापसी** (१९६०) को लेकर चाय-कप में आधुनिकता का सैलाब आया था। एक बवंडर उठा था।[1] इस कहानी में बाबू गजाधर के अकेलेपन को लेकर आधुनिकता को निरूपित किया गया। इससे इतना साफ़ हो जाता है कि आधुनिकता की प्रक्रिया के बोध का एहसास सजग और सचेत होने लगा था, एक आन्दोलन का रूप धारण करने लगा था।

४—इस तरह छठे दशक की कहानी में आधुनिकता को खोजा और पाया गया, इसके परचम उड़ाए गए, इसे एक आन्दोलन के रूप में स्थापित किया गया। कहानी-आलोचकों और कहानीकार-आलोचकों ने इसे इतना पीटा कि इसकी जान निकालकर चैन की साँस ली। अब नयी कहानी से सब कन्नी काटने लगे हैं, कलम के सिपाही भी और सिपहसालार भी। इस सिलसिले में डॉ० नामवर-सिंह को बार-बार नयी कहानी की शुरुआत करनी पड़ी है, कमलेश्वर को इसे नित-नयी कहना पड़ा है, मोहन राकेश ने तो इस मैदान को छोड़ दिया है, राजेन्द्र यादव ही इसमें डटने की कमज़ोर गवाही दे रहे हैं। इस तरह आधुनिकता के बोध को लेकर **नयी कहानी** का आन्दोलन उषा प्रियंवदा की कहानी **वापसी** के आधार पर बाकायदा चलाया गया। बाबू गजाधर के रिटायर होने की वापसी पर इनकी दूसरी वापसी में, जब वह अपने घर में मेहमान बन जाता है, अजनबी हो जाता है, आधुनिकता का बोध नज़र आने लगा। इन्सान किस तरह अपने परिवेश से इतना कट जाता है कि उसे परायेपन, अजनबीपन, बेगानेपन का बोध होने लगता है—इसमें आधुनिकता को निरूपित किया गया। इस परिसंवाद में कलम के हर सिपाही-सिपहसालार ने अपना-अपना योग दिया। इसमें कामू के कथा-साहित्य में **अजनबीपन** के बोध को खोजना या अस्तित्व-वादी बोध को तलाशना इसलिए संगत नहीं जान पड़ता कि **वापसी** में रोमांटिक टीस का शेष होना या ठण्डा पड़ना शेष है। यह शायद इसलिए कि भारतीय परिवेश में अजातीयता या कट जाने का बोध इतने गहरे में नहीं है, नगरीकरण की प्रक्रिया अभी सतह पर है। उषा प्रियंवदा की **वापसी** से पहले मोहन राकेश, कमलेश्वर, राजेन्द्र यादव आदि इस तरह की अनेक कहानियों की रचना कर चुके थे। इनका दावा प्रेमचन्द और अज्ञेय की कहानी से हटने का था। इस

---

१. मदान : हिन्दी कहानी : अपनी ज़बानी—पृ० १४२।

हटने में इनकी **नयी कहानी** में आधुनिकता किस दौर की है—इसे आँकना संभव उसी तरह हो गया है जिस तरह **नयी कविता** में इस दौर की आधुनिकता को आँकना। यह संयोग की बात है कि **इधर कहानी** में और **उधर कविता** में इनसे पहले **कफ़न** (१६३६) और **कुकुरमुत्ता** (१६३६) की रचना हो चुकी थी। आज इनको अगर आधुनिकता का **दस्तावेज** कहा जाने लगा है तो यह समय के मुहावरे का परिणाम है और आधुनिकता को प्रक्रिया के रूप में स्वीकारने की देन है। इस तरह **नयी कहानी** में आधुनिकता का अपना दौर है जिसे समकालीन कहानी में आधुनिकता से अलगाया जा सकता है। आज भी रोमांटिक बोध का विरोध जारी है, इससे छुटकारा पाने की कोशिश हो रही है और रोमांटिक बोध भी गाली नहीं है जिसे आज दिया जाने लगा है और न ही यह गोली है जिसे किसी लेखक या किसी की कृति को मारने के काम में लाया जा रहा है। बोध-विशेष तो वास्तव को कहने या पकड़ने की एक दृष्टि है जो बदलती रहती है। आज निर्मल वर्मा की कहानी में रोमांटिक बोध को खोजा और पाया गया है और डॉ० नामवर सिंह को इस बात का दोषी ठहराया गया है कि क्यों इन्होंने **परिन्दे** (१६६०) को आधुनिकता की पहली शुरुआत कहा और **लन्दन की एक रात** (१६६२) को इसकी एक और शुरुआत कहा। इन कहानियों की आधुनिकता समकालीन लेखन को गुमराह कर रही है, बाहर के वास्तव से इसने कन्नी काट रखी है। वास्तव क्या है ? यह एक जटिल प्रश्न है लेकिन जिसका जवाब एक बाड़ेबाज लेखक और आलोचक खोज लेता है। इस समय सवाल कहानी की पहचान का नहीं है, कहानी में आधुनिकता के बोध की पहचान का है, वास्तव को पकड़ने की अलग-अलग दृष्टि का है। **मोहन राकेश** की कहानी **मिस पाल** (१६५६) अजातीयता या कट जाने का बोध है। मिस पाल नगर-परिवेश से छुटकारा पाने के लिए पहाड़ पर जाकर चित्र-कला या संगीत-कला साधने की सोचती है, लेकिन वहाँ वह अधिक अकेली पड़ जाती है, उसमें खालीपन गहराने लगता है और यह मिस पाल के जीवन की आयरनी है। इसी तरह इनकी कहानी **पाँचवें माले का फ्लैट में** कथानायक महानगरी में अपने परिवेश से कटकर इतना अकेला पड़ जाता है और इसमें आधुनिकता का बोध उजागर होने लगता है। यह आवश्यक नहीं है कि परिवेश महानगरी का हो। यह रेल के एक डिब्बे का भी हो सकता है। इनकी **अपरिचित** कहानी में अपरिचित को परिचित होने और परिचित को अपरिचित होने की विडम्बना को आँकने में आधुनिकता के बोध का परिचय मिल जाता है जो समकालीन आधुनिकता की दृष्टि से शायद रोमांटिक भी लग सकता है। इनकी कहानी की तरह यादव की कहानी में आदमी तनाव की स्थिति में है जिसके मूल में आधुनिकता की चुनौती है। वह चाहे इनकी पुरानी कहानी **प्रतीक्षा** (१६६२) हो या ताज़ा

कहानी **ढोल** (१९७२) जिसमें कथानायक ढोल पहनकर महानगर के परिवेश का सामना करने की यातना में है। इसमें आधुनिकता का बोध नगर-बोध से बुरी तरह जुड़ा हुआ है। यदि ढोल की जगह उसे खोल पहनाया जाता तो शायद बेहतर होता। इससे अन्तर भी इसलिए न पड़ता कि ढोल उसने पहना नहीं है, उसे पहनाया गया है। इस ढोल या खोल में वह यही महसूस करता है—अपने आपको उसने यह कैसा देश निकाला दे दिया है ? क्या अब यों ही अकेले, अन-जाने और अनदेखे ही मरना होगा ? उसके जीवन की आयरनी यह है कि ढोल ने बड़े शहर में उसे सबसे काटकर अलग कर दिया है और पुराने शहर में वह लौट नहीं सकता। अन्तिम तान को कहानी में यदि चमत्कार में तोड़ा गया है तो यह यादव की पुरानी लत का नतीजा है। वह कहानी-विधा में जीवन की जटिलता को पकड़ने की कोशिश में नया से नया ढंग अपनाते रहे हैं। यह ढंग **जहाँ लक्ष्मी कैद** (१९५७) का हो या **अभिमन्यु की आत्महत्या** (१९५९) का हो। इनमें आधुनिकता का बोध भी **नयी कहानी** के दौर का लगता है। मोहन राकेश और राजेन्द्र यादव की कहानी के अन्त-बोध में भी अन्तर नहीं पड़ा है। इनकी कहानी का अन्त उस तरह खुलने से इन्कार करता है जिस तरह निर्मल वर्मा की कहानी का बन्द होने से। यह शायद इसलिए इनकी कहानी में देशगत आयामों की विविधता है जबकि निर्मल की कहानी में कालगत आयामों की। कमलेश्वर की कहानी में भी आधुनिकता की प्रक्रिया देशगत आयामों को लिए हुए है, उसी दौर की है, लेकिन इनकी ताज़ा कहानी में इस दौर से निकलने की भी अकुलाहट है। इनकी पुरानी कहानियों में आधुनिकता का बोध कभी अस्मिता की खोज में है तो कभी जीवन के ठहराव में, कभी अकेलेपन के बोध में है तो कभी अजातीयता के बोध में। वह चाहे **खोयी हुई दिशाएँ** (१९६२) हो या **रुकी हुई घड़ी** हो, **दुख के रास्ते** हो (१९६४) या **जो लिखा नहीं जाता** (१९६३)। कमलेश्वर अपनी **नित-नयी** की बात से आधुनिकता को प्रक्रिया के तौर पर स्वीकारने से समकालीन वास्तव को भी पकड़ने की यातना में हैं। **या कुछ और** (१९६८) कहानी में अस्तित्ववादी बोध को खोजा और पाया गया है। इस कहानी में कथानायक महानगर के जड़ और ठहरे परिवेश में साँसें ले रहा है। वह अपने **होने में सार** की कामना करता है। उसके पास बहुत कुछ है, लेकिन फिर भी उसके जीवन में खोखलापन है। जहाँ तक भीतरी खाली-पन का बोध है, इसमें आधुनिकता का बोध उजागर होता है लेकिन जब राम-नाथ यह सोचता है— वह सब मिल जाता है, जो वह चाहता है, उस तरह नहीं जिस तरह वह चाहता है तो इसमें आधुनिकता **नयी कहानी** के दौर की गवाही मिलने लगती है। कमलेश्वर की ताज़ा कहानी **अपना एकांत** (१९७०) में भी आधुनिकता की प्रक्रिया इसी तरह की है। लेखक का सातवें दशक की कहानी

के बारे में यह दावा है कि इसके सवाल और जवाब नये हों ।[1] वह इसे नित-नयी बनाने के लिए पुरानी से इसकी तुलना करते हुए लिखते हैं कि 'पहले वह घटनाओं में जीवित रहती थी, फिर चौंकाने वाले आकस्मिक झटकों में फँसी रही, फिर यथार्थ वातावरण के सहारे जीवित रही। फिर प्रतीकों में उभरी, संकेतों में भटकी और कल तक सैक्स की खुजली से परेशान रही।'[2] इस तरह वह अपने पुराने आयामों को तोड़ती रही और नये आयामों को खोजती रही। जहाँ तक तोड़-फोड़ और खोज की बात है तो इसमें आधुनिकता की प्रक्रिया जारी है, लेकिन जब वह अनागतवाद का निरूपण करते हैं तो यह ठप होने की गवाही देने लगती है। इस तरह कमलेश्वर की कहानी में आगत पर अनागत हावी होकर, **होने** पर **सार** की चाहत का इतना दबाव पड़ जाता है कि यह समकालीन आधुनिकता को उजागर करने से रह जाती है। यदि आगत और अनागत में, होने और सार में, सवाल और जवाब में तनाव की स्थिति और तटस्थता की दृष्टि होती तो यह शायद इसे उजागर कर पाती। कमलेश्वर की **जोखम** (१९६९) कहानी शायद इनकी कहानी का अपवाद है और इसलिए इनकी 'कहानी में समकालीन आधुनिकता या नये दौर की आधुनिकता की ओर इशारा करना पड़ा है। इसे पहचानने की कोशिश विश्वेश्वर ने इस तरह की है कि "**जोखम** का नायक जिस अभिशाप को सह रहा है वह मृत्यु-संत्रास का नहीं, व्यवस्था-संत्रास का है। अतः व्यवस्था-संत्रास में जीता हुआ **मैं** मृत्यु-संत्रास में भी जी रहा है। इसलिए यह दो स्तरों पर चलती है।"[3] कथानायक के इस बोध में कि दोगली अर्थ-व्यवस्था में वह कब तक भटकता रहेगा, तनाव की स्थिति है। इसलिए कहानी का अन्त कहानी के बाहर हो जाता है जो आधुनिकता की प्रक्रिया का परिणाम है। कमलेश्वर की कहानी को तूल इसलिए देना पड़ा है कि एक संपादक के नाते इनमें समकालीन कहानी को या संक्रमणशील कहानी को गुमराह करने की सुविधा है। यह सुविधा कहानी के हर परिवार के पास होती है, दिशा देने की, भटकाने की या गुमराह करने की। इसमें पुराने और नये सब परिवार शामिल हैं। पुराने परिवार **हंस** (१९५४), **प्रतीक** (१९५४) और **निकष** थे और नये परिवारों का एक जमघट है जिनमें **कहानी** परिवार **नयी कहानियाँ** परिवार, **सारिका** परिवार, **माया** परिवार, **कल्पना** परिवार, **लहर** परिवार, **गल्प भारती** परिवार, **अणिमा** परिवार, **विन्दु** परिवार, **रूपाम्बरा** परिवार, **विकल्प** परिवार, **नयी धारा** परिवार, **कथा** परिवार, **अकथा**

१. राष्ट्रवाणी—दिसम्बर, १९६९।
२. वही—पृ० ५।
३. राष्ट्रवाणी—नवम्बर, १९६९।

परिवार, **राष्ट्रवाणी** परिवार, **श्राधार** परिवार, **ज्ञानोदय** परिवार (ठप), **श्रावेश** परिवार (ठप), **मंच** परिवार, **वाम** परिवार (दक्ष का इन्तज़ार है) और छोटी पत्रिकाओं के छोटे-छोटे अनेक परिवार जो आज के **कहानी-निरोध** का परिणाम हैं। अपने-अपने परिवार के सदस्यों का अगर इनमें पालन-पोषण होता है तो यह लाज़मी है, लेकिन इसकी सुविधा जितनी सम्पन्न परिवारों के पास होती है उतनी और कहाँ मिल सकती है।[1] इन सम्पन्न परिवारों की परम्परा में कहानी के मुशायरों का आयोजन और पुरस्कार-वितरण भी होता रहता है। इतने परिवारों का नाम इसलिए लेना पड़ा है कि कहानी के **चयन** में इनकी **दृष्टि** और कहानीकार के **चयन** में इनकी **नीति** कहानी को दिशा-विदिशा देती है और आधुनिकताकी प्रक्रिया को साँचे में ढालती है। इस तरह कहानी का अधिकांश व्यावसायिक और पेशावर होने की गवाही देता रहा है, अधिकांश इसलिए कि इसके अनेक अपवाद भी हैं। इसकी दूसरी वजह यह है कि कहानी में आदमी का एक खास चेहरा जब बार-बार उभरता है तो यह कहानी-परिवार की देन लगता है।

५—निर्मल वर्मा की कहानी का अब घोर विरोध होने लगा है। इस विरोध के अनेक पहलू हैं। क्या इनकी कहानी मानवतावादी नियति से कतराने की कोशिश नहीं करती? क्या इनकी कहानी **वाम** का मखौल नहीं उड़ाती? अब यह विरोध आन्दोलन का रूप धारण करने लगा है और इसमें डा० नामवर सिंह को लपेटा जा रहा है। एक **आलोचक** के नाते इन्होंने **परिन्दे** कहानी को **नयी कहानी** की शुरुआत क्यों कहा था और **लंदन की एक रात** को एक **और** शुरु-आत क्यों कहा है? यदि यह आलोचक का अपना मिज़ाज हो, कहने का अपना अन्दाज़ हो तो **क्यों** का सवाल उठाना बेकार है। प्रयाग शुक्ल को निर्मल की कहानी से यह शिकायत है कि यह मुक्तिबोध की कहानी की तरह छलाँग लगा-कर पार किये रास्ते का पूरा जीवन क्यों नहीं देती है, यह डर से क्यों शुरू होती है, एक नये डर से दूसरे नये डर तक क्यों छोड़ जाती है।[2] इसका साफ़ मतलब यह हुआ कि इनकी कहानी का वास्तव बाहर के वास्तव से सीधे भिड़न्त क्यों नहीं लेता, वह अपनी निजी दुनिया में सिमट कर क्यों रह जाता है? यह एक पेचीदा सवाल है कि कहानी का वास्तव बाहर के वास्तव से सीधे भिड़े, इसका सीधे सामना करे या उसके दबाव और तनाव को पैदा करे जिससे बाहर के वास्तव का तीखा बोध हो सके। इनकी कहानी में आधुनिकता के बोध पर भी शक होने लगा है। इसे माडल बनाकर हिन्दी-कहानी **सही** दिशा खो बैठी है,

---

१. 'धर्मयुग' परिवार, 'साप्ताहिक हिन्दोस्तान' परिवार
२. आलोचना : अक्तूबर-दिसम्बर, १९६७।

भटकने की गवाही दे रही है। वास्तव के कहने, पकड़ने, उजागर करने के अलग-अलग तरीके होते हैं, लेकिन इस समय कहानी में आधुनिकता के बोध का सवाल है। यह सही है कि निर्मल के पहले की कहानी में रोमांटिक बोध को आँका जा सकता है और इसके आधार पर शायद इनकी कहानी को फटकारा जा रहा है, इस पर गुमराह करने का आरोप लगाया जा रहा है। गुमराह करने की बात तो बाड़ेबाज आलोचक ही कर सकता है, लेकिन **परिन्दे**, **लन्दन की एक रात** और **डेढ़ इंच ऊपर** में क्या रोमांटिक बोध उजागर होता है या आधुनिकता का बोध—इसका जवाब कहानियों में खोजना बेहतर होगा। **परिन्दे** कहानी में मौन संवेदना की आवाज़ को सुना गया है और इसमें शायद रोमांटिक बोध को आँका जा सकता है, लेकिन आधुनिकता का बोध मानव की अनिश्चित और अज्ञात नियति में उजागर होता है—'पक्षियों का एक बेड़ा धूमिल आकाश में त्रिकोण बनाता हुआ पहाड़ी के पीछे से उनकी ओर आ रहा था। लतिका और डाक्टर सिर उठाकर इन पक्षियों को देखते रहे। लतिका को याद आया, हर साल सरदी की छुट्टियों से पहले ये परिन्दे मैदानों की ओर बढ़ते हैं। कुछ दिनों के लिए बीच के इस पहाड़ी स्टेशन पर बसेरा करते हैं, प्रतीक्षा करते हैं बरफ के दिनों की जब वे **अजनबी अनजाने** देशों में उड़ जाएँगे।' क्या लतिका, डाक्टर आदि भी इन्तज़ार कर रहे हैं? कहाँ के लिए? इस सवाल का जवाब नहीं दिया गया है। क्या यह बोध आधुनिकता का नहीं है जो **रैन-बसेरा** के बोध से भिन्न है? लतिका ऐसी अकेली है जिसके लिए जाने को जगह नहीं है। क्या यह संकेत उठकर मानव की अनिश्चित नियति का नहीं बन जाता! इस कहानी का अन्त जब लतिका के सुधा के कमरे में जाकर जूली के तकिए के नीचे नीले लिफ़ाफ़े को रखकर लौटने से होता है तो यह अन्त खुलने की गवाही देता है। इस तरह अन्त-बोध की दृष्टि से भी आधुनिकता उजागर होती है। इस कहानी से अनेक संकेत उभरते हैं जो संवेदना के नये आयामों को खोलते हैं। क्या अजनबीपन का बोध पात्रों के आपसी सम्बन्धों में नहीं उभरता? क्या हर इन्सान की अपनी-अपनी ज़िद और इससे छुटकारा पाने में यानी रोमांटिक बोध से छुटकारा पाने में आधुनिकता का बोध-भान नहीं होता! डाक्टर की इस बात से यह साफ़ हो जाता है कि चीज़ को न जानना अगर गलत है तो इससे जोंक की तरह चिपके रहना भी गलत है। प्रेम एक ज़िद है। लतिका के बारे में ह्यूबर्ट की अपनी ज़िद है, लतिका की गिरीश नेगी के बारे में, डाक्टर की अपनी पत्नी के बारे में जो मर चुकी है। डाक्टर इस परिणाम पर पहुँच चुके हैं कि अतीत से छुटकारा पाने के सिवाय और चारा ही क्या है। आज पर जब अतीत हावी हो जाता है तो आज के जीने में वह बाधक बनता है। क्या **परिन्दे** कहानी लेखक के पहले की

कहानी के विरोध में नहीं है ? इसमें कट जाने के संकेत जगह-जगह बिखरे पड़े हैं। निर्मल वर्मा की कहानी में यदि संगीत-कला का और रामकुमार की कहानी में यदि चित्र-कला का भान होता है तो यह आधुनिकता के बोध को नकारने वाला नहीं है। **लन्दन की एक रात** में आधुनिकता का बोध सीधे नगर-बोध से जुड़ा हुआ है। यह कहानी भी अनेक संकेत दे जाती है, लेकिन इसका मूल संकेत आज की दुनिया में इन्सान के अरक्षित हो जाने के बोध में उजागर होता है। इस कहानी में लन्दन की एक रात है या लन्दन के एक पब की, पीने की एक रात है या पीने के बाद की, डर की एक रात है या आतंक की, भूख की एक रात है या बेकारी की, रंगभेद के एहसास की एक रात है या महायुद्ध के परिणाम की, सिगरेट न पाने की एक रात है या लड़की न पाने की, अजनबीपन के बोध की एक रात है या अजातीयता के बोध की, मानव की स्थिति के बोध की एक रात है या मानव की नियति के बोध की, फासिस्ट खतरे के बोध की एक रात है या अस्तित्व के खतरे के बोध की। पात्र लन्दन में सुरक्षा की खोज में आते हैं और अपने को अधिक अरक्षित पाते हैं। यह स्थिति आयरनी की है। लन्दन अरक्षा का प्रतीक है और यह महानगर संसार का प्रतीक बन जाता है जिसमें आज का इन्सान अरक्षित महसूस करता है। यह विश्व-बोध गहराने लगता है और इसमें आधुनिकता का बोध उजागर होने लगता है। निर्मल की कहानी में आधुनिकता की प्रक्रिया कहानी के पुराने ढाँचों को तोड़कर अन्त को खोल देती है या इसे अन्तहीन बना देती है। **डेढ़ इंच ऊपर** कहानी जहाँ से शुरू होती है वहीं पहुँच कर खत्म हो जाती है, ज़िन्दगी जहाँ से शुरू होती है वहीं जाकर इसका अंत हो जाता है। इस बीच एक छोटे दायरे में चक्कर काटना होता है जो आलोचकों को खलता है, थोड़ा होश में रहना होता है, चेतना के इस स्तर पर रहना होता है। कहानी में पत्नी की जगह बिल्ली पालने से सूनेपन के बोध को गहराया गया है। इस बीच गस्तापो पुलिस की गतिविधि का संकेत उस परिवेश को इंगित करता है जो दूसरे महायुद्ध का परिणाम था। कथानायक की यातना का संकेत देने के लिए, उसे सहन करने के लिए होश काफी नहीं है, होश से डेढ़ इंच उठना लाज़मी है। आधुनिकता की संवेदना इस तरह की बातों से उभरने लगती है—समय इतना सोखता नहीं जितना बुहार देता है, चीज़ों को न जानना ही अपने को सुरक्षित रखने का रास्ता है, बिल्लियाँ औरतों के समान इन्तज़ार करती हैं, औरतों और बिल्लियों को आखिर तक सही-सही नहीं पहचाना जा सकता। कथानायक न केवल परिवेश से कट गया है, पत्नी से भी कट गया है। इस तरह निर्मल वर्मा की कहानी **बैगाटेल** से चलकर **लंदन की एक रात** तक पहुँची है। यह सही है कि इनकी कहानी रोमांटिक बोध से चलकर इससे छुटकारा में पहुँची है। आधुनिकता का बोध देश की विविधता के

बजाय काल की विविधता को लिए हुए है।

६—रामकुमार की कहानी में भी आधुनिकता के इस दौर के बोध को आंका जा सकता है। नामवर सिंह यदि संगीत-कला की तरह चित्र-कला में भी दिलचस्पी लेते और रामकुमार की **सेलर** (१९६१) को **नयी कहानी** की शुरुआत घोषित करते और **बीच की स्थिति** (१९६९) को इसकी एक और शुरुआत के रूप में आंकते तो इनकी कहानी भी निर्मल वर्मा की तरह विवाद का विषय बन सकती थी। यदि एक में वास्तव को कहना, पेश करना या उजागर करना संगीत की भाषा में है तो दूसरे में यह चित्र-कला की भाषा में है। रामकुमार की कहानी **सेलर** की शुरुआत चित्र के अंकन से होती है—'शीशा लिए वह अनिश्चित उदासीन भाव से देखता रहा—**खुली-खुली, शून्य-सी आंखें, जैसे दो दरवाजे अपने-आप खुल गए हों, जिसके बीच से दूर-दूर तक उजाड़ दिखाई देता हो।**' कहानियों में खालीपन और उदासीनता का बोध व्याप्त है। यह आधुनिकता के उस दौर को सूचित करता है जिसे **नयी कहानी** से जोड़ा जा सकता है। **जानीन** (१९६३) कहानी में अतीत से छुटकारा पाने में तनाव को उजागर किया गया है। वह फ्रांस से मनोज के साथ चली आई है। बारह साल बीत चुके हैं। वह दो बच्चों की माँ भी बन चुकी है और अतीत से अपने-आपको काट भी चुकी है। क्या सचमुच ऐसा हो सकता है या हो सका है? जानीन की स्थिति की आयरनी यह है कि अतीत का हर पल उस पर हावी है। इस तरह दोनों ओर से कट जाने का बोध गहराने लगता है। रामकुमार की कहानी में आधुनिकता का बोध गहरे स्तर पर नगर-बोध से जुड़ा हुआ है। अतीत से छुटकारा पाने की छटपटाहट और न पाने की विवशता में **बीच की स्थिति** या तनाव की स्थिति न केवल इस नाम की कहानी में उभरती है, इनकी अनेक कहानियों में उभरती है। **पिकनिक** के बूढ़े, **समुद्र** की पत्नी, **अतीत का मैं** और **बीच की स्थिति** का **वह** अपने-अपने अतीत से छुटकारा नहीं पा सकते। **बीच की स्थिति** कहानी में **वह** विगत को छोड़ चुका है, आगत ने उसके भीतर खालीपन पैदा कर दिया है और अनागत के बारे में उसके पास कुछ नहीं है। इस स्थिति में वह यातना झेलने के लिए अभिशप्त है। उसके लिए 'अब न वापस लंदन लौटना संभव है और न ही यहाँ रहना।' इसके साथ कहानी का अंत हो जाता है जो कहानी के बाहर हो जाता है। इस अन्त-बोध में भी आधुनिकता की प्रक्रिया जारी रहती है। क्या **वह** की स्थिति अजातीयता की है? क्या **वह** की अजातीयता की कामू के कथा-साहित्य की अजातीयता से तुलना करना संगत है? यह सही है कि रामकुमार की कहानी में नगर-बोध गहरे में है जिससे आधुनिकता का बोध जुड़ा हुआ है, लेकिन दोनों में कट जाने का या अजातीयता का बोध अलग-अलग स्तर पर है। कामू में आधुनिकता का

बोध विसंगति के बोध को लिए हुए है जब कि रामकुमार की कहानी में विसंगति के बोध का एहसास नहीं है। वह सरकारी होस्टल में खुद को आसपास से कटा हुआ पाता है, घर शब्द से उसे धक्का लगता है। कुछ लोगों का भारत वापस लौटना (केवल लौटना नहीं) अजब लगता है जैसे संकेत कहानी में बिखरे हुए हैं जो आधुनिकता को उजागर करते हैं। नीरजा से उसकी बातचीत इस बोध को गहराती है। 'यहाँ स्वाभाविक रूप से जिन्दगी बिता पाना क्या सम्भव होगा ? लंदन की बात दूसरी है। जब मैं खुद ही अकेले यहाँ इतना पराया-पराया-सा महसूस करता रहता हूँ तो उन लोगों के साथ तो एकदम अजनबी हो जाऊँगा, उनसे भी ज़्यादा...।' कहानी में इस तरह की तरलता बाड़ेबाज आलोचक को अखर सकती है। **वह** इतना परिवेश से क्यों कट जाता है ? वह वस्तुस्थिति का सामना क्यों नहीं कर पाता या इसका विरोध क्यों नहीं करता ? वह बीच की स्थिति में क्यों पड़ा रह जाता है ? यह स्थिति रोगी मन की है। इस तरह की आधुनिकता गुमराह करने वाली है। रात को उसे तेज़ बुखार चढ़ गया था और दिन-भर की कमज़ोरी ने उसे यह महसूस करने पर मज़बूर किया कि वह अचानक बूढ़ा हो गया है जिसका एहसास उसे पहले कभी नहीं हुआ था। उसे लगा कि वह न तो यहाँ के काबिल रहा और न ही वहाँ के, न रंजना के काबिल रहा और न ही रूथ के। इस तरह लटकन की स्थिति यातना की है जिसे झेलने के सिवाय उसके पास और चारा ही क्या है ! आधुनिकता का बोध झेलने में भी हो सकता है और जूझने में भी, **है और न हो सकने** में भी हो सकता है और **है और न हो पाने** में भी। श्रीकान्त की कहानी में **है और न हो सकने** के तनाव को आँका जा सकता है। इनकी कहानी **झाड़ी** (१९६२) इसका संकेत देती है—जब उसने उसे फेंक दिया तो उसने पाया कि वह झाड़ी में जा पड़ा था और काँटों से उसका शरीर छिल गया था। मगर वह दर्द से अधिक शर्म और शर्म से अधिक किसी भी कीमत पर न **पार सकने की नियति पर रो रहा था**। वह जान गया था—**वह झाड़ी कभी लाँघ नहीं सकेगा**। अब कहानी में **वह** ने रोना भी बन्द कर दिया है। इनकी कहानी में आधुनिकता गहरे में धँस गई है; लेकिन पहले की कहानी में कभी अनुभूति के क्षण का चित्रण है (**कल**) तो कभी पुरुष और नारी में एक-दूसरे पर विजय पाने की होड़ का (**परिणय**)। **झाड़ी** में अनास्था, एकाकीपन, मितली का बोध आधुनिकता को उजागर करता है। श्रीकान्त की कविता और कहानी दोनों में आवाज़ यह है कि दायरे के बाहर निकलने का रास्ता नहीं है। यह आवाज़ बाड़ेबाज़ आलोचक को अखर सकती है। वह इसमें ओढ़े चिन्तन को आँक सकता है, लेकिन साथ ही उसे यह भी महसूस होने लगता है कि **संवाद** (१९६९) की कहानियाँ अधिक खुली और

सहज ही नहीं हैं, अपनी पहले की रूढ़ियों से आज़ाद भी हैं। इस संकलन की कहानियों के बारे में यह दावा किया गया है कि इनमें दुनिया के साथ संवाद पैदा करने की कोशिश है और संवादहीनता की स्थिति नगर-बोध का परिणाम है, एक ऐसे संसार की जहाँ सब पुल टूट चुके हैं। इससे पति-पत्नी में संवाद टूट चुका है। **मैं** और बॉस में संवाद कायम होकर फिर टूट जाता है। अब **मैं** बॉस के कमरे में दोबारा अकेला नहीं जाएगा। इससे कहानी का अन्त हो जाता है और यह अन्त कहानी के बाहर होकर आधुनिकता की प्रक्रिया को इंगित करता है। इनकी अधिकांश कहानियों में परिवेश महानगर का है और आधुनिकता का बोध नगर-बोध से जुड़ा हुआ है जो **दियोनीसस** के नगर में धंस जाने का परिणाम है। इसी तरह **कृष्ण बलदेव वैद** की कहानी में महानगर का परिवेश इनकी अधिकांश कहानियों में आधुनिकता के उस दौर को इंगित करता है जब यह देवता नगर में अधिक गहरे में धंस गया है। एक व्यक्ति दूसरे व्यक्ति से, व्यक्ति अपने परिवेश से इतना कट गया है कि वह केवल **मैं**, **वह** और **तुम** हो गया है। इनकी कहानी **बीच के दरवाज़े** (१९६३) से निकलकर **अपने दुश्मन** (१९६८) को पहचान कर **दूसरे किनारे से** (१९७०) उस वास्तव को उजागर करने लगी है जो दलगत आलोचक को बकवास लग सकता है। इस तरह **दूसरे किनारे से** की कहानियाँ भीतर के कुहराम को बाहर लाने की कोशिश में हैं। इस समय मतलब कहानी से इतना नहीं है जितना कहानी में आधुनिकता से है। इसमें कहानियाँ एक ही कहानी के छितराये हुए टुकड़े हैं या कहानी की पुरानी संरचना को तोड़ने वाली है—यह अलग सवाल है। जहाँ तक आधुनिकता के बोध का सवाल है, इससे इन्कार नहीं किया जा सकता। यह हो सकता है कि **सब-कुछ-नहीं** कहानी पर बैकेट के अन्दाज़ और बयान का गहरा असर हो। वैद ने इनके नाटक **गोदो का इन्तज़ार** का हिन्दी में अनुवाद भी किया है, लेकिन इस आधार पर इनकी कहानी पर नकल का आरोप लगाना संगत नहीं जान पड़ता। वैद ने केवल कहानी की संरचना को तोड़ा है, भाषिक संरचना को भी तोड़ा है जिसके मूल में आधुनिकता की चुनौती है। इस तरह की बातचीत **मैं** और **तुम** में चलती है—

यह हमारी आखिरी रात है।
हाँ। आख़िरी। लेकिन
रहने दो
आज तारीख क्या है?
शायद बीस। क्यों?
यूँ ही।
तुम मानते क्यों नहीं।

क्या ?
किसी भी बात को ?
क्योंकि मैं नहीं जानता कि सच क्या है
क्या सोच रहे हो ?
कुछ नहीं ।
मैं नहीं मानती
तुम क्या सोच रही हो
सब-कुछ ।
मैं नहीं मानता ।

इस तरह **सब-कुछ-नहीं** कहानी चलती है । इसमें भाषा या संवाद के ये लटके नहीं हैं, चालाकियाँ नहीं हैं, ये आधुनिकता की उस संवेदना को उजागर करती हैं जो सब-कुछ-नहीं का बोध करवाती हैं । ये संवाद कहानी की संरचना के भीतर से निकलते हैं और कहानी **गोदो का इन्तज़ार** की संवेदना को लिए हुए है जो मानव की नियति का संकेत देती है । क्या यह सही है कि बैकट का नाटक मानव की गरिमा को उठाता है और वैद की कहानी इसे गिराती है ? नाटक का अन्त इस तरह होता है—

व—हाँ ? क्या हम चलें
स—हाँ, चलो हम चलें
(वे हिलते नहीं हैं)

इस अन्त में स्थिति का व्यंग्यात्मक स्वीकार है और वैद की कहानी की तान **कुछ नहीं** पर टूटती है, जीवन की व्यर्थता पर टूटती है । इसमें आधुनिकता के बोध का एक पहलू उजागर होता है । इनकी कहानी में **मैं** अकेला है, अजनबी है, बाहर का है । उसके लिए तमाम चेहरे अजनबी हैं (रात) । उसमें सबसे बड़ी भूख सैक्स की है । यह शायद इसलिए कि उसका पेट भरा हुआ है । अगर **मैं** अपने में डूबा रहता है तो क्या हो सकता है । आज इन्सान अजातीयता का शिकार है जो महानगर के परिवेश का परिणाम है । इसमें उसकी स्थिति और नियति दोनों अभिशप्त लग सकती हैं । **रमेश बक्षी** की कहानी में आधुनिकता का बोध उस दौर का है जो नयी और समकालीन कहानी के बीच का है । एक **अमूर्त तकलीफ़** (१९६८), **तलघर** (१९६९) और **सज़ा** (१९७०) में कभी परम्परा का विरोध है तो कभी विसंगति का बोध है । कथानायक तीनों कहानियों में बेकार है और वह भटकने के लिए अभिशप्त है । वह अविवाहित है, लेकिन फैसला कर पाने से रह जाता है । पहली कहानी में वह हर तरह के रोग का शिकार है—मुहब्बत से जुकाम तक । कहानी उसके छींकने से शुरू होती है । इनमें नगर-बोध आधुनिकता को उजागर करता है—'डाक्टर, शहर के

अन्देशे से बीमार होने और शहर की धूल से बीमार होने में कोई खास अन्तर नहीं है।' मौत के बारे में उसका जवाब यह है—'मैं जो करता हूँ, उसी में से मौत निकलती है।' उसका न तो विगत है और न ही अनागत। वह अनाम बीमारी का शिकार है। उसके बाल सफ़ेद हो रहे हैं। उसका कहना है—'मुझे वही लग रहा है डाक्टर कि कहीं हम सब भी चूहे-मच्छर ही तो नहीं हैं। जब मच्छरों की आवाज़ में सरगम सुनाई दे तो समझो कि मलेरिया फैलने वाला है। चूहे जब अपने बिल के सामने चलते-चलते मर जाएँ तो लोग भागने लगते हैं कि प्लेग फैल गया। यह रोग या महामारी महानगर में सबको लग चुकी है। इसलिए रोना बेकार है। कहीं चूहे और मच्छर भी रोते हैं, वे या तो जन्म लेते हैं या मरते हैं।' इसमें मानव की नियति उजागर होने लगती है और इसमें आधुनिकता का बोध उभरने लगता है। इसके अन्त-बोध में व्यंग्य-कथन आधुनिकता की प्रक्रिया को इस तरह जारी रखता है—'डाक्टर, इस कहने का कोई अन्त नहीं है। आप ऐसा क्यों नहीं करते कि राष्ट्रीय गीत का रिकार्ड यहाँ रखवा लीजिए। बात समाप्त होने पर जन-गण-मन सुनकर समाप्ति का बोध होता है। मरने पर भी नेशनल एन्थम अच्छी लगती है ना ? कैसा सुकून आ जाता है—चलो खत्म हुआ – या पाप कटा—या छुट्टी मिली—जय है—लेकिन आज मैं तीन बार जय नहीं बोल सकूँगा—मेरी ओर से आप बोल दीजिए डाक्टर...।' इससे कहानी का अन्त कहानी के बाहर हो जाता है जो आधुनिकता की प्रक्रिया का परिणाम है। **तलघर** कहानी की शुरुआत खाली इन्तज़ार करने और कुछ नहीं से होती है और इसमें ही इसका अन्त हो जाता है। एक लड़का और एक लड़की हर रोज़ मिलते हैं और फैसला करने की सोचते हैं और कर नहीं पाते। यह स्थिति विसंगत होने की गवाही देने लगती है। इनकी बातचीत में आधुनिकता का बोध गहराने लगता है—'तुम यही नहीं जानते कि जाना कहाँ है। मैं समझती हूँ कि अब हमारे जीवन में बोरियत शुरू हो गई है। मुझे किसी अच्छे जीवन की तलाश नहीं है। मेरी दृष्टि से आज हर तरफ़ घुटन है। ऐसा लगता है कि अँधेरा है और रास्ता दिख नहीं रहा है। हम दोनों तीन साल से काफी पी रहे हैं और कहीं कुछ नहीं हो रहा है। मैं कुछ कर ही नहीं सकता। वह (मतलब नया चैप्टर) शुरू होता है तो हो जाय और किसी कारण से नहीं होता तो न हो। मैं उससे बोर हो जाऊँगा। वह (प्यार) होलटाइम नहीं हो सकता। फिज़ूल लगना तो बुद्धिमान होने की शुरुआत है।' गंभीरता की तान गोलगप्पे खाने पर तोड़ी गई है ताकि बात विसंगत हो जाए। इसी तरह महानगर में एक बड़ी तकलीफ़ फालतू होने में है, इस तरह आधुनिकता का बोध महानगर-बोध का परिणाम है। इन दोनों का गोल दायरे में घूमते रहना और यह लगना कि वे किसी छोटे मुँह वाले कुएँ में कैद हैं और वहाँ की घुटन से,

सीलन से, बदबू से, अँधेरे से घिर गए हैं और निकलने के लिए तरीका खोज रहे हैं, इसी बोध को गहराता है और अन्त में गिलास के टूट जाने का संकेत इसी को उजागर करता है। 'तुमने ठीक देखा, मैं सचमुच वह आदमी नहीं हूँ जो तुम्हारे साथ था, वह तो तुम्हारे हाथ से छूटकर टूट चुका है।' यह अन्त कहानी के बाहर हो जाता है। कहानी में बात **वह** और **वह** में है और बात को टाँगने के लिए लड़की महज़ एक खूंटा है। इसी तरह **सज़ा** कहानी में लड़का और लड़की एक-दूसरे से अलग हो जाते हैं और **मैं** अन्त में अकेला हो जाता है। रमेश बक्षी की कहानी में आधुनिकता का बोध अकेलेपन, अजनबीपन, फालतूपन और घुटन और बोरियत में अभिव्यक्ति पाता है। **राजकमल चौधरी** की कहानी में आधुनिकता को सैक्स के परम्परागत मूल्यों को तोड़ने में आँका गया है। वह **चाहे भूगोल** का **प्रारम्भिक ज्ञान** हो या **सामुद्रिक, मदालसा सुन्दरम्** हो या **दाम्पत्य**, लेकिन **पिरापिड** कहानी इन सीमाओं को लाँघकर उन विकृतियों का चित्रण करती है जो रसिकलाल और उसके परिवेश का अभिन्न अंग हैं। लेखक तटस्थ दृष्टि से इनको उजागर करते हैं। राजकमल बराबर यह घोषित करते रहे हैं कि वह आस्थाहीन हैं, लेकिन इस कहानी में आधुनिकता का बोध इस दृष्टि से हटकर है जिसे बाड़ेबाज़ आलोचक **स्वस्थ** कह सकता है। इसमें आधुनिकता उस दौर की है जिसे **नयी कहानी** में आँका जाता है। राजकमल की कहानी में प्रायः आधुनिकता को अस्तित्ववादी चिन्तन से जोड़ा गया है, लेकिन इसमें भारतीय उग्रतारा-बोध की मिलावट भी है।

७—हिन्दी-कहानी में कवि-कहानीकारों की खासी जमात है जो पहले कवि हैं और बाद में कहानीकार, लेकिन वे रचना दोनों की करते रहे हैं और कर रहे हैं। अज्ञेय और श्रीकान्त की कहानी में आधुनिकता की पहचान हो चुकी है मुक्तिबोध, सर्वेश्वर, रघुवीर सहाय, भारती और कुंवर नारायण ने आधुनिकता की चुनौती को अलग-अलग धरातल पर स्वीकारने की कोशिश की है और कोशिश इसलिए कहना पड़ता है कि अस्वीकार का स्वर भी इनकी कहानी में सुनने को मिल जाता है। मुक्तिबोध **विपात्र** और **ब्रह्मराक्षस का शिष्य कहानियों** में एक बुद्धिजीवी और एक कलाकार के तनाव, बेचैनी, छटपटाहट के माध्यम से आधुनिकता को एक ऐसे धरातल पर स्वीकारते हैं **जो है और जो हो नहीं पाता** के बीच तनाव की स्थिति का है। यह तनाव कलाकार को अकेला छोड़ देता है। इनकी दूसरी कहानी की संरचना **दृष्टान्त** जैसी है। मुक्तिबोध अपनी बात को कहने के लिए कहानी की संरचना को तोड़ने से परहेज नहीं करते। इसलिए **विपात्र** कहानी के बारे में यह मतभेद अभी कायम है कि इसे कहानी की विधा में रखा जाए या उपन्यास की। श्रीकान्त इसे कहानी के निकट लाना चाहते हैं और लम्बी कहानी का नाम देते हैं। मुक्तिबोध ने

ब्रह्मराक्षस नाम से एक कविता की रचना की है और **ब्रह्मराक्षस का शिष्य** नाम से कहानी की रचना की है। यह ब्रह्मराक्षस कौन है ? इसका विवेचन विस्तार से किया गया है।[1] यह लेखक के कवि या कहानीकार के अभिशप्त जीवन का संकेत देता है जिसे है और न हो पाने की पीड़ा ने अकेला कर दिया है। इस अकेलेपन से निकलने, अपने परिवेश से जुड़ने की प्रक्रिया में वह छटपटा रहा है। इस तरह मुक्तिबोध कहानी में आधुनिकता का बोध थोड़ा हटकर है। ब्रह्मराक्षस और उसका शिष्य दोनों मुक्तिबोध हैं। ब्रह्मराक्षस के रूप में वह संसार में इसलिए अटका रहा कि उसे योग्य शिष्य नहीं मिला। अब शिष्य तब तक अटका रहेगा जब तक गुरु का दिया वह औरों को नहीं दे पाता। कहानी का अन्त शिष्य के आगे बढ़ने की प्रक्रिया में होता है। **विपात्र** कहानी में बुद्धिजीवियों की नपुंसकता पर गहरी चोट है। इनकी तुलना उस संत से की गई है जिसने संत बने रहने के लिए अपने लिंग को काट दिया था। इस कहानी के भीतर कलाकार के अकेलेपन का बोध भी आधुनिकता को उजागर करता है—'मैं एकदम चुप हो गया। अपने अकेलेपन का दुख मुझे गड़ उठा। मुझे अभी से उस स्थिति की याद आने लगी जब वह चला जायेगा और मैं निःसंग रह जाऊँगा (यद्यपि मैं उसके साथ के बावजूद अकेला था)।[2] **सर्वेश्वर दयाल सक्सेना की कहानी** में आधुनिकता का बोध विभिन्न धरातल पर है। एक कवि के नाते वह अपनी संवेदना का कभी मोटे कीड़े से संकेत देते हैं (प्रेमी) तो कभी चींटे से (मरी मछली का स्पर्श), कभी मेंढ़क से (तीन लड़कियाँ) तो कभी नन्हें कीड़े से (टाइमपीस) जो समय को रोक देना चाहता है। इस तरह के कीड़े-मकोड़े मोहन राकेश की कहानी में भी मिलते हैं। यह शायद कवि-मन की देन न होकर नयी कहानी को रूढ़ि भी हो सकती है। सर्वेश्वर की **छाता** कहानी में आधुनिकता की संवेदना उभरने लगती है। दोनों के बीच में एक छाता था, जो न उन्हें मिलता है, न पृथक् करता है, न ही पूर्णरूप से उनके अस्तित्व की रक्षा करता है।[3] इसके बाद झेलने-भीगने की शब्दावली से खेला जा रहा है। यह छाता, जो दो के बीच में था, अब एक पर है और सड़क के दूसरे छोर पहुँच गया है। शायद एक कट गया है। कहीं रास्ते में। मैं छज्जे पर खड़ा सोचता रह जाता है, और यह स्वीकारने से डरता है कि बचने के मायनी नहीं है। इस-अन्त बोध के साथ भीगने और न भीगने की प्रक्रिया में मानव की स्थिति और नियति उजागर होकर आधुनिकता की प्रक्रिया को जारी रखती

१. आधुनिकता और कविता में

२. काठ का सपना—पृ० १६८।

३. पागल कुत्तों का मसीहा—पृ० ५१

है। इस तरह के संकेतों को डा० नामवर सिंह शायद बिजली की शक्ति कहना चाहेंगे जो इन्हें कवि-कहानीकारों की कहानी में आसानी से मिल जाती है। इस शक्ति का बोध **रघुवीर सहाय** की कहानी में शायद अधिक गहरे तौर पर हो सकता है। **मेरे और नंगी औरत के बीच** कहानी में जिस नये सम्बन्ध को स्थापित किया गया है उसमें आधुनिकता बोल उठती है। यह सम्बन्ध रेलगाड़ी के डिब्बे में स्थापित होता है जहाँ नंगी औरत पर जो ठिठुर रही है, कम्बल ओढ़ाने की कोशिश में **मैं** अपने को यकीन दिलाना चाहता है कि वह एक अजनबी है और जो कुछ वह कर रहा है उसका इस नंगी औरत से सम्बन्ध नहीं है, और उस स्त्री का भी **मैं** से एक सम्बन्ध है जिसे पाठक नहीं जान सकते।[1] कहानी का अन्त दो संभावनाओं को लिए हुए है। एक यह कि वह औरत छोटे स्टेशन पर उतर कर किसी कस्बे की अँधेरी रात में खो गई और दूसरी यह कि जिस आदमी ने उसे कम्बल उढ़ाया था उसका स्टेशन आ गया और उसने सोती औरत से अपना कम्बल खींचकर उतार लिया और वह चला गया। **मैं** दूसरी संभावना पर विश्वास दिलाना चाहता है, लेकिन संभावनाओं की स्थिति से कहानी का अन्त खुल जाता है और आधुनिकता का एक पहलू उजागर होने लगता है। **सेब** कहानी के अन्त में **मैं** का फालतूपन इसी पहलू को उभारता है।[2] **धर्मवीर भारती** की कहानी में **असली** आधुनिकता को खोजा और पाया गया है। यह विश्वमारी या पश्चिम की नकली आधुनिकता से अलग है।[3] इस आलोचक का मत है, रचना की आधुनिकता वास्तव में आधुनिकता है जिसे **बंद गली का आखिरी मकान** कहानी में आँका जा सकता है। रचना की आधुनिकता इनके अनुसार चार बातों में झलकती है—आस्वाद के अनेक स्तर, मानवीय चिन्तन, स्थानीय गंध और जीवन की जातीयता। यह आधुनिकता की शास्त्रीय परिभाषा न होकर इसकी रचनात्मक परिभाषा है। भारती की कहानी की आधुनिकता को रचना की चुनौती के स्वीकारने में पहचानना अधिक संगत है। यह कहानी में न तो मुंशीजी के त्रासदीय जीवन में है और न ही इनके अकेलेपन के बोध में। यह न तो सामाजिक सम्बन्धों के अमानवीय रूप में है और न ही परिवेश में जो इसे खालिस हिन्दुस्तानी (या भारतीय) बनाता है। कहानी की आधुनिकता रचनाकार के रचनात्मक तनाव में है। अन्तिम तान तनाव की बात पर तोड़ी गई है। एक बड़ा सवाल जो पैदा होता है वह यह है कि रचनात्मक तनाव की बात तो रोमांटिक या मध्यकालीन रचनाकार के बारे

---

१. सीढ़ियों पर धूप में

२. सीढ़ियों पर धूप में—पृ० ३३

३. राष्ट्रवाणी—दिसम्बर, ६६६

में भी सही हो सकती है। इसे केवल आधुनिकता से किस तरह जोड़ा जा सकता है। खैर। भारती की दो कहानियों पर मौत की छाया मँडरा रही है—एक में यह मुंशीजी को मौत के घाट उतारती है और दूसरी में सावित्री को मौत का इन्तज़ार करवाती है। इन दोनों में मृत्यु-बोध को अनावश्यक विस्तार दिया गया है, कभी-कभी इस कहने में नाटकीय अन्दाज भी अपनाया गया है। इसे इतना वाचाल बनाया गया है कि यह भारतीय लगता है। **बन्द गली का आखिरी मकान** कहानी में बरफ़ की तरह ठण्डे पड़ने की बात को अनावश्यक तूल दिया गया है। **सावित्री नम्बर दो** के मूल में व्यंग्य का बोध है, लेकिन अन्त में रोमांटिक बोध उभरने लगता है जब खिड़की के बाहर गुलमोहर और अमलतास के लाल-पीले रंगों का खिलना दिखाया गया है। इसमें खींचातानी से ज़िन्दगी और मौत का संकेत पाया जा सकता है। इन रंगों में बच्चों के हँसने-खेलने के रंगों को भी मिलाया गया है। मौत का इन्तज़ार भी रोमांटिक अन्दाज़ को लिए हुए है, लेकिन मुंशीजी और सावित्री की अजातीयता में आधुनिकता को आँका जा सकता है। इस तरह भारती की कहानी में आधुनिकता का स्वीकार-अस्वीकार दोनों उसी तरह उजागर होते हैं जिस तरह इनके **अन्धा युग** और **कनुप्रिया** में, लेकिन अन्त-बोध में अस्वीकार ही उभरता है। यह शायद आधुनिकता के उस दौर की विशेषता है जो **नयी कविता** या **नयी कहानी** के अधिकांश में उपलब्ध है और अधिकांश इसलिए कि इसके अनेक अपवाद भी हैं जिन पर बात हो चुकी है। इस दौर की कहानी में ठंडी संवेदना से गीली उदासी जब उभरने लगती है तो इसमें रोमांटिक बोध को आँकने के सिवाय और चारा ही क्या है। **कुँवर नारायण** भी एक कवि-कहानीकार के नाते अपनी कहानी की वकालत इन शब्दों में करते हैं—कहानियाँ कभी-कभी कविता और निबन्ध की विधा के काफ़ी निकट आ गई हैं, लेकिन शायद इस तरह नहीं कि उनकी बुनियादी पहचान ही गुम हो गई हो। उसकी ठस जातीयता से साहित्यिक विधा को उबारने के लिए भी ज़रूरी होता है कि उसमें एक विस्फोट पैदा किया जाए। इस विस्फोट को पैदा करने के लिए कभी पंचतंत्र की तकनीक को अपनाना पड़ा है (**दो आदमियों की लड़ाई**) तो कभी फैंटेसी के विधान को (**गुड़ियों का खेल**)।[1] लेखक कहानी की आन्तरिक संरचना पर बल देना आवश्यक समझते हैं। यह शायद इनके कवि-व्यक्तित्व का परिणाम है। इस समय सवाल कहानी का इतना नहीं है जितना कहानी में आधुनिकता के बोध का और **इतना** इसलिए कहना पड़ा है कि आधुनिकता को संरचना से अलगाया भी नहीं जा सकता। यह बोध **अचला और अचल** कहानी के अन्त-बोध से

१. आकारों के आसपास

जाहिर हो जाता है—'मैं नहीं जानता कि यह कहानी दुखान्त हुई या सुखान्त। हो सकता है उन्होंने सिर्फ प्यार किया हो। हो सकता है उन्होंने सिर्फ विवाह किया हो। या हो सकता है कि उनके बीच सिर्फ बहस चलती रही हो कि **वे क्या करें**।'[1] इस **क्या करें** में आधुनिकता का बोध उजागर होने लगता है और कहानी का अन्त कहानी से बाहर होने की गवाही देने लगता है। इसका **अर्थ राज-रानी** के अन्दाज को लिए हुए है—एक थी लड़की, अचला। एक था लड़का, अचल। उन दोनों के **होने** ने एक दिन एक रात नयी परिस्थिति को जन्म दिया कहानी में कहीं रोमांटिक संवेदना के लटके हैं तो कहीं व्यंग्य के छींटे जो कहानी को रोमांटिक और आधुनिक बोध में डोलने के लिए बाधित करते हैं। **गुड़ियों का खेल** कहानी में संवाद बैकेट की भाषिक संरचना को लिए हुए हैं जिसमें आधुनिकता मुखर होने लगती है। इस तरह का संवाद वैद की कहानी **सब कुछ नहीं** में सुनने को मिलता है। कुँवर नारायण की कहानी में यह इस तरह है—'आज क्यों नहीं ? क्योंकि कल कभी नहीं आता। आज मैंने विवाह कर डाला। किससे ? एक फूहड़ से। क्यों ? मैं माँ बनने वाली थी।' अन्त में कथानायक जब उसके यहाँ जाता है तो वह शहर छोड़ चुकी होती है। एक लड़का गुड़ियां बेचता है, लेकिन ये गुड़ियां सरकस नहीं करती थीं। 'उनके चेहरे पर चंचलता न थी। किसी बेवकूफ़ उदासी से अपने को घेरे हुए किसी बेमतलब को एकदम शुरू से सोच रही हैं।' इस उदासी में और समकालीन उदासी में जिस अन्दाज और बयान का अन्तर है वही उस दौर की और इस दौर की आधुनिकता में है। क्या यह कहना अधिक संगत न होगा कि आज की आधुनिकता में रोमांटिक उदासी का लोप हो गया है जो नगर-बोध के गहराने का परिणाम है ? इसकी गवाही समकालीन कवि-कहानीकारों की कहानियों में मिल जाती है। असल में हिन्दी का लेखक, अपना साहित्यिक जीवन अक्सर कविता से शुरू करता रहा है और अन्य विधाओं को आज़माता रहा है।

८—इस तरह अब तक के कहानीकारों की कहानियों में आधुनिकता का बोध कभी नये संदर्भों की खोज में, कभी नये सम्बन्धों की तलाश में, कभी खोयी दिशाओं को उजागर करने में तो कभी नये आयामों को इंगित करने में झलकता रहा है। इनकी कहानियों में आधुनिकता की प्रक्रिया या जमीर की धारा स्थिति में पड़ने लगती है, मूल्यगत होने लगती है, बन्द होने का भी खतरा मोल लेने लगती है, लेकिन आधुनिकता स्थिति में पड़ने से इन्कार करती है, आगे निकलने की छटपटाहट दिखाने लगती है, जो नगरीकरण के दबाव का परिणाम है, दियोनीसस के शहर में घुस जाने के बाद धँस जाने का नतीजा

---

१. आकारों के आसपास—पृ० १०८

है। इसमें आधुनिकता के अगले दौर को आँका जा सकता है और **अगला दौर भी उतनी सरलता से भी नहीं आता। इस पर अँगुली रखना खतरे से खाली नहीं है, जटिलता का सरलीकरण है**। इस छटपटाहट में कहानी के बनने या न बनने का सवाल नहीं उठता। इस समय पहला सवाल कहानी में आधुनिकता का है जिसे इतना पीटा गया है कि यह चकराने और धुँधलाने लगी है। इस दौर की तरफ़ सबसे पहले शायद देवीशंकर अवस्थी ने कहानियों और कहानीकारों के नाम ले-लेकर इशारा भी किया था और कहानी के बदलते स्वरूप को साफ़ करने की कोशिश भी की थी। इसके बाद कहानी के आन्दोलनों को स्थापित करने की कोशिश उसी तरह होती रहीं जिस तरह कविता के आन्दोलनों को—अकहानी, सचेतन कहानी आदि, लेकिन कहानी के आन्दोलनकारों के पास नामों की कमी थी। इसका कारण **शायद** यह भी हो सकता है कि विदेश में कहानी के आन्दोलनों की कमी है या फिर आधुनिकता का बोध जितना कविता की विधा में समा सकता है उतना शायद कहानी की विधा में नहीं। उपन्यास के नामकरण संस्कार की आवश्यकता हाल में पड़ी है, लेकिन अभी इसे **नये उपन्यास की भूमिका** ही कहा गया है। इसके साथ अ जोड़ना मुश्किल है, नाटक के साथ जुड़कर अनाटक कहला सकता है, रंगमंच से जुड़ने के बाद। इन सबकी और इनकी सब कहानियों में आधुनिकता के इस दौर को आँकना शायद गलत साबित हो। इनमें कुछ कहानीकारों की स्थिति बीच की है जो एक से दूसरे दौर में आने की प्रक्रिया को इंगित करती है। देवीशंकर ने विरोध करना लाज़मी इसलिए समझा कि कथा-विधि पर कविता-विधि हावी होने लगी थी। कविता अगर कहानी से बात करना चाहती है तो यह दहलीज़ पर खड़ी होकर कर सकती है, भीतर नहीं घुस सकती। अगर **नई कहानी** ने इसे भीतर घुसने दिया है तो डॉ० अवस्थी की दृष्टि में यह विधागत अपराध है। यह काव्य-विधि ऊँट की तरह तम्बू में धीरे-धीरे घुस रही थी और ऊँट को बाहर निकाल रही थी। कविता कभी बिम्ब के माध्यम से तो कभी प्रतीक के द्वारा, कभी मिथक के प्रयोग से तो कभी फँटेसी के उपयोग से **नई कहानी** में अपना स्थान बनाकर कहानी को बाहर निकाल रही थी। इसलिए कहानी को अपना मिज़ाज बदलना पड़ा है और कविता को बाहर फेंकने के लिए अपना मिज़ाज कड़ा करना पड़ा है। असल में बात कुछ और थी, लेकिन डा० अवस्थी ने कविता को इसका दोषी ठहराया है। आधुनिकता के इस दौर में कविता और कहानी दोनों में बिम्बों और संकेतों की भरमार है। यह वास्तव को कहने, पकड़ने, पेश करने या उजागर करने का एक ढंग था। आधुनिकता का बोध जब गहरे में धँसने लगा और वास्तव जटिल से जटिलतर होने लगा तो बिम्ब या संकेत इसे पकड़ने के लिए अधूरा साबित होने लगा।

इसका परिणाम यह निकला कि भाषा को भी अपना तेवर बदलना पड़ा ताकि वास्तव को सीधे पकड़ा जा सके। डा० अवस्थी ने यह आरोप लगाया कि इस दौर की रचनाओं में आस्थावाद के स्वर हैं। वह चाहे **मलबे का मालिक** में हो या **अन्धा युग** में। इस तरह कविता और कहानी दोनों विधाओं में एक तरह का भविष्यवाद है जो नेहरू-युग की देन है (नेहरू का नाम अगर युग से जोड़ना संगत है)। इन कृतियों की संवेदना आधुनिकता के भार को उठा नहीं सकी।[1] आलोचक के अनुसार यह इसलिए नहीं उठा सकी है कि इनमें बिम्ब, प्रतीक, संकेत, फैंटेसी, मिथक आदि का उपयोग किया गया है। इनमें वास्तव भीतर से नहीं उभरता है, बाहर से आरोपित है, ओढ़ा हुआ है। यह स्थिति साठ के पहले की कहानी की है, साठ के बाद की स्थिति बदल रही है। अब पहला सवाल यह उठता है कि साठ के बाद की कहानी में क्या इनका बहिष्कार है? क्या इस कहानी में **रीछ** नहीं है, **फेंस** नहीं है? मोहन राकेश की कहानी में जंगला है और ज्ञानरंजन की कहानी में फेंस है। क्या जंगला आधुनिकता के भार को उठा नहीं सकता और फेंस इसे उठा सकती है? एक और सवाल मिथक और फैंटेसी की मनाही का है। क्या साठ की कहानी में इनका निषेध है? क्या काफ्का और कामू ने अपने कथा-साहित्य में इनका इस्तेमाल नहीं किया है? यदि किया है तो क्या इनकी कृतियाँ आधुनिकता से वंचित हैं? क्या मुक्तिबोध ने फैंटेसी का इस्तेमाल नहीं किया है? क्या बदीउज्ज़मान ने **एक चूहे की मौत** में इसका उपयोग नहीं किया है। इस बहस को तूल इसलिए देना पड़ा है कि डॉ० अवस्थी ने कहानी की धड़कती नब्ज़ पर अँगुली रखने में पहल की थी, कहानी के बदलते चेहरे को सबसे पहले पहचाना था। असल में सवाल इनका इस्तेमाल करने या न करने का इतना नहीं है जितना इनका इस्तेमाल करने में दृष्टि का है। डा० अवस्थी ने अपनी बात को साबित करने के लिए अनेक कहानियों के नाम लिए हैं जिनमें **भाषा, आदमी, साँसें, अन्तराल, नौसाल छोटी पत्नी, फेंस के इधर और उधर, एक पति के नोट्स, चायघर में मृत्यु**। इनका मिलाना **मलबे का मालिक, राजा निरबंसिया, गुलरा के बाबा** से किया है और यह स्थापित करने की कोशिश की है कि **नयी कहानी** के लेखक जो कुछ कह रहे थे उसका उन्हें **पूरा पता था** और इसके बाद की कहानी में लेखक लिखने के दौरान **वास्तव को खोजता** है। यह अन्तर केवल कहानी की संरचना का नहीं है, वास्तव के बारे में दृष्टि का भी है। डा० अवस्थी ने कहानी के बदलते चेहरे को लेकर, इसे दशकों में बाँटकर यह नतीजा निकाला कि चौथे-पाँचवें दशक के कहानीकार वास्तव का **सृजन** करते थे, पचास के लेखक इसकी अभिव्यक्ति करते थे और इसके बाद के कहानीकार इसे खोजते हैं। एक और बात पर

१. समीक्षक के नोट्स : धर्मयुग, जनवरी, १९६६

आलोचक ने बल दिया है—आस्था की आम तौर पर आधुनिकता से संगति नहीं बैठती। आज अगर इनकी चुनी कहानियों में आधुनिकता का अस्वीकार झलकने लगे तो इसका कारण यह हो सकता है कि आधुनिकता एक मूल्य न होकर एक प्रक्रिया है। आज की आधुनिकता की कसौटी पर इन कहानियों की पहचान और परख शायद असंगत लग सकती है और शायद इसलिए कहना पड़ता है कि कुछ आलोचक इसे संगत मानते हैं और आधुनिकवादी होने की गवाही देते हैं। अपनी बात को साफ़ करने के लिए वह **एक पति के नोट्स** कहानी का हवाला देते हैं जो अब एक उपन्यास के रूप में छप चुकी है। यह कहना कठिन है कि महेन्द्र भल्ला या डॉ० देवीशंकर अवस्थी इस रचना के आधार पर कहानी और उपन्यास में विधागत अन्तर को मिटाने के हक में थे या नहीं। समकालीन कहानी में या आधुनिकता के अगले दौर की कहानी में पात्रों के नाम तक गायब होने का संकेत भी दिया गया है। एक हद तक यह सही है कि आधुनिकता के दबाव में इन्सान की अस्मिता या खुदी खतरे में पड़ने लगी है, वह नामहीन होता जा रहा है, आदमी **वह, तुम, मैं** बनता जा रहा है। क्या पात्रों को क, ख, ग कहने का रिवाज काफ्का के मिस्टर के से तो नहीं लिया गया? जायस के **यूलिसेज** में यदि पात्रों के नाम हैं तो उपन्यास क्या आधुनिकता से खाली हो गया? आधुनिकता का बोध पात्रों के केवल नामहीन होने से उजागर नहीं होता। यदि इतने से यह हो जाता तो एक भारतीय पत्नी अपने पति का जब **वह** से परिचय देती है तब इसमें आधुनिकता को आँकना पड़ेगा। आधुनिकता का बोध **वास्तव** के बारे में **लेखक** या **इंगित** लेखक की दृष्टि में होता है जो पात्रों को नाम भी दे सकती है और नामहीन भी बना सकती है, नाम देकर भी नामहीन बना सकती है। डॉ० अवस्थी ने जिन कहानीकारों के नाम गिनवाए हैं या जिन कहानियों की सूची दी है उनमें आधुनिकता के बोध को खोजा और पाया गया है और यह कहानी के नये मोड़ का या कहानी में आधुनिकता के नये दौर का परिचय देता है। इनमें **महेन्द्र भल्ला** की कहानी **एक पति के नोट्स** (१९६४), **रवीन्द्र कालिया** की **एक प्रामाणिक झूठ** (१९६४), और **नौ साल छोटी पत्नी** (१९६३), **काशीनाथ सिंह** की **चायघर में मृत्यु**, **ज्ञानरंजन** की **फेंस के इधर और उधर** (१९६३), **प्रयाग शुक्ल** की **आदमी** (१९६२) और **साँसें** (१९६३) को शामिल किया गया है। महेन्द्र भल्ला की कहानी को एक **दस्तावेज़** तो घोषित नहीं किया, लेकिन एक दस्तावेज़ के रूप में इसे विस्तार से अवश्य लिया है। एक पूरे लेख में इसके आधार पर आधुनिकता के नये दौर को आँकने की कोशिश की है।[1] यह कहानी पाठक की

---

१. नई कहानियाँ : १९६५

संवेदना को इस तरह झटका देती है जिसका आज पाठक आदी हो गया है—'अगर वह मेरी **पत्नी** न होती, तो उसे चूम लेता या चूमने की इच्छा को दबाता कड़वा मज़ा लेता।' इस झटके में आधुनिकता के बोध को खोजा और पाया गया है। इसका मतलब यह हुआ कि आज का पाठक इसमें आधुनिकता के अस्वीकार को आँक सकता है। इस कहानी का संसार आलोचक को बदला हुआ लगता है। पत्नी है। सुन्दर है। उससे इश्क़िया शादी भी है। पति विलासी है, पत्नी से उकताया हुआ है। इनमें अलगाव और अकेलापन है। उसका चिपचिपा अपनापन पति को अखरता है और वह पड़ोसी लड़की चन्दा से आँख मिलाने की कोशिश करता है। उसके पति किशोरीलाल को गधा कहता है, लेकिन फिर भी वह उसे दावत पर बुलाता है—संध्या के लिए, उसकी पत्नी के लिए। अपनी पत्नी सीता से इस राज़ को छिपाता भी नहीं है। इसमें शायद राज़ की बात ही नहीं है। सीता का यह कथन कि औरतों को अगर घर मिल जाय तो वे अपने को बहुत ढाल लेती हैं। वह परिवेश से कट गया है। इस तरह अजातीयता के बोध में आधुनिकता को आँका गया है। वह इस भयंकर बिलगाव से पीड़ित है। अकेलेपन को मारने का साधन सैक्स है, पर वह भी परिचय के बीच अपरिचय बन गया है। इस तरह आलोचक को कहानी का संसार बदला हुआ लगता है। इसे **मैं** शैली में लिखने से इसमें समीपता का भान भी होता है। आत्मरति से बचने के लिए महेन्द्र भल्ला ने **नोट्स** का प्रयोग करना चाहा है। इसलिए शायद डॉ० अवस्थी को **समीक्षक के नोट्स** नाम से लेख लिखना पड़ा। डॉ० अवस्थी के लिए यह अपरिचित संसार अब इतना परिचित हो गया है कि झटका देने के बजाय यह या तो पाठक की संवेदना को बोर कर सकता है या इसमें मितली पैदा कर सकता है। महेन्द्र भल्ला ने **तीन-चार दिन** (१९७२) अपने कहानी-संकलन में इस कहानी को शामिल करने से परहेज़ किया है, लेकिन **आगे** कहानी में संध्या का स्थान लिण्डा ने ले लिया है जो अपने देश लौटने के नाम से डरती है। इस कहानी में भी सैक्स स्वादहीन, बेकार और जघन्य है, इसमें बोरियत और खालीपन का बोध है। एक आदमी दूसरे आदमी के पास बैठकर बिना किसी संवाद के चला जाता है जो नगर-बोध का परिणाम है। यह कभी-कभी रूढ़ि बनने का भी खतरा मोल लेने लगता है। इनकी **कुत्तेगीरी** कहानी में थोड़ी ताज़गी आने लगती है। एक महानगर में फालतू लोगों का जमघट कॉफ़ी-हाउस में जमता है। वहाँ वे एक तरह का जानवरी संतोष पाते हैं। और अलहदगी की कमी को महसूस करते हैं। कुत्ते शहर में रहकर भी कुत्ते ही रहते हैं। इस तरह की बातों से कहानी की रचना हो रही है जो नगर के जीवन-वास्तव के एक पहलू को उजागर करती है। असली चीज़ है **कुछ न करना**, क्योंकि कहीं कुछ नहीं है। कुत्तेगीरी यहीं से शुरू होती है। महानगर में

कुत्तेगीर परजीवी बनता जा रहा है। उसका मकसद शाम बिताने में है। **मैं** को अपनी ज़िन्दगी दो अमीर और खूबसूरत लड़कियों को देखकर बेकार लगने लगती है और वह सिगरेट पीने की तलब को पूरा करने के लिए कॉफ़ी हाउस को चल देता है। यह सिगरेट पीने और लड़की पाने की तलब हिन्दी-कहानी में बार-बार आने लगी है। इस बोध के साथ कहानी का अन्त **लन्दन की एक रात** की याद ताज़ा करता है, लेकिन दोनों में अन्तर आँका जा सकता है। पहली में आधुनिकता का बोध गहरे में है और दूसरी में यह सतह पर है। इसका कारण शायद नगर-बोध का गहरे-उथले में होना है, लन्दन और दिल्ली के नगर-बोध में या फिर लेखकों के नगर-बोध में। **ज्ञान रंजन** की कहानी फेंस के इधर से निकलकर अब फेंस के उधर चली गई है, पुरातनता से निकलकर आधुनिकता में चली गई है, जहाँ शहर तेज़ी से बढ़ रहा है, नगरीकरण की प्रक्रिया तेज़ी से चल रही है। इनकी कहानी **रचना-प्रक्रिया** में आधुनिकता का बोध और नगर-बोध इस कदर जुड़ गए हैं कि दोनों की रचना-प्रक्रिया साथ-साथ चलती है—'शहर ने किसी को नहीं छोड़ा और सभी नागरिकों के साथ उसका व्यवहार एक जैसा है।'[1] इनकी कहानी में जहाँ सृजन की दृष्टि से उतार आया है वहाँ आधुनिकता की दृष्टि से यह गहरे में उतरी है। इसकी गवाही **फेंस के इधर और उधर** में पहले की कहानियों में और **यात्रा** की बाद की कहानियों में मिल जाती है—**सीमाएँ, पिता और सम्बन्ध** पहले की और **हास्यरस, दाम्पत्य, रचना-प्रक्रिया** बाद की कहानियाँ हैं। **रचना-प्रक्रिया** कहानी **मैं** की मुहब्बत को लेकर है जिसे व्यंग्य की धार काटती चली जाती है। **मैं** के शहर में एक जवान लड़की अपने पिता के तबादले के साथ आती है। इसके पहले **मैं** की मुहब्बत **इन्डोर-गेम** की तरह थी—सहपाठी से थी, पड़ोसिन से थी या **रिश्तेदार** से। इस अन्दाज़ में कहानी की रचना-प्रक्रिया जारी रहती है। उसका आना बड़े शहर से हुआ है जहाँ लोगों ने मुहब्बत करना बन्द कर दिया है, छोटे कामों से परहेज़ करना शुरू कर दिया है, जैसे चुम्बन, आलिंगन वगैरा। इन दोनों को बदनाम करने के लिए परचे छापकर बाँटे जाते हैं। जिसकी वह परवाह नहीं करती। उसका मकसद मन की बात से इतना नहीं था जितना तन की बात से था, जिसे **मैं** ने पूरा किया। एक तरफ़ वे अकेले नहीं रह सकते और दूसरी तरफ़ दुश्मनों ने कुछ और परचे छाप दिए हैं। इस तनाव की स्थिति में कहानी का अन्त हो जाता है। जो कहानी के बाहर होकर आधुनिकता की प्रक्रिया को जारी रखता है। **रवीन्द्र कालिया** की कहानी में आधुनिकता का बोध नगर-बोध से अधिक गहरे में जुड़ा हुआ है। वह चाहे **बड़े शहर का**

---

१. यात्रा—पृष्ठ ३६

आदमी में हो या **अकहानी में, क ख ग में** हो या **नौ साल छोटी पत्नी में, मौत** में हो या **काला रजिस्टर** में। इन सब कहानियों में जीवन-बोध और अन्त-बोध आधुनिकता की प्रक्रिया का परिणाम है। जहाँ तक अन्त-बोध का सवाल है यह खुला हुआ है, पुरानी कहानी की तरह **समापन** का बोध नहीं देता। **बड़े शहर का आदमी** कहानी में वह बाथरूम में नहाने जाता है, नहाने के लिए वह मजबूर है। वह तौलिया उठाता है और उसे सूँघता है, लेकिन क के पैरों की गंध तौलिये से भी आ रही है। वह तौलिया फेंककर बाथरूम की खिड़की बन्द कर देता है और काँप रहा होता है। इस अन्त में कहानी का अन्त खुल जाता है जिसके लिए पाठक को अपना सिर कुरेदना पड़ता है। इसी तरह **अकहानी** में पहले ने पूछा कि स्कूटर कितने का आता है, दूसरे ने जवाब दिया कि उसे भूख लग रही है। पहले ने इसका जवाब न देकर घास पर बिखरे मूँगफली के छिलकों को चकनाचूर करना शुरू कर दिया। भूख उसे भी लगी थी। पहला और दूसरा कौन थे का सवाल महानगर में नहीं उठता, क्या थे का जवाब भी बेकार-सा लगता है, किस स्थिति में थे का जवाब बाद में दिया जा सकता है, भूख **उसे भी लगी थी** से कहानी का अन्त कहानी के बाहर हो जाता है। **क ख ग** कहानी इस दृष्टि से एक अपवाद कही जा सकती है। इसका काव्यात्मक अन्त **नयी कहानी** की संवेदना का परिणाम है, लेकिन क ख ग से आधुनिकता का बोध होता है जो सतही है। अगर **नौ साल छोटी पत्नी** कहानी में पत्नी का रोना जायज़ है और पति उसे चुप कराने का साहस भी नहीं बटोर सकता तो अन्त के ठण्डेपन में आधुनिकता की दृष्टि का ही परिचय मिलता है। **काला रजिस्टर** में अन्त का बोध थोड़ा हटकर है। इसमें कथानायक तनाव की स्थिति में है। वह सीढ़ियाँ उतरता चला जा रहा है और वह तय नहीं कर पा रहा है कि वह केबिन को फोड़ पाएगा या खुद फूट जाएगा। यह उस आधुनिक आदमी की स्थिति है जो व्यवस्था से जूझ रहा है और उसे झेल भी रहा है। रवीन्द्र कालिया की कहानी की पहचान कहानी के तौर पर काफी हो चुकी है। इनकी कहानियों में एकरसता है, सतहीपन है, जुमलेबाज़ी है, व्यंग्यबाज़ी है, स्थितियों को छूकर निकल जाने की कोशिश है, आधुनिकता को महज़ ओढ़ा गया है। इस तरह की परख इनकी कहानी को रौशन नहीं कर सकती और इस समय सवाल कहानी का न होकर कहानी में आधुनिकता का है। इसमें संदेह नहीं है कि एक महानगर में इन्सान कितनी नकली, झूठी और बकवास ज़िन्दगी जी रहा है यह इनकी कहानियों में बार-बार उभरता है। वह चाहे सम्बन्धों के टूटने की हो या मूल्यों के गिरने की, बोरियत की हो या अकेलेपन की, असंगति की हो या विसंगति की। यह ज़िन्दगी इतनी परिचित और साधारण हो गई है कि इससे खीजने या जूझने का सवाल ही पैदा नहीं होता।

काला रजिस्टर कहानी इसका अपवाद है। इसमें स्थिति का ठंडा स्वीकार नहीं है। इसमें केबिन को फोड़ने या खुद फूट जाने का तनाव है। इस तरह कुल मिलाकर रवीन्द्र कालिया की कहानी में आधुनिकता का बोध उस दौर से गुजर रहा है जिसकी तरफ़ डॉ० अवस्थी ने इशारा किया था। यह स्थिति के बरफीले स्वीकार में भी उजागर होता है और तिलमिलाते अस्वीकार में भी। इसे किसी बाड़े में बन्द करना कठिन है। कालिया की कहानी में स्थिति का अस्वीकार पाठक की संवेदना को झकझोरता है और इसका स्वीकार गुदगुदाता है। **काशीनाथ सिंह** की कहानी में आधुनिकता के इस दौर की निजता है। **सुबह का डर** (१६६८), **चायघर में मृत्यु, लोग बिस्तरों पर** कहानियों में मृत्यु-बोध है, मौत की राह से ज़िन्दगी की बात को कहा गया है और **कस्बा, जंगल और साब की पत्नी** में बोरियत और परिवेश से कट जाने की बात को। **सुबह का डर** कहानी में विसंगति का बोध उभरने लगता है और इसकी तह में व्यंग्य-दृष्टि बोरियत और नीरसता को काटने के काम आती है। एक आदमी अस्पताल में मौत के बिस्तर पर लेटा हुआ है और उसके आत्मीय और परिचित कितने बेपरवाह और कमीने हो सकते हैं इसे ठण्डेपन से पेश किया गया है। वह चाहे पंचम हो या बसन्त या राय साहब जो इस स्थिति में स्कूल की लड़कियों और अस्पताल की नरसों में उलझा हुआ है। एक की मौत हो रही है जो दूसरों की तफ़रीह बन रही है। पंचम के लिए अस्पताल आशियाना बन गया है। इनके मज़ाक कभी-कभी इतने फूहड़ और भोंडे हैं जो जीवन के इस पहलू को रौशन करते हैं। इसी तरह खाने-पीने की बात कफ़न लाने से जुड़कर विसंगति के बोध से जुड़ जाती है। उस आदमी की मौत का डर रात काटने के सवालिया डर के नीचे दबकर रह जाता है। कहानी के अन्त में मानवीयता को उभारने की कोशिश कहानी **में** न होकर कहानी **पर** है, आरोपित है। इस कहानी में आधुनिकता का अन्दाज़ और बयान इसका अपना है। इसमें अन्तिम तान इस बात पर तोड़ी गई है कि वसन्त के पीछे सब खड़े होकर बीमार को पेशाबदान में पेशाब करते और डॉक्टरों के चेहरों पर चमक देख रहे हैं। इस चमक में आस्था का स्वर कहानी में विषम स्वर की तरह है जो इसकी समूची संरचना में फिट नहीं बैठता। इससे बचने के लिए कहानी का अन्त इस तरह किया गया है—'वसन्त मुड़कर हमें देखता है और हम बिना एक-दूसरे को देखे, थके कदमों से बाहर चल पड़ते हैं।' इनके बाहर चले जाने से कहानी का अन्त होता नहीं, किया गया है; लेकिन सवाल कहानी में आधुनिकता का है और कहानी इसकी गवाही देती है। **चायघर में मृत्यु** कहानी में एक बुढ़िया की मौत को लेकर **क** की ज़बानी, जो एक डाकिया है, यह कहने की कोशिश है कि मृत्यु चरम सत्य तो है, लेकिन इसकी तह में जो जीने की

लालसा है उससे मुंह किस तरह मोड़ा जा सकता है। क का मुंह चाहे छोटा है, लेकिन बात बड़ी करता है—जैसे ऐसे लमहे ग्राते हैं जब ग्राप मृत्यु ग्रौर जीवन को नहीं ग्रलगा सकते।[1] चायघर में मनहूसी तो छा जाती है, लेकिन क की ज़बानी फूग्रा बुढ़िया की बात इसे काटती ग्रौर गहराती है। बुढ़िया का ग्रासपास उसी तरह बेखबर ग्रौर बेपरवाह है जिस तरह ग्रस्पताल में मौत के बिस्तर पर लेटे ग्रादमी का ग्रासपास। ग्रासपास के एक ग्रादमी के बारे में बुढ़िया ग्रपनी मौत से उबरकर यह कहती है—'बड़ा ग्रपने को बाबा समझता है। खुद मौत के घाट लगा है ग्रौर कहता है कि इसे खाट से नीचे उतार दो।' फूग्रा की ज़िन्दगी यहीं से शुरू होती है। क का यह भी कहना है कि उसने ग्रपना जीवन मौत से शुरू किया। ज़िन्दगी ग्रौर मौत के बारे में इस तरह का चिन्तन पश्चिम की ग्राधुनिकता से जुड़ गया है। एक दिन फूग्रा की लाश को श्मशान में ले जाना पड़ा, लेकिन हर ग्रादमी ग्रातंकित था कि लाश कहीं हिलने-डुलने न लगे। पहली कहानी में सुबह का डर इस कहानी में शाम का डर बन जाता है। इस तरह चायघर में क कथावाचक बुढ़िया की कहानी को शाम तक घसीट ले जाता है ग्रौर चायघर के बाहर भीड़ बढ़ने लगती है। इस ग्रन्त-बोध के साथ बुढ़िया की मौत की कहानी चाय पीने वालों के लिए एक तफ़रीह बन जाती है। वह चाहे नचिकेता हो या मुक्ति बोध इनमें ग्रगर मृत्युबोध को शामिल कर लिया होता तो ग्राधुनिकता ग्रधिक गहरे में धँस सकती थी। काशीनाथ सिंह ने **लोग बिस्तरों पर** कहानी में एक फैंटेसी के माध्यम से, जिसका उपयोग मुक्तिबोध ग्रौर ग्रन्य कहानीकारों ने खूब किया है, **होने ग्रौर न होने** के बोध को उजागर किया है। एक लाश को लेकर इसकी शुरुग्रात होती है ग्रौर जो कोठरी में पड़ी है। माधो को कहा जाता है कि कौंसल साब के बाप के मरने की खबर ग्रखबार में निकल चुकी है ग्रौर ग्रनेक लोग इस समाचार को पढ़कर दौड़े चले ग्रा रहे हैं। एक ग्रौर ग्रा गया है ग्रौर बात-से-बात इस तरह निकलती जा रही है जैसे केले के पात से पात। लाश से पूछा जा रहा है—ग्राप मरना चाहते थे? ग्रौर इसका जवाब दिया जा रहा है—न जीना चाहने का मतलब मौत चाहना नहीं होता। वह इसी तरह पड़े रहना चाहता है। इस तरह वह ग्रपने को खाली नहीं लगता। यह लड़का दारानगर में रहता है, कहानियाँ लिखने के सिवाय कुछ नहीं करता, ग्रौर इस काम का लाश को पता तक नहीं है। वह न ग्रफ़सर है, न वकील है ग्रौर न ही व्यापारी। लाश परेशान होकर जब यह पूछती है कि ग्रादमी तो है तब इसका जवाब हाँ में दिया जाता है। सवाल—'तुम झूठ बोलते हो।' जवाब—'इसीलिए तो ग्रादमी

---

१. लोग बिस्तरों पर, पृ० ६८।

हूं।' वह काम चाहता है, लेकिन लाश काम से बेहतर होने को मानती है। इसके बाद व्यंग्य की धार समकालीन परिवेश को काटती चली जाती है जो कहानी के धरातल को उठाती है। इस तरह समकालीन वास्तव को फैंटेसी के माध्यम से उजागर किया गया है, लेकिन फैंटेसी का भीना परदा फिर वास्तव पर डाल दिया जाता है। अब लड़के को नंगा कर उसकी खाल को उघाड़ा जाता है और उसे खूंटी पर लटकाया जाता है। इस तरह आदमी की खाल उसके मांस से अलग की जाती है और वह खुश है। अब उसे उन लोगों के बीच लाया जाता है जो बिस्तरों पर हैं और जिनके चेहरों पर राहत है। इसके बाद लाश उसके सामने खड़ी होकर पूछती है—'कोई ज़रूरत है ?' उसकी ज़बान पर एक छोटे आदमी का एक ही सवाल है कि वह छोटा क्यों है और लाश के पास इसका एक ही जवाब है कि जब तक लाश मरती नहीं, उसे छोटा ही रहना है और लाश मरने नहीं जा रही है। उसके लिए **न होने** से **होना** बेहतर है, काफ़ी है। उसके बड़े होने का इन्तज़ार ही इन्तज़ार है, वह चाहे गोदो का न भी हो। इस इन्तज़ार में कहानी का अन्त कहानी के बाहर होकर आधुनिकता की प्रक्रिया को जारी रखता है। **कस्बा, जंगल और साब की पत्नी** कहानी में आधुनिकता का बोध परिवेश से कट जाने में है, अजातीयता में है, एक अधेड़ पत्नी जिसका पति से संवाद टूट चुका है और जो बूढ़ी आया के साथ जंगल के एक बँगले में रहने के लिए अभिशप्त है। उसके अकेले और बेकार होने को जिस तरह बयान किया गया है वह बैकेट के उपन्यासों की याद ताज़ा करता है। इनमें अन्त पात्रों की आयु का है या बैकेट की आधुनिकता की संवेदना का है। इन पात्रों को बुढ़ापे में बैकेट ने जिस तरह बेकार, फ़ालतू दिखाया है उसी तरह तो नहीं, लेकिन एक हद तक साब की पत्नी का हाल इसी तरह है। उसके कथनों में आयरनी की स्थिति उजागर होती है—'आपको विश्वास करना चाहिए कि मैं कितनी सुखी, संतुष्ट औरत हूँ। मैं तो अपनी तारीफ़ (कस्बे वालों से) सुनते-सुनते थक गई हूँ, लेकिन हे भगवान्, मौसम इतना बुरा क्यों है ? यह जगह इतनी उदास क्यों है और जाड़ा···?' यह जाड़ा उस पत्नी के लिए क्या मानी रखता है जिसका पति आम दौरे पर रहता है और कभी-कभार जब लौटता है तो वह दूसरे कमरे में सोता है। पत्नी की बेतुकी बातें उसे बिग बोर बनाती हैं, सिवाय बूढ़ी आया के जिसका काम बिना सुने-समझे उसकी हाँ में हाँ मिलाना होता है। यदि बुढ़िया को आया का सहारा न दिया जाता तो कहानी की रचना शायद इस तरह न हो पाती, व्यंग्य और विसंगति से यह रह जाती। वह अपने को जब बार-बार दोहराती है तो इसमें भी व्यंग्य-विसंगति का बोध उभरता है। कहानी के अन्त को **नाटकीय अन्दाज़** में इस तरह किया गया है—वह सेहतमन्द है, ख़ूबसूरत है, अखबार पढ़ लेती है। इससे कहानी की संरचना को गहरी ठेस लगती है,

लेकिन यह शायद आधुनिकता के उस दौर की देन है जिसमें जीवन के निषेध की मनाही है। **प्रयाग शुक्ल** को भी जब इस दौर की कहानियों में शामिल किया गया या उन कहानियों में जिनमें **वास्तव** की पहचान कहानी के दौरान होती रहती है, पहचान की खोज होती रहती है तो इसका मतलब शायद यह था कि **मैं** इन **बातों** और **चीज़ों** में इतना उलझ जाता है या इनसे घिर जाता है कि **मैं** किसी नतीजे पर पहुँच नहीं पाता, चीज़ें और बातें इतनी बिखर जाती हैं कि इनमें किसी सिलसिले को खोजना या पाना बेकार है। इसमें शक नहीं है कि इनकी कहानी इसके पुराने ढांचे को तोड़ती है। आधुनिकता का बोध इनमें आँका गया, लेकिन कहानी के अन्त को जब सँभालने की कोशिश की गई तो यह शायद इसलिए कि इससे कहीं जीने के निषेध की गंध न आने लगे। यह पहले दौर की आधुनिकता को इंगित करती है। इनकी अधिकांश कहानियों का एक ढाँचा है जो कभी-कभी अपने दायरे में सिमट जाने का खतरा मोल लेता है। वह चाहे **आदमी** (१९६२) हो या **साँसें** (१९६३)। इन दोनों कहानियों में **मैं** है, **चीजें** और **बातें** हैं और इनमें किसी सिलसिले को खोज निकालने की कोशिश बेकार साबित होती है। **मैं** इनके बारे में सोचते-सोचते **खुद सोच** हो जाता है और सोच से छुटकारा भी पाना चाहता है। **आदमी** कहानी में **वह** को लगता है कि बिना काम किए भी काम चल रहा है। वह यात्रा कर रहा है जिसका अन्त नहीं है। वह प्लेटफार्म पर बैठा गाड़ी के आने का इन्तज़ार करते-करते खालीपन महसूस कर रहा है। इसमें अजनबीपन, अकेलेपन का धब्बा आधुनिकता का बोध कराता है। वह खाता कहीं है, सोता कहीं है, काम करता कहीं है, उसका परिवार कहीं है। इस तरह वह परिवेश से कटा हुआ आदमी है। उसने अपने को बिखर जाने दिया है या वह मजबूरी में बिखर गया है। उसके निपट अकेलेपन को बार-बार दोहराया गया है। वह इस परिणाम पर पहुँच गया है कि सुरक्षा और चीज़ों की सही स्थिति के बारे में सोचना बेकार है।[1] हर चीज़ के पीछे तुक नहीं होती।[2] इस कहानी की तान इस बात पर तोड़ी गई है कि वह सारी चीज़ों से जुड़ गया है या वह सारी चीज़ों से जोड़ा गया है। इस अन्त-बोध में आधुनिकता के दौर-विशेष का संकेत मिलता है। इसी तरह साँसें कहानी में वह इतवार की बोरियत से घिरा हुआ, सामान के कमरे में पड़ा हुआ गरमी की दोपहर बिता रहा है या वह बीत रही है और साथ के कमरे में पत्नी सो रही है या साँसें ले रही है। इस तरह साँसें तो चलती हैं लेकिन इनमें ज़िन्दगी की धड़कन नहीं है।

---

१. कहानी, अप्रैल, १९६२
२. ,, ,, ,,

बाहर रेल के इंजन का सूं-सूं करते रहना परिवेश के सन्नाटे को गहराता है। उसे लगता है कि इन्सान केवल साँसें ही साँसें हैं जिनमें वह गरमाहट खोजना चाहता है। वह कट जाने के बोध से उबरना चाहता है। वह विगत को अपने से जोड़ने के लिए एक पुरानी याद को ताज़ा करता है, लेकिन वह इससे जुड़ नहीं पाता। एक गीली आँखों वाली लड़की से उसने यह कह दिया था कि उसकी अपनी साँसों में पहले वाली गरमाहट नहीं रही। इस तरह हम सब झूठ में जीते हैं और सच में जीने के लिए वह अपनी और अपनी पत्नी की साँसों में ग़रमाहट महसूस करने लगता है। इसमें शायद स्थिति का स्वीकार है, वह चाहे कितना ही आरोपित क्यों न हो। इस अन्त-बोध में आधुनिकता की प्रक्रिया अगर बन्द नहीं होती तो खुली भी नहीं रहती। इस तरह आधुनिकता के इस दौर की कहानियों में समकालीन वास्तव को कहानी के दौरान खोजने की अगर कोशिश है तो वह सफल-असफल है।

६—आधुनिकता को इन लेखकों की कहानियों में सीमित करना सीमित दृष्टि का परिणाम होगा। यह सही है कि डॉ० अवस्थी के लिए या किसी के लिए सब कहानियों के नाम गिनवाना संभव भी नहीं है। एक वजह यह है कि डॉ० अवस्थी अपने **नोट्स** में इसका संकेत ही कर सकते थे। इसकी दूसरी वजह यह है कि आधुनिकता एक प्रक्रिया है जिसे अनेक लेखकों ने अपने बोध और परिवेश के आधार पर स्वीकारा है। आधुनिकता का बोध नगर-बोध और नगरीकरण की प्रक्रिया से भी जुड़ा हुआ है। इसलिए बोध-परिवेश की बात करनी पड़ती है। एक महानगर में इसका बोध एक तरह का है और एक नगर में दूसरी तरह का। यह आवश्यक भी नहीं है कि परिवेश महानगर या नगर का हो। इस बोध को लेकर पहाड़ या गंज के परिवेश की भी कहानी का आधार बनाया जा सकता है। आधुनिकता के बोध का असर कहानी की संरचना और अन्त-बोध पर भी पड़ा है। डॉ० अवस्थी ने जब कहानी के **दौरान** वास्तव को पकड़ने की बात की तो इनका इशारा संरचना की तरफ़ भी था। क्या आधुनिकता की दृष्टि से गिरिराज किशोर, गंगाप्रसाद विमल, सुदर्शन चोपड़ा, धर्मेन्द्र गुप्त, महीपसिंह, से०रा० यात्री, विजयमोहन सिंह, अन्विता अग्रवाल आदि की कहानियों को आँकना असंगत होगा? डॉ० चन्द्रभूषण तिवारी के लिए अधिकांश लेखकों की कहानियाँ पुरानी पड़ चुकी लगती हैं। वह तो हिन्दी-कहानी के विकास-क्रम को टूटा पाते हैं।[1] यह उसी तरह है जिस तरह डॉ० अवस्थी को पहले की कहानी जड़ता की स्थिति में लगी थी। डॉ० तिवारी और डॉ० अवस्थी के दृष्टिकोणों में भी काफ़ी अन्तर है, लेकिन इनमें समानता डॉ० नामवर सिंह की

---

१. समारंभ—जनवरी-मार्च, १९७२।

जीवन-दृष्टि के बारे में है कि इन्होंने हिन्दी-कहानी को अपनी राह से भटकाया है, गुमराह किया है। क्या इस भटकन में आलोचक की निपुणता दोषी है? या लेखक का भोलापन? यह दूसरा सवाल है। इन कहानीकारों के बाद और इनके साथ-साथ अनेक नाम हैं जिनकी रचनाओं में आधुनिकता का बोध उजागर होता है। यहाँ पर इन सबका नाम एक साथ लेने से सूची बोर करने वाली साबित हो सकती है। इसलिए एक-एक को लेना बेहतर हो सकता है। **गिरिराज किशोर** की कहानी के बारे में अनेक शिकायतें हैं—यह इतनी ठंडी क्यों है, दम तोड़ने से पहले यह छलाँग क्यों नहीं लगाती आदि? छलाँग से आशय क्या है, यह पूरी तरह साफ़ नहीं होता। इस समय सवाल कहानी में आधुनिकता के बोध का है। इनकी कहानी के बारे में यह भी कहा गया है कि इसमें **आज की जिन्दगी का खोखलापन है,** खालीपन है, रिश्तों का टूटना है, बोरियत का बोध है। इनकी कहानी के बारे में यह शिकायत हो सकती है कि इसमें इन शब्दों से खूब खेला गया है, इन्हें आधुनिकता के नाम पर खूब उछाला गया है। गिरिराज किशोर की कहानी **पहचान** में एक खास तरह का मुहावरा है जो आधुनिकता के बोध को लिए हुए है।[1] साइकलों और कारों से बात शुरू होती है और इससे जो संकेत निकलते हैं इनमें आधुनिकता का बोध उजागर होने लगता है। इस कहानी में परिवेश एक नगर का हो सकता है, महानगर का नहीं जिसमें साइकलें कम देखने को मिलती हैं।

> हमें चलना चाहिए, सड़कें भरती जा रही हैं
> लोग गंदे पानी की तरह फैल रहे हैं
> उनका फैलना किसी मतलब से नहीं
> लेकिन मतलब बन गया है
>
> लेकिन हमारा भीड़ से मतलब नहीं, वह हमें
> पागल करार दे सकती है।
> भीड़ का कहना सत्य होगा
> एक से दूसरा आदमी भी भीड़ हो सकता है
>
> पगडंडियों के बारे में बात करना छोटापन है
> मैं सहमत हूँ। उनमें समानता नहीं होती
> अच्छा हम सड़कों के बारे में बातें करें।
> सड़कों पर भीड़ है।

---

१. आवेश १९६८।

इस तरह विसंगति का बोध गहराने लगता है और कहानी में किसी नतीजे पर न पहुँचने की बात भी आधुनिकता को रौशन करती है—

हूँ, निष्कर्ष पर पहुँचने को मैं मूढ़ता मानता हूँ
मैं अनुभव की स्थिति ही अन्तिम मानता हूँ

अनुभव की अन्तिम स्थिति कोई नहीं होती, आदमी की होती है। इसमें यदि निरन्तरता के बोध को आँका जाता है तो यह कहा जाएगा कि यह बैठे-ठाले है, बौद्धिक विलास है जो हिन्दी-कहानी को गुमराह कर रहा है। इस तरह भीड़ की बात के बारे में भी यह शिकायत की जा सकती है—

मैं फिर कहता हूँ कि वह भीड़ का आदमी है
मैं कह सकता हूँ कि वह भीड़ का आदमी है
वह खा-पी कर पैसे दे रहा है

यह आदमी क्या करेगा, सब-कुछ करेगा लेकिन हमें इसे केवल सलाम करना है। कहानी की तान सलाम के व्यंग्य में तोड़ी गई है—**अच्छा हुआ इसे सलाम कर लिया, यह कहीं भी मिल सकता है**। क्या व्यवस्था पर इस तरह की चोट सीधी चोट से कम गहरी है? गिरिराज की कहानी का अन्दाज़ फलसफाना हो सकता है, बयान तरल हो सकता है, लेकिन समकालीन आदमी की इस पहचान में आधुनिकता के बोध से इन्कार करना असंगत जान पड़ता है। लेखक की कुछ कहानियों में इसकी गवाही मिल जाती है। इन कहानियों में यदि परिणति का अभाव है तो यह शायद उस संरचना का परिणाम है जो आधुनिकता की प्रक्रिया से निरूपित है। इनकी कहानी में इन्सान के मन में गाँठें भी तरह-तरह की हैं, लेकिन इन्हें उजागर करने के लिए मानसशास्त्र या समाजशास्त्र के सिद्धान्तों का सहारा नहीं लिया गया है, इसका युग बीत चुका है। इनके कहने या पेश करने में यदि तटस्थता को बरता गया है तो यह शायद आधुनिकता के उस दौर को इङ्गित करता है जो इसे समकालीन कहानी से अलग कर सकती है। आज का कहानीकार शायद न तो तट पर बैठना चाहता है और न ही फेंस पर। यह बैठना भी चाहता है या नहीं—इसकी पहचान-परख बाद में ही हो सकती है। गंगाप्रसाद विमल जो शायद **अकहानी** आन्दोलन के नेता माने जाते हैं, आन्तरिक अकेलेपन, आन्तरिक खालीपन, अस्तित्व के भय, इन्सान के एकान्त, अस्तित्व के विराट भय के सवालों को लेकर अकहानी के चेहरे को उजागर करते रहे हैं। यह आवश्यक नहीं है कहानी पर इनकी बहस इनकी कहानी से मेल खाती ही। **विध्वंस** (१९६५), **शहर में** (१९६६), **बीच की दरार** (१९६८) तक इनकी अपनी कहानी के चेहरे की पहचान आधुनिकता की दृष्टि से करना बेहतर होगा। **विध्वंस** का मैं अनिश्चय की स्थिति में है, उसे कहाँ जाना है इसका उसे पता नहीं चल

रहा है। वह एक ठण्डे शहर में रहता है, फिज़ूल की बातों में अपने को चौबीस साल से दोहरा रहा है। उसकी पत्नी का देहान्त हो चुका है। वह कलाकार है, लेकिन अपनी तटस्थता को ओढ़े रखना चाहता है। वह विरोध से तटस्थ है, भीड़ से अलग है। इसलिए डॉ० विमल को आन्तरिकता की बात अक-हानी के बारे में या समकालीन कहानी के बारे में मानव की स्थिति और नियति दोनों से जोड़नी पड़ती है। इस कहानी में युद्ध का संकेत है, विध्वंस की तरफ़ इशारा है और भयानक चिट्ठी की बात, जो न भयानक है और न ही चिट्ठी है, कहानी में कुतूहल को कायम रखने के काम आती है। **विध्वंस** के अन्त-बोध से और इसमें नगर-बोध से आधुनिकता का बोध उजागर होता है, या इसका नक्शा तैयार होता है। इस कहानी की संरचना में अगर प्रयाग शुक्ल की कहानी के लटके हैं तो यह शायद इस दौर की आधुनिकता का संकेत देते हैं। डॉ० तिवारी की शिकायत यह है कि इस तरह की कहानी में लेखक की दुनिया पाठक की दुनिया से अलग हो जाती है और **अकहानी** लेखक पाठक की दुनिया की चीज़ बन जाती है। यह एक पेचीदा सवाल है कि कहानी का वास्तव बाहर के वास्तव से कितना मेल खा सकता है। **शहर में** कहानी बातचीत के अन्दाज़ को लिए है, लेकिन बात से बात केले के पात की तरह नहीं निकलती। आधुनिकता का नक्शा इन बातों को लेकर खींचा गया है—बोरि-यत, अकेलापन, परायापन, व्यर्थता, मौत, नंगापन। इन पर बातें करने के लिए डायरी का सहारा लिया गया है। एक विदेशी पात्र को इसमें इसलिए रखा गया है कि इनके बोध को गहराया जा सके। डाक्टर-लेखक इनका माध्यम बनता है जो कहानी के अन्त में इन्तज़ार कर रहा है—न जाने किस बात का, शायद किसी बात का भी नहीं, या शायद बिजली जलने का। **डाक्टर या मैं** उकता गया है, पर वह निश्चय नहीं कर पा रहा है कि वह कहाँ जाएगा। इस अन्त-बोध में भी आधुनिकता की प्रक्रिया जारी रहती है। इस तरह अकहानी में आधुनिकता के नक्शे को पूरा किया गया है। इस कहानी में नगर-बोध भी आधुनिकता के बोध की तह में है। कालिसंगा सरीना से छह सौ रुपये पाकर शहर में एक 'नंगे आदमी की तरह महसूस करता है।' इसमें अगर लड़ने की बात है तो यह केवल बात में है, मरने की बात है तो यह महज़ बात में है। डायरी भी नये विषयों पर बातें शुरू करने के काम आती है और बातें आधुनिकता का नक्शा तैयार करने के लिए हैं। बात अगर खुद नहीं बोलती या कहानी के बीच से नहीं निकलती तो इसे बुलवाया और निकाला जाता है। **बीच की दरार** की संरचना इससे हट कर है। इस कहानी को इस सम्पा-दकीय लटके के साथ छापा गया कि यह वादों से हट कर है, वास्तव का सीधे सामना करती है। इस तरह एक कहानी-परिवार के सम्पादक की दृष्टि जब

बदलने लगती है तो कहानी इसके अनुसार बदलने की गवाही देने लगती है। इस लटके से डॉ० अवस्थी की बात को सम्पादकीय जामा पहनाया गया है। क्या इसमें आधुनिकता को खोजना या खोज निकालना संगत है? इसमें एक बालक और उसके परिवार की कहानी है जिसे एक बालक की ज़बानी कहा गया है। वह एक छोटे कस्बे में अकेलेपन और बरफ़ से घिर गया है। रेगिस्तान में अगर रेत ज़िन्दगी को रेत में बदल सकती है तो पहाड़ पर बरफ़ जीवन को बरफ़ में क्यों नहीं बदल सकती? इसमें पिता का इन्तज़ार अन्त में इन्तज़ार बनकर अन्त को खोल देता है और बरफ़ का धीरे-धीरे गिरते रहना मौत के बोध को बरफ़ा देता है। इस सबमें **अकहानी** वाली आधुनिकता न सही, तो क्या **दौरान** के दौर वाली आधुनिकता उजागर नहीं होती? इस तरह डॉ० विमल की कहानी में आधुनिकता का बोध कभी साँचे में ढला हुआ है तो कभी साँचे से हटकर है, कभी **आधुनिकवाद** की गवाही देता है तो कभी आधुनिकता की। ममता कालिया भी **अकविता** के आन्दोलन से जुड़कर **अकहानी** में आधुनिकता के इस दौर का परिचय देती हैं। इनकी कहानी में रिश्ते तड़क रहे हैं, सम्बन्ध टूट रहे हैं, लेकिन इनकी खोज या तलाश नहीं है। कहानीकार तट पर बैठकर या तटस्थ होकर समकालीन वास्तव के रोड़ों को पकड़ने की कोशिश में हैं। इनसे यह शिकायत करना, कि वह गहरे में उतर कर मोतियों को क्यों नहीं बटोर कर लातीं, बेकार है। इनकी **बीमारी** कहानी में आधुनिकता का बोध रिश्तों के तड़क जाने में उजागर होने लगता है। बहन की बीमारी का सारा हिसाब भाई ने जोड़ रखा है। वह अस्पताल जाने से पहले इस हिसाब का चेक काटकर टैक्सी के इन्तजार में है। इस घर में वह अपने को उसी तरह कटा पाती है जिस तरह अस्पताल में एक रोगी। नगर का परिवेश एक बड़ा अस्पताल है और बहन की बीमारी नगर-बोध की एक बड़ी बीमारी है। टैक्सी का इन्तज़ार करने में उसकी नियति और अस्पताल जाने में उसकी स्थिति तक कहानी का दायरा विस्तार पाने की गवाही देने लगता है और अन्त खुलकर संरचना की दृष्टि से आधुनिकता के बोध को उजागर करने लगता है। **विजय चौहान** की कहानी को खासा आधुनिक होने के झूठे अहं को निभाने वाली कहा गया है, लेकिन यह कहानी को कहानी नहीं होने देती। इस आधार पर इसकी कमज़ोरी को आँका गया है।[1] यदि यह पहचान और परख सही है तो यह भी सही है कि महज़ आधुनिकता से कहानी नहीं बनती। आज कहानीपन को एक नये नारे के तौर पर बुलंद किया जा रहा है। क्या आधिुनकता कहानीपन को तोड़ती है? इसके पुराने ढाँचे या सिलसिलेपन

---

१. समीक्षा—अप्रैल, १९७१।

को अवश्य तोड़ती है। इस ढांचे में आज के जटिल वास्तव को फिट नहीं किया जा सकता। इसके अलावा यह भी सही है कि **कहानीपन** के बाड़े में आधुनिकता का निषेध नहीं है। आधुनिक होना एक बात है और आधुनिकता का बोध दूसरी बात है। यदि किसी कहानीकार की रचना में आधुनिक होने का दंभ है तो इससे आधुनिकता का सम्बन्ध नहीं है। विजय चौहान की कहानी **स्रोत से समुद्र तक** में स्टेशन मास्टर एक उजाड़ रेलवे स्टेशन पर अपने निपट अकेलेपन से लड़ने के लिए अभिशप्त है। उसका परिवार शहर में है और वह वीरान में है। वह शाम को एक सवारी (प्रमोद) को अपने घर घसीट लाता है ताकि अकेलेपन को काटा जा सके। इस बीच नशे में उसके मन की परतें खुलने लगती हैं। वह रात को एक गरीब लड़की कमला के साथ सोता है और उसे बेटी कह बैठता है। इस तरह प्रमोद कमला की छोटी बहिन विमला के साथ सो जाता है। इन दोनों को एक साथ बाँधा गया है ताकि कमला की बात को विमला के माध्यम से दोहराया जा सके, लेकिन इसका अभी इन्तजार है, विमला अभी बहुत छोटी है। इस तरह अनेक कमलाओं और विमलाओं की यह स्थिति है जो अरक्षा का परिणाम है। यह स्थिति एक प्रश्न बनकर सामने आती है जिसका कहानी में जवाब नहीं दिया गया है। कहानी का अन्त इस तरह होता है—'प्रमोद कहना चाहता था बिटिया...। लेकिन उसके होंठ धीरे से हिले। उसके पास आवाज़ नहीं थी। मेलगाड़ी घड़घड़ाती हुई आई और धरती को कँपाकर चली गयी, जहाँ अपने नन्हें से हाथ से विमला प्रमोद का हाथ थामे खड़ी थी। इस खुले अन्त-बोध से पाठक यह सोचने के लिए विवश हो जाता है कि स्रोत क्या है, समुद्र क्या है। स्टेशन मास्टर कमला को लील गया, प्रमोद विमला को लीलने जा रहा है। इस तरह स्रोत (अथ)से समुद्र (अन्त) तक यह चल रहा है, लेकिन कब तक ? इसका जवाब कहानी के पास नहीं है और यह शायद आधुनिकता के बोध का परिणाम है। असल में आधुनिकता की रूढ़ियों की बात जब की जाती है तो इसके दो पहलू हैं। एक पहलू तो पहले के दौर की आधुनिकता का है जो पुरानी पड़ चुकी है, जड़ हो चुकी है और दूसरा पहलू आधुनिकता को फैशन के तौर पर अपनाने का है। यह एक तरह का मुखौटा है जिसे कहानीकार पहन लेता है। **विजय मोहन सिंह** अपनी कहानी **टट्टू सवार** में इस मुखौटे को उतारना चाहते हैं और इसे उतारने में आधुनिकता के बोध की गवाही भी देते हैं। इसमें संवाद उन बातों को लेकर है जिनमें पाश्चात्य चिन्तन है जो आधुनिकता को उजागर करता है—'मैं किसी तरफ़ हो नहीं सकता। मैं किसी बात के विरुद्ध हो भी कैसे सकता हूँ।'[1] 'असल में किसी

---

१. आवेश १९६८।

तरफ़ न होने में सबसे बड़ा सच है। इसी तरह कुछ भी करना बेकार है, फिर भी तुम कुछ करने का ढोंग करते हो। अन्त में सारी चीज़ें वहीं लौट आती हैं, फिर भी तुम चलते हो और चलना पसन्द करते हो ? आखिर यह क्या है ? आदमी की हालत शायद खटमल से बेहतर नहीं है।'[1] इस तरह के लटके कहानी में आधुनिकता के बोध को लिए हुए हैं। इस कहानी को फैंटेसी का जामा पहनाया गया है। एक आदमी रेस्तेराँ में घुस आता है जहाँ इस तरह की बातें चल रही हैं। उसके हाथ में एक मरा हुआ चूहा है जो उस संस्था का संकेत देता है जो सारी दुनिया में षड्यन्त्र कर रही है। यह चूहा इस बात का भी सबूत है कि घटनाएँ पक गई हैं और वे अब फटने वाली हैं। इसके बाद टट्टू दरवाज़े के सामने लाया जाता है। वह बौखलाहट में उठकर, छलाँग लगाकर उस पर सवार हो जाता है। इस कहानी में मैं दो भागों में विभाजित है। एक भाग में वह आधुनिकता के झूठ से उबरना चाहता है और दूसरे भाग में वह यह सोचता है कि वह कितने सशक्त व्यक्ति के सामने बैठा है जो आधुनिक है। इस तरह आधुनिकवाद के मुखौटों की असलियत खुलकर सामने आती है और इस अन्त-बोध में आधुनिकता की प्रक्रिया जारी हो जाती है। आधुनिकता की रूढ़ि को या आधुनिकवाद को आधुनिकता की धार से काटा गया है। क्या इस कहानी में आधुनिकवाद का झूठा विरोध है ? इसके सच-झूठ को परखने के लिए अलग-अलग कसौटियाँ हैं। इनकी **कितना अलग** नामक कहानी में विसंगति का बोध है, इसकी अन्तिम तान मुँह में कै भर जाने के साथ टूटती है। **भीड़ के बाद** कहानी में एक नेता का व्यंग्यात्मक रेखा-चित्र है जो भीड़ से घिर जाता है। वह भीड़ को अपनी पालतू बिल्ली की तरह पहचानने वाला है। यह उसकी नसों में उतरती जाती है। अन्त इस बात पर किया गया है कि वह भीड़ से न तो प्यार कर सकता है और न ही नफ़रत। उसका पावन क्रोध भी बेकार है। भीड़ को आतंकित और चकित छोड़ता हुआ वह उस सड़क से पहली बार गुज़र रहा है। इस गोलमोल अन्त के साथ कहानी की समूची संरचना गोलमोल हो जाती है। इसलिए शायद इनकी कहानी के बारे में यह दावा किया गया है कि यह कहानी के पुराने ढाँचे को तोड़ती है जिसे बहुत पहले तोड़ा जा चुका है, एक नयी रचना-भूमि का शिलान्यास करती है जिस पर पहले एक इमारत भी खड़ी हो चुकी है। क्या इनकी कहानी में कहीं तथाकथित **अकहानी** की आधुनिकता तो उजागर नहीं होने लगती ? कहानी के पुराने ढाँचे को तोड़ने का मतलब यह लिया गया है कि कहानी के संसार में कुछ न घटे, **बातचीत ही घटती रहे**। यह इसलिए कि जीवन में कुछ घटता

---

१. टट्टू सवार—१३१।

ही नहीं है। इसलिए समकालीन वास्तव को कहने के लिए घटना ही बेकार है। इसे तलाशने के लिए कहानी के बीच यह संभव है। आधुनिकता की प्रक्रिया को किसी कठघरे में बन्द भी नहीं किया जा सकता और न ही यह हाथी का पाँव है जिसके नीचे सब-कुछ समा सकता है। अगर कहानीकारों को बुरा न लगे तो इनकी अधिकांश कहानियाँ अधकचरी, अपच आधुनिकता को उजागर करती रही हैं। इसमें संदेह नहीं है कि आधुनिकता की जुगाली करने की कोशिश भी साथ-साथ जारी रही है। यह किस तरह है इसका जवाब कहानी देती है। **सुदर्शन चोपड़ा** की कहानी **पहली सुबह**[1] में **मैं** लेटकर इन्तज़ार की स्थिति में है। उसके पास कुछ करने को नहीं है, हाथ लटकाकर सालिम सिगरेट को फरश पर तोड़ देने के सिवाय। इसके बाद चाय और सिगरेट की तलब। इसके साथ सेक्स की बात कहानी में आम तौर पर जुड़ जाती है और यह एक रूढ़ि बन जाती है। अब कहानी का मैं फिर **खाली होकर इन्तज़ार के बोध से** घिर गया है। रेडियो से रवीन्द्र-संगीत की मातमी आवाज़ निकलने लगती है। रेडियो बन्द करने के बाद बूट पालिश करने का बड़ा काम है। इस तरह की बातों से बोरियत और खालीपन का बोध गहराने लगता है—पेट में हाजत, नहाना, पत्नी का मैला-फटा पेटीकोट देखना आदि। **मैं** की यह स्थिति बिखराव की है, उमा के देहान्त के बाद की है। उसका टुथब्रुश हाथ लगते ही **मैं** अतीत में डूबने लगता है। इसमें भावुकता की बजाय बिखराव ही बिखराव है। यह पत्नी के मरने के बाद पहली सुबह है जिसका संकेत कहानी के दौरान मिलता है, इसे दिया नहीं गया है। आगे-पीछे कुछ न रहने की बात से आधुनिकता का बोध होने लगता है। भाषा की भंगिमा में भी ताजगी है। **मैं** अब महसूस करने लगता है—मुझे आज से शुरू करना होगा। (चौथे की रस्म का इन्तजार करना बेकार है) **मैं** के सारे बिखराव में पत्नी की मौत एक गाँठ थी जो अब खुल गई है। यदि यह खुल गई होती तो **मैं** की जेब में पैन क्यों नहीं है और वह घर खुला छोड़कर बाहर क्यों चला जाता है। गाँठ खुलकर भी नहीं खुली है। अन्तिम तान औरतों के इस ताने में टूटती है— 'अरी दीदी, माँ मरी है तो राजू की मरी है, इसकी तो टाई की गाँठ भी ढीली नहीं हुई है।' इस व्यंग्य में कहानी का खुला अन्त आधुनिकता के बोध का सबूत है। **सुदर्शन चोपड़ा** के कहानी-संकलन **सड़क दुर्घटना** की अधिकांश कहानियाँ नगर-बोध से जुड़ी हुई हैं, **जड़ें, खास पाहुना, ऊब, पुल, सड़क दुर्घटना** दिल्ली के परिवेश से; **स्वीकारान्त, पहली सुबह, खण्डित कथा, इन्तज़ार, धड़कन** कलकत्ता के परिवेश से। यदि कलकत्ता वाली कहानियों में

१. सड़क दुर्घटना।

आधुनिकता का बोध अधिक गहरे में है, तो क्या यह महानगरी के बोध का परिणाम है जहाँ नगरीकरण की प्रक्रिया अधिक गहरे में है, दियोनीसस इस महानगरी में अधिक गहरे में **धंस** गया है। **धर्मेन्द्र गुप्त** की कहानी **का पुरुष** (१९७०) में आधुनिकता का बोध उथले में है, दियोनीसस के नगर में केवल **घुस** जाने की गवाही देता है। इस कहानी में कापुरुष मनु या मनोरमा जैसी संस्कारी घरेलू, साधारण लड़की से, जो थोड़े अभियान के बाद ज़िन्दगी-भर चिपक जाती है, उलझने से कतराता है। दोनों पढ़ाने का काम करते हैं और दोनों इससे छुटकारा पाना चाहते हैं, एक की इससे नफ़रत है और दूसरी इसे घर बसाने में बाधा समझती है। आस-पास से दोनों के कट जाने में महानगर का बोध है। आलिंगन-चुम्बन में मित्रता का झूठ और कायरता का सच कहानी के ताने-बाने में है। इसमें आधुनिकता का बोध पुराने दौर का है जिससे कहानी गुज़र चुकी है, लेकिन फिर गुज़रने से बाज़ भी नहीं आ रही है। इसलिए दशकों में कहानी या आधुनिकता को बाँटना कहाँ तक संगत है—इसका जवाब इस तरह की अनेक कहानियाँ देती हैं। वह चाहे **अनीता औहलक** की **लाल परान्दा** हो, अन्विता अग्रवाल की **अँधेरे में** कहानी, **एक्सीडेंट** या **कटी हुई तारीखें** हों,[1] वेद राही की **दरार**, **हर रोज़**, **भुरभुरी नींव** हों',[2] या से० रा० यात्री की **जीनियस की दुम** या **अनासक्त** हों।[3] इनमें आधुनिकता का बोध पहले दौर का है जिसे हर लेखक ने निजी परिवेश में स्वीकारा है। अनीता औहलक ने लाल परान्दे के माध्यम से जो होने वाली शादी का संकेत देता है, दो बहनों के सूनेपन-अकेलेपन को आयरनी के स्तर पर उतारा है। अन्विता अग्रवाल की कहानी में श्रीकान्त के अनुसार युवक-युवतियों के अधूरे, टूटे संसार का साक्षात्कार है, लेकिन यह तो एक अरसे से टूट रहा है और अधूरा पड़ गया है—स्थिति की दृष्टि से टूट रहा है और नियति की दृष्टि से अधिक अधूरा पड़ रहा है। इस निजी संसार से किसी का गिला करना कि यह निजी क्यों है, ठोस संसार से टकराता क्यों नहीं है, संगत नहीं जान पड़ता। इसी तरह किसी का यह शिकायत करना भी, कि अन्विता की कहानियों में अनेक पात्र विदेश के पथ पर क्यों हैं, देश से क्यों बाहर जा रहे हैं, संगत नहीं जान पड़ता। यह सही है कि सब कहानियों में परिवेश महानगर का है और बोध उस दौर की आधुनिकता को लिए हुए है जो मोह और उसके भंग की है, पुराने दौर की है। इसे किसी त्रुटि के रूप में आँकना भी आरोपित दृष्टि का परिणाम

---

१. मुट्ठी भर पहचान।
२. दरार।
३. दूसरे चेहरे।

होगा। **कटी हुई तारीखें** में उस लड़की की मानसिक स्थिति को पेश किया गया है जो अपने पापा-ममी से कट गई है, होस्टल में रहती है। उसकी छुट्टियाँ हो गई हैं, लेकिन वह कहीं जा नहीं पाती। ट्रंककाल के न मिलने पर तार का कागज़ उसी की मुट्ठी में कसमसाता रह जाता है और सामने टँगे कैलेंडर के बाकी अंक काले पड़ जाते हैं। इनके फैलने में आधुनिकता का बोध भी फैलने लगता है। **अँधेरे में** कहानी का कथानायक पड़ोस के परिवार में बेटे के मर जाने पर मनहूस स्थिति का शिकार है। वह उसकी मौत को इतना महसूस नहीं करता जितना उसे शोक का मुखौटा पहनना पड़ता है। इस स्थिति में उसका भतीजा उससे पूछ बैठता है—चाचा जी, आप भी मरेंगे? इस आखिरी सवाल में वह डर से घिर जाता है, उस पर मौत का डर हावी हो जाता है। अब वह अँधेरा और मौत दोनों से डरने लगता है। उसे लगता है कि अँधेरा उसे लील जाएगा।···उसका सारा शरीर काँप रहा होता है···और उस अँधेरे से बचने के लिए डर के मारे वह अपनी आँखें खोल देता है और आँखों के खुलने में कहानी का अन्त भी खुलकर आधुनिकता के बोध को उजागर करता है। **सुधा अरोड़ा** की कहानी में भी शहर के युवकों और युवतियों की परेशानियाँ हैं। इन्हें कहने में वह न केवल कलागत तटस्थता का सबूत देती है, आधुनिकता के उस बोध का भी जो मोह और उसके भंग की स्थिति का है। **बगैर तराशे हुए** (१९६८) जो किसी के नाम नहीं है, कहानी-संकलन में **आग** (१९६८) कहानी इस बोध की साक्षी देती है। **वह** निगम को रिसीव करने के लिए स्टेशन पर जाती है, लेकिन खाली हाथ लौटती है। निगम अगले दिन अपनी मंगेतर को मिलने के लिए **वह** के घर टपक पड़ता है। **वह** और निगम में जो बातचीत चलती है वह युवक और युवती में आम अन्दाज़ की है। **वह** का घर माँ-बाप में तनाव की वजह से मनहूस है, इसलिए उसे अपनी ज़िन्दगी रेचेड लगती है। **वह** अपनी डायरी के पन्नों से जोंक की तरह चिपकी रहती है। अपने भीतर टूटती चीज़ों का उसे पूरा एहसास है। निगम की डायरी में दो पते दरज़ हैं। यह इसलिए कि उसे डर लगता है कि यात्रा के दौरान अगर एक्सीडेंट हो जाए तो उसके मर जाने या घायल होने पर किन पतों पर सूचना दी जाए। इनमें एक पता कलकत्ता का है और दूसरा उसके अपने घर का। वह समझती है कि कलकत्ता वाला पता उसका है, लेकिन निकलता निगम की मंगेतर का है। उसे झटका लगता है और वह झेंप जाती है। उसका मोह-भंग होता है और इसमें आधुनिकता का बोध है—अपनी डायरियों को आग लगाने में, उन डायरियों को जिनके कागज़ मज़बूत हैं, जो जलने में देर कर रही हैं। इनका धुआँ बाथरूम की खिड़की से बाहर होकर कहानी के अन्त को उसके बाहर कर देता है। इस तरह अन्त-बोध में आधु-

निकता का बोध होने लगता है। सुधा अरोड़ा की अन्य कहानियों में भी भावुकता से उबरने की कोशिश है जो आधुनिकता के एक दौर को सूचित करती है, लेकिन **बलवा** कहानी इनसे हटकर है, निजी परिवेश के दायरे से निकलकर बाहर के परिवेश से जुड़ने की कोशिश में है। इनकी सब कहानियों में आधुनिकता का बोध नगर-बोध से जुड़ा हुआ है। अन्विता अग्रवाल और सुधा अरोड़ा की कहानी में अन्तर यदि है तो यह इनके नगर-बोध में है, लेकिन भाषिक संरचना की दृष्टि से दोनों ने अपने-अपनें मुहावरे की खोज की है। दोनों में सहजता का अन्दाज़ है। यह शायद इसलिए कि इनमें आधुनिकता का बोध अधिक गहरे में नहीं धँस पाया है। **वेद राही** की कहानी के बारे में यह दावा किया गया है कि संत्रास के बोध के लिए पश्चिम का मुँह ताकना आवश्यक नहीं है, भारत में इसकी कमी नहीं है। इसलिए इनकी कहानी की गंध हर कसौटी पर **भारतीय** है। संत्रास की बात इसलिए करनी पड़ी है कि इसे आधुनिकता के बोध से जोड़ा गया है। इनकी कहानी **हर रोज़** में इसे आँका जा सकता है। साठे सफ़र से घबराने वाला आदमी नहीं है, वह हर रोज़ कम-से-कम दस बरस से दादर-बोरविली स्टेशनों में सफ़र करता रहा है। आज साठे को धीमी चाल वाली गाड़ी मिली है। यह उसे इसलिए भाया है कि इस बीच बच्चे खा-पीकर सो चुके होंगे और बीवी सोना चाह रही होगी। यह एक महानगर के परिवेश की ज़िन्दगी है। उसकी नज़र गाड़ी के दरवाज़े पर खड़े एक आदमी पर पड़ती है। जो परिचित भी है और नहीं भी। इस तरह महानगर में एक-दूसरे की शक्ल से ही परिचित होना संभव है। इसमें अजातीयता का बोध उजागर होने लगता है जो नगर-बोध का परिणाम है। वह आदमी गाड़ी के दरवाज़े से लटक रहा है जैसे शून्य में लटक रहा हो, दुनिया से बेखबर। उसके न रहने से दुनिया में क्या होगा—इसे सोचने की उसे ज़रूरत ही नहीं है। साठे कभी अपनी दुनिया में डूब जाता है तो कभी बाहर की दुनिया में आ जाता है। इस बीच बाप-बेटे के सम्बन्ध को टूटने की स्थिति में इंगित किया गया है। कहानी की चरम परिणति दरवाज़े से लटके आदमी की मौत में होती है। इसके बाद अनुमानों की झड़ी लग जाती है—वह गिर पड़ा होगा, कूद गया होगा, कट गया होगा, वह बच भी सकता है। साठे को उसके गिरने का पता ही नहीं चला। वह सोचने लगा, गिरने वाला आदमी **वह** नहीं है। आदमी की लाश को डिब्बे में रख लिया गया है और सवारियों की यह शिकायत है कि गाड़ी दस मिनट लेट हो गई है। यह स्थिति पर करारा व्यंग्य है। साठे को अफ़सोस इस बात का है। कि उसने आदमी को दरवाज़े से हटने के लिए क्यों न कहा जब यह उसके पास झूल रहा था, लेकिन यह अफ़सोस अपनी ऐनक के शीशों को गन्दे और बदबूदार रूमाल से पोंछने में पुंछ जाता है और

कहानी का अन्त समकालीन कहानी के अन्त की तरह इसके बाहर होकर आधुनिकता की प्रक्रिया को इंगित करने लगता है। यह दास्तान कहानी के माध्यम से कहानी की न होकर आधुनिकता की है जिसकी गवाही संत्रास के बोध में मिल जाती है। वेद राही की कहानी **दरार** में भी संत्रास का बोध है। इन कहानीकारों को कभी नये कहानीकारों का नाम दिया गया है तो कभी समकालीन कहानीकारों का, कभी सातवें दशक के कहानीकारों का तो कभी सचेतन कहानीकारों का। इन्हें कभी नाम से पुकारा गया है तो कभी विशेषण से। असल में इन कहानीकारों ने आधुनिकता की दृष्टि से बाहर-भीतर के वास्तव को पकड़ने, कहने, पेश करने या उजागर करने की कोशिश की है। बल कभी भीतर पर है तो कभी बाहर पर। इसी तरह कहने, पेश करने और उजागर करने में इनका अपना-अपना ढंग है। इनकी आधुनिकता को कभी ओढ़ा हुआ कहा गया है तो कभी पहना हुआ, कभी पाश्चात्य तो कभी भारतीय। इसमें न तो आधुनिकता की पहचान की भाषा है और न ही समय की। इससे किसी को उठाने-गिराने की, कहानी-परिवार के पालन-पोषण की गंध आती है। कहानी में कहाँ, किस तरह, कैसे आधुनिकता बोलती है इस आवाज़ को सुनना है, न कि यह ऐसे क्यों बोलती है और ऐसे क्यों नहीं बोलती। **महीपसिंह** की कहानी **नींद** (१९७०) में भीतर के वास्तव को आधुनिकता की दृष्टि से पकड़ने की कोशिश में **वह** का चेहरा पकड़ में नहीं आता। 'उसके चेहरे पर कुछ नहीं था—न दुविधा, न संकोच, न असमंजस, न मज़ाक, न ताड़ना—कुछ भी नहीं। उसका चेहरा वैसा ही था जैसा हमेशा रहता है—बड़ा गहरा-सा, बड़ा डूबा-सा, बड़ा भटका-सा।...वह एक रपटीली ज़मीन है जहाँ पैर टिकते ही नहीं।' क्या समकालीन आदमी का चेहरा जिसे उतारा जा रहा है बुत बन गया है या इसे बुत के रूप में तराशा जा रहा है? बात नींद न आने से शुरू होती है। यह इसलिए नहीं कि उसकी मौत का दिन निश्चित या अनिश्चित है। वह अरशी के घर आया है जहाँ सब-कुछ सूना है, कुछ घटता नहीं है। वह अरशी का दूर से रिश्तेदार भी है। इस रिश्तेदारी का रंग सफेद पानी की तरह होता है जिसमें किसी रंग को घोला जा सकता है। एक ही कमरे में **वह** और **अरशी** सोने की कोशिश में हैं, रेडियो चल रहा है जो अँधेरे में संवाद जारी करने का माध्यम बनता है। उसे लगता है कि उस बिस्तर पर कुछ हलचल हो रही है और **हलचल सचेतन** कहानी का अंग है। इस घर में कुछ घटने की आशंका में या घटने के इन्तज़ार में उसका हाथ मच्छरदानी के बाहर होकर लम्बा होता जा रहा है और पास के बिस्तर पर यानी रिश्तेदार लड़की के बिस्तर पर पहुँच गया है। रात-भर सोते-सोते खरगोश जैसी मुलायम चीज़ को महसूस करने के बाद **वह** जाने की तैयारी करने लगता है। उस घर में

जागने के बजाय वह स्टेशन के वेटिंग रूम में सोना बेहतर समझता है। क्या इस कहानी में सातवें दशक की आधुनिकता का बोध है या किसी पहले के दौर की ? क्या इसमें आधुनिकता है भी या नहीं है ? इस तरह के कई सवाल उठ खड़े होते हैं जब आधुनिकता ठोस मूल्यों में या निश्चित दशकों में ढलने लगती है। इसलिए आधुनिकता की पहचान के लिए इनसे परहेज़ करना पड़ता है। **भीमसेन त्यागी** ने **दीवारें और दीवारें**[1] कहानी में आधुनिकता के बोध को उजागर करने के लिए यदि फैंटेसी के माध्यम को अपनाया है तो इसका मकसद यह है इस कहानी का कथ्य इससे बेहतर पकड़ा जा सकता है। वह एक रोज़ सुबह उठकर पाता है कि उसके कमरे के तमाम दरवाज़े, खिड़कियाँ, रोशनदान बन्द हैं। उसकी पत्नी नौकरी करती है, इसलिए वह अपने पति को चाय बनाने के लिए कहना अपना हक समझती है। वह दिन निकलने का इन्तज़ार करने लगता है, लेकिन दिन शायद दिन नहीं रहा, एकदम बन्द कमरे में। चारों तरफ़ सपाट दीवारें ही दीवारें हैं। वह में स्थिति का स्वीकार आधुनिकता और व्यर्थता के बोध को लिए हुए है। पहले भी उसे लगा था, दरवाज़े आदि गायब होते जा रहे हैं। इसलिए यह सब एकदम नहीं हुआ है, धीरे-धीरे हुआ है। उसकी सोच में बेहूदा बातें उठनी शुरू हो जाती हैं—पत्नी की नरम और चिकनी जाँघों से साटन के लिहाफ़ तक। इनका सिलसिला झटका खाकर टूट भी जाता है। मिस्टर खन्ना उसकी पत्नी का अफ़सर है जिसे लिपस्टिक का हल्का गुलाबी शेड पसन्द है और जिसे उसकी पत्नी शौक से लगाती है। पूरी तरह इस कमरे में बन्द उसकी पत्नी का आज खन्ना साहब के साथ जाना बन्द हो गया है। पहले वह टिच-बटन की तरह चिपका रहता था, लेकिन आज उसे अजनबी बताया जा रहा है। इस तरह पति-पत्नी के जीवन में पत्नी की नौकरी किस तरह दरार डाल देती है—इसे खूबी से निभाया गया है। इनके जीवन में संशय का कीड़ा लग गया है। यह कथ्य तो पुराना है, लेकिन इसके बयान का अन्दाज़ नया है। इनकी आपसी बातचीत में आधुनिकता का बोध उभरने लगता है, जैसे 'कोई न कोई ज़रूर आया होगा, तुम कहती हो तो ज़रूर आया होगा, तो यह सब कैसे हो गया, मालूम नहीं, कुछ मालूम भी है, तुम्हें यह भी मालूम नहीं, न जाने कब तुमसे छुट्टी होगी, छुट्टी तो आज ही थी।'[2] इस तरह के संवाद में या इस तरह के कथन में कि एक कीड़ा दिमाग में दबकर दूसरे कीड़े को इसमें उभारता है। इस कहानी में बातचीत की प्रयोग-पद्धति को आँककर एक बाड़ेबाज़ आलोचक इसे फटकार सकता है,

१. दीवारें ही दीवारें—१९७०।
२. दीवारें और दीवारें—पृ० ८२।

लेकिन वह इसमें आधुनिकता से इन्कार नहीं कर सकता। इस कहानी में व्यर्थता का बोध विसंगति की हद तक पहुँचने की कोशिश में है—'तरकीब (बाहर निकलने की) जब है ही नहीं, तो सोचने से क्या फायदा? और तरकीब होती तो भी क्या फायदा।'[1] **वह** के मन में कभी खयाल ही नहीं आया कि ज़िन्दगी का अन्त ऐसे बेढंगे तरीके से होगा। सपाट दीवारों के इस तंग कमरे में वह कैद है। क्या यह कैद मानव की नियति का संकेत नहीं देती? **वह** निजात पाने के लिए छोटे-छोटे काम शुरू कर देता है। पत्नी अब इसलिए खुश है कि वह एक पति बनता जा रहा है। इसमें व्यंग्य का पुट गहराने लगता है। इसके बाद पत्नी को मौत का डर सताने लगता है, लेकिन **वह** भूल ही जाता है कि दोनों सपाट दीवारों के एक तंग कमरे में कैद हैं और मौत का संत्रास उस पर हावी है। पत्नी जब डर से बचने के लिए उसे अपने साटन के लिहाफ़ में खींच लेती है तो उसे लगता है कि आदमी वही है और वह पति से अलग हो जाती है। **वह** भी अपने बिस्तर पर लिहाफ़ से मुँह ढककर सो जाता है जो पत्नी को सदा खलता रहा है। इस स्थिति के स्वीकार में जिस तटस्थता को बरता गया है वह आधुनिकता के बोध को लिए हुए है। इस अन्त-बोध में सो जाने की बात में, जब मौत इस पर हावी है, आधुनिकता की प्रक्रिया को आँकना असगत न होगा। भीमसेन त्यागी की अनेक कहानियों में इस तरह के खुले अन्त का सामना करना पड़ता है—वह चाहे **एक और विदा** हो या **महानगर**; लेकिन अन्त जब अनेक कहानियों में बिस्तर पर लेटने के साथ होने लगता है तो यह एक रूढ़ि बनने का खतरा मोल ले लेता है।

१०—इन कहानीकारों की अधिकांश रचनाओं में आधुनिकता का बोध उथले में लग सकता है और इसके कारण भी हो सकते हैं। इनमें संरचना की सहजता भी सरलता का आभास दे सकती है और इसका मतलब यह भी नहीं है कि गहरे में उतरने के लिए जटिलता आवश्यक है। इसमें संदेह नहीं है कि समकालीन वास्तव इतना पेचीदा होता जा रहा है कि कहानीकार या कथाकार के लिए एक चुनौती बनता रहा है। मानव की स्थिति और नियति दोनों जटिल से जटिलतर होती जा रही हैं। इसलिए इसके हर पहलू पर फिर से सोचने और कहने की आवश्यकता महसूस हो रही है। आधुनिकता का बोध इस चिन्तन का परिणाम है—वह चाहे इन्सान की ज़िन्दगी और मौत के बारे में हो, उसकी सामाजिक स्थिति के बारे में हो, विगत, आगत, अनागत या इतिहास-बोध के बारे में हो। इन टेढ़े सवालों से अनेक सवाल जुड़ जाते हैं। आमतौर पर आधुनिक लेखन में मानव की तस्वीर को इस तरह उतारा गया है कि वह स्वभाव

---

१. दीवारें और दीवारें पृ० ८७।

से अकेला है, असामाजिक है, दूसरों से सम्बन्ध स्थापित नहीं कर सकता। मानव का अकेलापन गहरे में है और सम्बन्ध सतही और संयोगवश हैं। इसी तरह वह बुनियादी तौर पर अकेला है। इस तरह का अकेलापन वैयक्तिक अकेलेपन से भिन्न है। इन कहानियों में अकेलेपन का बोध इतना बुनियादी नहीं है जितना वैयक्तिक है। यह आधुनिकता के पहले दौर का अवशेष है जिसमें आज रोमांटिक बोध को आँका जा सकता है। इसी तरह इन कहानियों में कथा-नायक, यदि वह है, अपनी अनुभूति की सीमा में संकुचित हो गया है या सिकुड़ गया है। उसे यह लगता है कि वह इस दुनिया में विना किसी मकसद के झोंका गया है। यह तस्वीर का एक पहलू है, आधुनिकता के बोध का एक पहलू है, लेकिन इसका मतलब यह नहीं है कि इसका दूसरा पहलू हो ही नहीं सकता। इसकी गवाही कुछ कहानियों में मिल जाती है जिसका संकेत अपनी जगह दिया जाएगा। आधुनिक लेखन में विचारधारा की भिन्नता है, एक-दूसरे से विरोध भी है। इसलिए आधुनिकता के बोध को एक बाड़े में सीमित करना कहाँ तक संगत है! यदि विगत-आगत-अनागत में या इतिहास-बोध में टूटने की बात है, स्थिति का स्वीकार है, तो जुड़ने की बात भी कहीं-कहीं मिल जाती है। इस तरह दोनों तरह का तनाव है—जो है और जो हो नहीं सकता, जो है और जो हो नहीं पाता। इसलिए **सकने और पाने** दोनों में आधुनिकता का बोध है। इसका संकेत कविता में मुक्तिबोध और श्रीकान्त की रचनाओं के माध्यम से दिया गया है, कहानी में भी इसके उदाहरण मिल जाते हैं। अनेक कहानियों का संसार उलट-पुलट गया है, इसमें विसंगति का बोध आँकने को मिलता है। इसमें विवेक और अविवेक में, **अपोलो** और **दियोनीसस** में टकराहट है। दियोनीसस के शहर में घुस और धँस जाने से **तनाव** की स्थिति पैदा हो गई है जो कहानी के सृजन के मूल में है। जहाँ तनाव का अभाव है वहाँ **वास्तव** का सरलीकरण है। इस सरलीकरण को उन कहानियों में आँका जा सकता है जिनमें अकेलापन एक फैशन है, विसंगति एक रूढ़ि है, हड़ताल एक रस्म है, जलूस एक रिवाज है और व्यवस्था का विरोध एक सतही नारा है जो जितना सतही है उतना ही बुलंद है। इन दोनों स्थितियों में आधुनिकता का बोध कम है और आधुनिकता का अभियान अधिक है। **दूधनाथ सिंह** की कहानी में आधुनिकता का बोध अपनी जटिलता के साथ उजागर होने की कोशिश में है, और यह इनकी कहानी को कभी-कभी इतना उलझा देता है कि बात पकड़ में आने से रह जाती है। इनकी **कबन्ध** कहानी में दो व्यक्तियों का **एकालाप** है और इसके माध्यम से समकालीन संवादहीनता की स्थिति को उजागर करने की कोशिश है। आज की स्थिति में संवाद टूट चुका है, आदमी एकालाप का शिकार होता जा रहा है, लेकिन इस स्थिति को तोड़ने की भी छटपटाहट है। कहानीकार ने दोनों के एकालापों

को ग्रामने-सामने इस हिदायत के साथ रखा है कि एक की सतर की बात दूसरे की सतर का पाठ किया जाए तो एकालाप संवाद में बदल सकता है। यह कोशिश कहाँ तक सफल है इसका पैनी दृष्टि से विवेचन भी किया गया है। इसके बारे में यह कहा गया है कि यह एक **दुखद असफलता है**, कहानी इस ढंग को अपनाने से लड़खड़ा जाती है।[1] इसके साथ **यदि** की बात को जोड़ा गया है कि अगर लेखक निजी कथा-शिल्प में इसकी रचना करते तो इसमें सघनता और सफलता दोनों हाथ लग सकती थीं। यह बात अगर मैं न होता तो खुदा होता की तरह है। इस समय सवाल आधुनिकता के बोध का है और यह संवादहीनता को उजागर करने के साथ संवाद को पैदा करने का भी संकेत देता है, टूटने और जुड़ने में तनाव की स्थिति को पेश करता है। इस तरह यह कहानी आधुनिकता के दोनों बाड़ों से अलग हो जाती है और आधुनिकता की प्रक्रिया का संकेत देती है। इस कहानी से यह भी साबित हो जाता है कि मात्र आधुनिकता मे कहानी कृति नहीं बन सकती। दूधनाथ की सबसे लम्बी कहानी **सुखान्त** में फैंटेसी के माध्यम से समकालीन बौद्धिक संसार को आधुनिकता की दृष्टि से उजागर करने की कोशिश है। अपने घटिया परिवेश में आज का आदमी किस तरह कैद है उसे कहने के लिए बड़बड़ाहट की भाषा को अपनाया गया है। इस कहानी का नायक उस ठोस दीवार को तोड़ने में लगा है जिसे खतरनाक दुश्मनों ने बना रखा है। यह दीवार बाहर भी है और भीतर भी है। इस आदमी को अन्दर-ही-अन्दर तोड़ने में अनेक आदमी इस साजिश में शामिल हैं, लेकिन बाहर से वह अपनी मुसकराहट को लिए हुए हैं। यह आज के आदमी की त्रासदी भी है और कामदी भी, और त्रासदी-कामदी के योग से उसकी नियति करुण भी है और विसंगत भी। इस कहानी के सारे पात्र उसके सफल जीवन की कापियाँ हैं। वह अपने नाश को बड़बड़ाहट के रूप में ही आँक पाता है। कहानी के अन्त-बोध सुखान्त में आयरनी है और इससे उबरने की छटपटाहट है। इन दोनों में आधुनिकता का बोध है। कहानी का अन्त इस तरह किया गया है (हो गया नहीं है)—'मुझे नहीं मालूम था कि अन्त इस तरह होगा—इतने करुण और हवाहीन सुनसान में। सन्नाटे का एक लंबा चिलचिलाता मैदान है, धूसर, वीरान और अन्तहीन। आदतों का एक सरसराता हुआ सन्नाटा सिर्फ याद है। अब सिर्फ एक भद्दा-सा अँधेरा पुता होता है। नहीं, वह अँधेरा नहीं होता, वह अपनी ही फूटी आँख है। उसका देखते रहना है। जो कभी काला हो जाता है और कभी लू और बवंडर और रेत-कणों से चमकता एक चिलचिलाता मैदान बन जाता

---

१. सिर्फ अंक ६ दिसम्बर, १९७१

है।' इस अन्त में कहानीकार का कवि बोलने लगता है, अन्त में ही नहीं कहानी के दौरान भी बोलने से परहेज़ नहीं करता। उस तरह कवि का दखल देना रचना की दृष्टि से सही है या गलत—यह अलग सवाल है। इतना कहा जा सकता है कि कविता की लय को कहानी पर आरोपित नहीं किया जा सकता, कहानी में वाग्मिता या संबोधन की गुंजाइश होती है, इसे कहानी की मैल कह-कर इसे धोना लाज़मी नहीं है। यह कैद और अँधेरा क्या है? कहानी में सब तरह के पात्र और सम्बन्ध हैं—माँ, पत्नी, भोला, रावत, दूबे, रामप्रसाद, राम-नाथ जो नायक के यातना-लोक के अभिन्न अंग हैं। इनकी भाषा में वह पागलपन का शिकार है। इनमें बनियापन है, चालाकी है, सफलता है जो कथा-नायक को घेरे हुए है और इनके घेराव को तोड़ने और भीतर की आदतों से लड़ने की कोशिश में कहानी का अन्त काव्यात्मक भाषा में होता है। क्या इस कहानी में समकालीन आदमी का चेहरा नहीं उभरता जिस पर तनाव की लकीरें अंकित हैं? क्या इस चेहरे को पहली बार उतारा गया है? क्या मोहन राकेश की कहानी में केन्द्रित व्यक्ति तनाव को उजागर नहीं करता? क्या इसके तनाव में बुनियादी अन्तर आ गया है? यदि है तो यह आधुनिकता के अगले दौर का संकेत है और यदि नहीं तो समकालीन आधुनिकता उसी दौर की है। इस कहानी में त्रासदी-कामदी, करुणा-विसंगति का मिलाजुला बोध आधुनिकता के पहले दौर से निकलने और अगले दौर में जाने में छटपटाहट की गवाही देता है, जटिलतर वास्तव को पकड़ने की भी साक्षी देता है। इसलिए शायद दूधनाथ की कहानी से उलझाव की शिकायत की जाती है। डॉ० तिवारी इनकी कहानी **उत्सव** की, जिसमें लोकतन्त्र की व्यवस्था को एक उपहास में अंकित करने की कोशिश है, तारीफ़ करते-करते इस नतीजे पर पहुँचते हैं कि कहानी अदृश्य हो जाती है और इस पर चिन्तन का कुहासा छा जाता है। दूधनाथ की कहानियाँ घड़ी गई हैं और बहुत अधिक घड़ने से कुछ कहानियाँ बहुत बुरी हैं—मसलन **कबन्ध** और **सुखान्त**। इनकी त्रासदी यह है कि वे अनुभवों के बीच से कहानी को खुद खड़ा होने नहीं देते।[1] अगर यह सही है तो संरचना की दृष्टि से दूधनाथ की कहानी डॉ० अवस्थी की **दौरान** वाली प्रक्रिया से पहले की है, आधुनिकता के उस दौर की है जब कहानीकार को कहानी घड़ने की आवश्यकता महसूस होती थी। असल में डॉ० तिवारी को कुहासे से चिढ़ है और **वास्तव** इन्हें अपनी जटिलता के बावजूद कुहासे से ढका हुआ अखरता है। इसलिए वह समकालीन कहानी में आधुनिकता को ओढ़ा हुआ पाते हैं। इसे ओढ़ा गया है, पहना गया या नंगा किया गया है—इसका जवाब कहानी से पाना बेहतर होगा। वह इस दौर के कहानीकारों को

१. समारंभ १—पृ० २४-२५।

चुक गया मानते हैं और उस कहानी की अधिक वकालत करने में लग जाते हैं जिनमें हंगामे, जलूस, हड़तालें और नारे हों और कम वकालत उस कहानी की जिनमें बाहर का वास्तव साफ़-साफ़ नज़र आ सके। इस अधिक और कम में जो असंगति है या इनकी पक्षधरता में जो आन्तरिक विरोध है—इसका विवेचन संकेत रूप में किया जा चुका है।[1] इस समय सवाल कहानी का नहीं, कहानी में आधुनिकता के बोध का है जो समकालीन कहानी में उजागर होता है। यह **क्या, कैसे और किस तरह** है—इसकी पहचान के लिए कहानीकारों की रचनाओं से गुज़रना आवश्यक है। इन कहानीकारों की कतार इतनी लम्बी है और कहानियों की तादाद इतनी बेशुमार है कि सबका नाम लेना असंभव है। इनमें देवी-कहानीकार भी हैं और देवता-कहानीकार भी और इनको अलग-अलग लेने का कारण सुविधा है और शायद यह आँकने के लिए भी है कि इनकी आधुनिकता के बोध में कहीं अन्तर तो नहीं है। **निरूपमा सेवती, दीप्ति खण्डेलवाल, मृदुला गर्ग, मृणाल पांडे, मणिका मोहिनी** के नाम कुछ देवी-कहानीकारों के हैं जो हाल में उभरे हैं। एक दस का परिवार देवता-कहानीकारों का है जिनमें निरूपमा सेवती का नाम अगर काट दिया जाए तो नौ कहानीकारों में **जितेन्द्र भाटिया, सतीश जमाली, अरविन्द सक्सेना, मधुकरसिंह, मणि मधुकर, सुदर्शन नारंग, प्रकाश बाथम, इब्राहीम शरीफ़** और **अशोक अग्रवाल** हैं जिन्होंने इनकी कहानियों का संपादन अपने घोषणा-पत्र के साथ किया है।[2] इनका सम्बन्ध **कहानी-परिवार** से भी है। इनके अलावा कहानीकारों के बीसियों नाम हैं जिनकी रचनाओं में आधुनिकता के बोध की पहचान और परख हो सकती है। इनमें कामतानाथ, इसराइल, विश्वेश्वर, बदीउज़्ज़मां, बल्लभ सिद्धार्थ, हृषीकेश, मार्कण्डेय सिंह, मनमोहन मदारिया, अशोक सक्सरिया, मंगलेश डबराल अनेक लेखक हैं जिनकी रचनाओं से कहानी-भंडार अटा पड़ा है लेकिन नाम और भी हो सकते हैं जो छूट सकते हैं और इनकी रचनाओं में आधुनिकता का बोध अधिक गहरे में भी हो सकता है।

११—समकालीन कहानीकारों में **निरूपमा सेवती** का नाम पुरस्कृत होने की वजह से भी उभरा है। इनकी कहानियों की तादाद को गिनवाया भी गया है—तीस-पैंतीस के करीब बताया गया है। यह होगी। इस समय इनकी दो कहानियों में आधुनिकता के बोध की पहचान करनी है—**भीड़ में तुम**[3] और

---

१. हृषीकेश—कहानी (दिसम्बर, १९७०)।

२. दस कहानीकार

३. कहानी—जून, १९७० और कहानी—जनवरी, १९७२।

संक्रमण।[1] इनकी पहली कहानी में आधुनिकता का बोध नगर-बोध से जुड़ा हुआ है। कहानी की शुरुआत एक दावत से होती है जिसमें शोर है, जितना यह बढ़ता जाता है उतना ही दावत पर रंग चढ़ता जाता है और यह रंग खोखलेपन को गहराता जाता है। इस कहानी में **मैं** की बोरियत हटने वाली नहीं है, वह इस भीड़ में मिसफिट है। इस अन्दाज़ में कहानी की रचना **नयी कहानी** की आधुनिकता के दौर को इंगित करती है—'और मैंने बड़े डूबते दिल से महसूस किया कि मैं उस छोर पर खड़ी हूँ जहाँ विश्वास अविश्वास से कटने लगता है और उसके कट जाने में, कहीं गायब हो जाने में भी अब एक झटके की देरभर है।'[2] इस तरह कहानी में खालीपन या रीतेपन को भरा जा रहा है। अन्तिम तान इस बात पर टूटती है कि सच है तो यह सारे भय को सोखने वाला शोर जिसमें अपनी आवाज़ को पहचान लेने वाला डर नहीं था। इस तरह **मैं** आवाज़ों के शोर में सुरक्षित है और शोर या भीड़ के स्वीकार में या वस्तुस्थिति के स्वीकार में आधुनिकता का बोध है। **संक्रमण** कहानी में आधुनिकता का बोध पुराने दौर का है, **नयी कहानी** के दौर का है। क्या देवी-कहानीकार में इस सीमा से बाहर आने की क्षमता नहीं है ? इस कहानी में उस लेखक के तनाव को रौशन किया गया है जो खोखली **शान-शौकत** के खिलाफ़ आवाज उठाकर, खोज, घुटन की यातना के बाद इसी जिन्दगी से जुड़ जाता है। इस व्यवस्था का संकेत उसकी पत्नी देती है जिससे टूटकर या अलग होकर **वह** फिर उससे जुड़ने के लिए विवश है। इस बीच दूसरी नारी हायल होती है जो उसके लेखन का संकेत देती है। इस नारी का आत्मघात उसके लेखन का आत्मघात है। इस तिकोन की स्थिति को नाटकीय अन्दाज़ में कहा गया है। रचनाकार संक्रमण की स्थिति में है। क्या आज का रचनाकार इसे रोज़ जीता है—एक ओर जीवन का वैभव है और दूसरी ओर रचना की साधना है। एक को पाकर दूसरे को खोना लाज़मी है। इस थीम को अनेक बार कहानी में दोहराया गया है। इन दोनों रास्तों में तालमेल न पहले बैठता था और न ही इस कहानी में बैठ सका है। प्रसाद से लेकर आज तक यह थीम कहानी का विषय बनने की गवाही देती है, लेकिन अन्तर यह है पहले कला-साधना के लिए सुख-साधनों की बलि होती रही है और इस कहानी में शान-शौकत के लिए कला की बलि दी गई है। इसलिए कहानी का अन्त कथानायक के दिमाग के पथराने, लिखने की कलम के रूक जाने पर पत्नी के सुगंधित आलिंगन में होता है और इसमें व्यवस्था से लिपट जाने का संकेत उजागर होकर नायक के विरोध को नपुंसक और दिशाहीन बना डालता है। इस विडम्बनात्मक स्थिति में आधुनिकता का बोध

१. कहानी—जून ११७० और कहानी—जनवरी १९७२।
२. कहानी जून १९७०—पृ० ३३।

उभरता है। इस कहानी के रचना-विधान की तह में व्यंग्य की धारा अतिनाटकीयता से इसे थोड़ा बचा भी लेती है पर इसमें आधुनिकता अपने दौर को इंगित करती है। क्या यह देवी-कहानीकारों की विशेषता है या सीमा है? **दीप्ति खण्डेलवाल** की कहानी का परिवेश तो सीमित है, लेकिन इस पर लेखिका की पकड़ गहरी है। **क्षितिज** (१९७१), **वह** (१९७२) और अन्य कहानियों में वह पति-पत्नी के तड़कते-टूटते सम्बन्ध को कहानी का विषय बनाती हैं। इस पर अनेक कहानियों की रचना हो चुकी है और हो रही है, लेकिन इनकी कहानी में इसे अदा करने का अन्दाज़ समकालीनता को लिए हुए है जो **छोटे-छोटे ताजमहल** की परम्परा से भिन्न है। पति-पत्नी में सम्बन्ध आज किस तरह तड़ककर टूट रहा है इसे **क्षितिज** की शुरुआत में आँका जा सकता है—'फ़्लैट की सीढ़ियाँ चढ़ते मैं बेहद थक जाती हूँ। जी चाहता है इन्हीं सीढ़ियों पर बैठी रहूँ—सीढ़ियाँ जो बस सीढ़ियाँ होती हैं। जिन पर हम केवल उतरते-चढ़ते हैं, **मुझे लगता है जैसे मेरा अस्तित्व मात्र सीढ़ियों-सा है**…।'[1] **मैं** बोरियत से घिरकर अपने मुख को खुरदरा पाती है। इस बीच जापानी फूलदान का चटक जाना **मैं** के चटक जाने का संकेत देकर **नयी कहानी** के रचना-विधान को इंगित करता है। आज इसमें अगर रोमांटिक बोध नज़र आने लगे तो इसकी एक वजह यह है कि **नयी कहानी में नयी कविता** की तरह आधुनिकता का यह एक दौर था जिससे कहानी गुज़र चुकी है और अब तक गुज़रने की गवाही दे रही है। रवि या पति के लौटने पर एक-दूसरे पर वार करने की तैयारी शुरू हो जाती है। एक लम्बी मुसकान, एक सूनी दृष्टि, एक ठंडा चुम्बन और **मैं** इससे घायल होने लगती है। उसे बड़े भाई की बात याद आने लगती है कि शादी एक जैविक आवश्यकता है, बाकी सब बकवास है। इनके सम्बन्ध में जड़ता की स्थिति को एक खास अन्दाज़ में बयान करने में आधुनिकता के पुराने दौर का बोध होता है। **मैं** रवि से तलाक लेने की सोचती है। रवि नाग है और वह नागिन है जो रति में फुंफकारने लगती है। नाग अजीत की बात करते हैं और नागिन मिस चौधरी की। आपस की दूरियों को मिटाने की बजाय दोनों स्वयं मिटते जा रहे हैं। रवि से संभोग करने के बाद **मैं** के चेहरे पर न तो तृप्ति की मुसकान है और न ही अतृप्ति की खोज। गरम आलिंगनों में ठण्डी बोरियत का एहसास **मैं** को अस्तित्व के बियाबानों में भटकाता है और कहानी का काव्यात्मक अन्त क्षितिज के साथ होता है जहाँ धरती और आकाश कभी मिलते नहीं, मिलते दिखते हैं। इस तरह चाँदनी में नहाए क्षितिज को देखते रहने में आधुनिकता का अस्वीकार झलकने लगता है जिससे छुटकारा

---

१. कहानी : जनवरी, १९७१।

पाने की कोशिश इनकी दूसरी कहानी **वह** में नज़र आने लगती है। इस कहानी की शुरुआत **वह** के हाथ से होती है जो नीलम की नंगी-गोरी टाँग पर सरकते-सरकते रुक जाता है। इन दोनों में सम्बन्ध पथरा गया है। इसमें **वह** की नपुंसकता का संकेत है और नीलम उसे नंगा करने पर तुल जाती है। **वह** की लचीली मुसकान कवच का काम देती है। उसे विवाह के रजिस्टर पर दस्तखत करने पड़े हैं जिन्हें वह कभी भी रद्द कर सकता है। वह दस्तखत करने से पहले नीलम के जिस्म को पा चुका होता है और इसके बावजूद उसे छोड़ सकता है। इस तरह कहानीकार ने, युवक-युवती के सम्बन्धों में जो तबदीली आ रही है इसे उजागर करना चाहा है। वह दोनों सन्तान नहीं चाहते, इसका मतलब फँसना और फंसाना है। यह नैतिक बोध **निरोध** का परिणाम है जो समकालीन परिवेश में पनपने लगा है। इसमें आधुनिक का बोध उजागर होने लगता है। **वह** के मन में एक गाँठ पड़ चुकी है और यह **ओडिपस** की गाँठ है। इसके बाद कहानी एक नाटकीय मोड़ लेती है जिससे इस गाँठ को विस्तार दिया गया है जो अनावश्यक है—एक कहानी में दूसरी कहानी का बोध होने लगता है। **वह** का अस्तित्व को बिखराने की कोशिश में आधुनिकता का बोध ओढ़ा हुआ लगता है—वह होश में जाग नहीं पाता, चैन से सो नहीं सकता। वह जैसे निरन्तर लड़ता रहता है—हार वह मानता नहीं, जीतना उसे आता नहीं। इस आरोपित अन्त में, जो खुल तो जाता है या जिसे खोला गया है, आरोपित आधुनिकता के बोध का परिचय मिलता है। क्या देवी-कहानीकारों की रचनाओं में आधुनिकता के बोध की यह सीमा है—यह सवाल बना रहता है। क्या **मृदुला गर्ग** और **मृणाल पांडे**, **मणिका मोहिनी** या किसी और देवी-कहानीकार की रचनाओं में इस सवाल का जवाब पाया जा सकता है? **मृदुला गर्ग** की कहानी की राह से गुज़र कर लगता है कि यह उपलब्धि की सम्भावना भी रखता है। इनकी दोनों कहानियों में इसकी सम्भावना को आँका जा सकता है—**अवकाश** (१९७१) और **कितनी कैदें** (१९७२)। यह भी लगता है कि नारी के लिए आज के परिवेश में तलाक की समस्या जीवन्त हो चुकी है। **अवकाश** कहानी में नारी के लिए तलाक एक विवशता बन जाता है, विवशता इसलिए कि दो बच्चों की माँ बनने के बाद वह पति के साथ बिना किसी गड़-बड़ के रह नहीं सकती, समीर के साथ उड़ जाना चाहती है। महेश ने उसे मायके में रहने का **अवकाश** दे रखा है ताकि उसका नया खुमार उतर जाए। वह दो साल के अवकाश के लिए सोचती है लेकिन इसे कहती नहीं है। वह जानती है कि तलाक माँगा जा सकता है, अवकाश नहीं। महेश तलाक देने के लिए लाचार हो जाता है और अपने जीवन को बेकार समझने लगता है। यह स्थिति अपने तरह की है। इसे आदि-पुरुष और आदि-नारी में बदलकर कहानी

का अन्त वह के चले जाने में किया गया है। इस अन्त-बोध में कहानी का कथ्य कहानी से बाहर होकर आधुनिकता का बोध कराने लगता है। **कितनी कैदें** कहानी में आदमी और औरत के जटिल सम्बन्धों को उजागर किया गया है। इनमें शरीर की भूख तो होती है, लेकिन क्या यह अतीत की कैदों से मुक्त कर सकती है? इस कहानी में मीना कुछ कैदों से छुटकारा पाने के लिए छटपटा रही है। इसे पेश करने के लिए फैंटेसी के माध्यम को अपनाया गया है और इसमें दहशत, संत्रास, घुटन, अजनबीपन, बोरियत और मौत के इन्तज़ार का बोध होने लगता है। इस कहानी की संरचना में आधुनिकता का बोध व्याप्त है। इसमें जिस फैंटेसी को अपनाया गया है वह मुक्तिबोध की **बावली** या **खोह** नहीं है, **लिफ्ट** है जो नदी के नीचे ले जाती है, आधुनिक है। एक युगल नीचे जाने के लिए लोहे के पिंजरे में सवार होता है। मीना इस लोहे के कठघरे में मितलाने लगती है। लिफ्ट का खट से ठहर जाना इनके जीवन में संत्रास भर देता है। इसके बाद मनोज की कामुकता तेज़ होने लगती है। और मीना की बदहवासी जो दोनों के संभोग में हायल होती है। इनको लगता है कि दोनों चूहों की तरह बिल में बन्द हैं। इस लटकी लिफ्ट में अरक्षा का बोध भी गहराने लगता है। मौत का इन्तज़ार इसलिए है कि दोनों साढ़े ग्यारह घंटे से लिफ्ट में कैद हैं। मरने के दबाव में या मरने से पहले मीना कुछ कहना चाहती है और मनोज के लिए इसे सुनना या न सुनना बेकार हो जाता है। मीना की कहानी अपनी ज़बानी इतना विस्तार पाने लगती है कि यह लिफ्ट के बाहर पाठक को बोर करने लगती है। मीना के शरीर ने विवाह से पहले चोट, दहशत और घुटन को ही जाना था। इस कहानी में भी पति और पत्नी एक आदमी और एक औरत में बदल जाते हैं और लगता है कि कहानीकार का यह बुनियादी बोध है। मौत से पहले थोड़ी-सी ज़िन्दगी जीने के लिए मनोज मीना की नंगी देह पर टूट पड़ता है और इसके बाद कठघरा सहसा रोशनी से जगमगा उठता है। कैसी परिणति? कैसा पलायन? एक भूचाल आया था जिसने लिफ्ट को बीच में लटका दिया। अब मीना कैद से ही आज़ाद नहीं, माल असबाब से भी आज़ाद है। अगर वह पुरानी यादों से भी आज़ाद हो सके तो नयी ज़िन्दगी शुरू कर सकती है। मनोज के मन में यह सवाल बना रहता है—क्या वह मीना की पिछली ज़िन्दगी से बरी हो सकता है, क्या वह इस औरत के साथ जी सकता है? इस सवाल में या इस अन्त-बोध में आधुनिकता की प्रक्रिया जारी है। मीना के जीवन की आयरनी यह है कि जब वह अपनी कैद से छुटकारा पाती है तो अपने पति को कैद में छोड़ जाती है। मनोज के जीवन की आयरनी यह है कि जब वह मीना को पा लेता है तो उसे पत्नी के अतीत का झटका लगता है जो उसे एक खूबसूरत जिन्स से वंचित कर देने की सम्भावना लिए हुए है। इस

तरह दोनों के जीवन की आयरनी में आधुनिकता बोलने लगती है। **मृणाल पांडे** एक महिला कथाकार के नाते **शरण्य की ओर** (१९७०) कहानी में आधुनिक युवती की उस समस्या को ले लेती हैं जो तलाक से पहले की है—यानी वर के वरण की है और इसमें आधुनिकता का जो बोध उजागर होता है वह महिला-कहानीकार की सीमा को लिए हुए है। इसमें आधुनिकता का बोध पुराने दौर का है। विजया के दिल में एक युवती की स्वाभाविक ललक है—अपने अकेलेपन को भरने की लालसा। एक शरण्य को पिकनिक के लिए चुना जाता है जो केवल जंगली जानवरों का ही शरण्य नहीं, विजया जैसे पालतू जानवरों का भी शरण्य बन सकता है। इस कहानी में एक पेच डाला गया है। पालित जब विजया की तरफ झुकता है तो डाली उसे इस तरह सावधान करती है—पालित हमेशा उसी के पास ही जाएगा, वह विजया के माध्यम से उसी से बदला लेना चाहता है। इस पेच के खुलने पर विजया अपने को सँभाल लेती है और कहानी का अन्त इस बात में होता है कि वह महज़ एक बार पिकनिक के लिए गई थी। वह एक झटके से सारा कुछ तोड़कर अपने व्यक्तित्व के साथ जुड़ने के लिए शरण्य से लौट आती है, शायद दूसरे शरण्य की ओर जाने के लिए जहाँ वह किसी का माध्यम न बने। इस धीमे विरोध में आधुनिकता का धीमा बोध है जो लकीरी होने की गवाही देता है। मृणाल पांडे के लिए वास्तव एकायामी है, उलझा हुआ या जटिल नहीं है। यही स्थिति **मणिका मोहिनी** की कहानी में है। यदि इनकी कहानियों को एक साथ छाप दिया जाए तो वह पति-पत्नी के सम्बन्ध पर एक लघु उपन्यास बन सकती हैं—**खालीपन** (१९६९), **एक ही बिस्तर पर** (१९६९), **दुश्मन** (१९७०)। **तलाश** (१९७१) कहानी को एक परिशिष्ट के रूप में रखा जा सकता है। इनकी कहानी में मोह-भंग की स्थिति है और यह पत्नी के जीवन की है जिसे जमघट में खालीपन का एहसास होता है, एक बिस्तरे पर घुटन का और पति से दुश्मनी के बोध का होता है। **तलाश** कहानी में उस रास्ते की तलाश है जो विवाहित जीवन से छुटकारा दे सकता है। इनकी कहानी में पत्नी पर पति हावी है, लेकिन इससे छुटकारा पाने की राह नहीं मिल रही है। इस कहानी में उस औरत का चेहरा है जो अनिश्चित रास्ते पर पाँव बढ़ा सकती है। इस नोट के साथ कहानी का अन्त होता है और अनिश्चित राह की तलाश में आधुनिकता की धीमी आवाज़ सुनने को मिल जाती है। क्या महिला कहानीकारों के लिए समकालीन वास्तव की जटिलता इनकी पकड़ से बाहर है? क्या इनका समकालीन वास्तव पति-पत्नी के सम्बन्धों के दायरे में सीमित है? क्या यह लकीरी होने की गवाही नहीं देने लगता? यह सही है इस दायरे में इन सम्बन्धों को तोड़ने में तटस्थता बरती गई है, इनको उजागर करने में ठण्डेपन का एहसास है और भावुकता से

बचने की पूरी कोशिश है। क्या यह सब-कुछ नयी कहानी नहीं था ? क्या इनकी कहानी में आधुनिकता का बोध उसी दौर का नहीं है ? क्या यह स्थिति महिला कहानीकारों की रचनाओं तक सीमित है या देवता कहानीकारों की कहानी में भी है ?

१२—इस सवाल का जवाब पाने के लिए समकालीन लेखकों की कहानियों से गुज़रना आवश्यक जान पड़ता है। एक सुधी आलोचक की समकालीन कहानी के बारे में यह राय है कि आज की जटिलता को कहानीकार पकड़ नहीं पा रहे हैं। इसलिए वह अपनी बात को स्थापित करने के लिए उदाहरणों की सहायता नहीं लेते, हिन्दी के कहानीकारों में प्रश्न के इस पहलू की सजगता ही नहीं है। यदि होती तो होनहार कहानीकारों ने अवश्य कुछ-न-कुछ खोज लिया होता। कहानी उन जटिलताओं और सम्बन्धों को उजागर करने की कोशिश ही नहीं कर रही है। आज जो कहानियाँ लिखी जा रही हैं, वे इस मानी में अच्छी हो सकती हैं कि पिछले कहानीकारों की खोजों को इन्होंने पकड़ा है और जितना दूर तक उन्हें परिष्कृत किया जा सकता है, किया है। इससे बात आगे नहीं बढ़ती।[1] इस तरह बिना उदाहरणों के यह राय कहानी के बारे में फतवा जान पड़ता है जिसे आसानी से दिया जा सकता है। आलोचक के मन में जटिलता की एक धारणा है जिसे शायद पश्चिम से उधार लिया गया है। यह धारणा नगरीकरण की प्रक्रिया का परिणाम है, नगर-बोध के उथले-गहरे में होने की परिणति है। इसलिए पाश्चात्य जटिलता के बोध के आधार पर या पाश्चात्य आधुनिकता के आधार पर, जिसमें इस जटिलता का बोध है, हिन्दी-कहानी को परखना कि इसमें इस तरह की जटिलता क्यों नहीं है या आधुनिकता क्यों नहीं है, इसे आरोपित दृष्टि के परिणाम के सिवाय और क्या कहा जा सकता है। इसके हक में एक और दलील भी दी जाती है कि आधुनिकता का बोध अन्तर्राष्ट्रीय बनता जा रहा है, बनता जा रहा है लेकिन बना शायद नहीं है। नगरीकरण की प्रक्रिया अलग-अलग देशों-परिवेशों में अलग-अलग स्तर पर है। इसलिए हिन्दी का कहानीकार बैकेट, कामू, जेने आदि के बोध को ओढ़ सकता है, पहन सकता है और तैयार शुदा कपड़ों के युग में आलोचक की इस माँग को समझा तो जा सकता है, लेकिन इसे पूरा किस तरह किया जा सकता है, आधुनिकता इस तरह का वस्त्र नहीं है। क्या समकालीन कहानी की राह से गुज़रकर आधुनिकता कैसे और किस तरह है की पहचान करना बेहतर न होगा ? अशोक अग्रवाल ने दस कहानीकारों को, जो **कहानी-परिवार**[2] के सदस्य हैं, एक अलग शुरुआत के सूत्र में

१. विपिन कुमार अग्रवाल : आधुनिकता के पहलू—पृ० ११७।
२. दस कहानीकार (१९७१)।

बाँधने की कोशिश की है जिनमें जितेन्द्र भाटिया, सतीश जमाली, मधुकरसिंह, अरविन्द सक्सेना आदि की कहानियों को शामिल किया है। डॉ० नामवर सिंह के अन्दाज़ में इस कहानी को **इधर की कहानी : एक अलग शुरुआत** कहा गया है। इस कहानी के बारे में यह दावा किया गया है कि इसमें उस नकली आदमी का विरोध है जिसका अस्तित्व हवा में पनपता रहा है। दूधनाथ सिंह, गिरिराज किशोर की कहानी में निजी संसार है, अकहानी चुटकलों की कहानी है जिसमें मानसिक विलास और संत्रास है, लेकिन **इधर की कहानी में खुलासापन** है, इसमें नंगापन है जो कहानी की जड़ता को तोड़ता है। अगर यह सही है तो इससे यह नतीजा निकलता है कि आधुनिकता एक और दौर से गुज़र रही है। इस कहानी के बारे में यह भी दावा किया गया है कि इसमें नायक-खलनायक नहीं है और पात्र हैं तो वे नपुंसक नहीं हैं। यह कहानी न तो समस्या से मुँह चुराती है और न ही जोखम से। इस तरह इधर की कहानी के चेहरे को उजागर किया गया है। इधर-उधर के मुहावरे में **आयरनी** यह है कि इधर बदलकर उधर हो जाता है, **नयी कहानी** को **नित नयी** कहना पड़ता है, आधुनिकता की प्रक्रिया इधर को उधर फेंक देती है या फेंस के इधर को उधर धकेल देती है। **जितेन्द्र भाटिया** की कहानी को इधर की कहा गया है। इनकी तीनों कहानियों में एक ही आदमी है—**एक आदमी का शहर** (१९७०), **डान क्विगज़ोट की मौत** (१९७०) और **साजिश** (१९७१)—यह आदमी शहर में अपने को अकेला और अजनबी महसूस करने लगता है और यह महसूस करने के लिए या इसे यह महसूस कराने के लिए उसे एक के बाद दूसरी स्थिति से गुज़रना पड़ता है। चायघर में भूखी पीढ़ी सिगरेट का धुआँ उड़ा रही है, अधिकांश सीटें खाली हैं, लेकिन यह पीढ़ी चुपचाप सिगरेटें और चाय पीकर काउंटर पर एक-एक करके अपने-अपने पैसे रखकर खामोशी से बाहर चली जाती है, भयावह खामोशी जो नगर-बोध का परिणाम है। इनकी तटस्थता **मैं** को दहला देती है। इसी तरह सड़क पर पेशाब करने वाले की तटस्थता और भीड़ की तटस्थता कम भयावह नहीं है। अब **मैं** को उस स्थिति का सामना करना पड़ता है जो शहर में आम है—एक कार लड़के को टक्कर मारकर नीचे गिरा देती है, लेकिन कार-चालक और लड़के की तटस्थता स्तब्ध करने वाली है। इस तरह शहर के बीच **मैं** के साथ किसी को जुड़ने की आवश्यकता नहीं। एक महिला भी जिससे वह नल के बारे में पूछता है, वह भी इसका जवाब तब दे सकती है जब **मैं** उसके साथ एक रात गुज़ारना मंज़ूर करे, **मैं** चूँकि एक नौजवान है। इस आदमी की नियति भटकने में है और वह तीनों कहानियों में भटकता है, बेचैन है, तनाव की स्थिति में है—मोहन राकेश के कथानायक की तरह। अब **मैं** का वास्ता एक पागल से पड़ता

है और कहानी को घड़ा जा रहा है। यह पागल एक जलूस का संकेत है और पागल इसलिए है कि जलूस में वह अकेला है। इधर की कहानी का मकसद इससे ज़ाहिर होता है कि आज जो एक है वह कल को दो हो जाएगा, आज जो पागल है वह कल दूसरों को पागल बना डालने की संभावना रखता है। अन्तिम सामना **मैं** को अपने सहपाठी से करना पड़ता है जो उसे पहचानता तो है, लेकिन इसे स्वीकार नहीं करना चाहता। इस तरह शहर में सबको खबर मिल गई है कि वे एक-एक हैं। इस कथन के आधार पर इस कहानी को फैंटेसी का जामा पहनाया गया है। **मैं** भी एक और अकेला है। वह भी सब लोगों की तरह अपने दिमाग में कैद है। इस कहानी की तान इस बात पर तोड़ी गई है कि वह पागल को भींच लेता है और खुद रोने लगता है। क्या भींचने से काम नहीं चल सकता था, इधर की कहानी नहीं बन सकती थी, रोना आवश्यक था, इसमें भावुकता का पुट देना लाज़मी था ? क्या यह **सारिका-परिवार** की माँग है ? इस तरह कभी-कभी कहानी-परिवार की दृष्टि कहानी पर हावी हो जाती है। आधुनिकता की प्रक्रिया इस अन्त-बोध में ठप हो जाती है। **डान विवगज़ोट की मौत** कहानी में यह आदमी उसी तरह शहर में अकेला है, घर की हालत बद है और आफिस की बदतर। उसे लगता है कि वह एस्किमों के देश में कैद है जहाँ छह महीने दिन रहता है और उसके बाद छह महीनों तक रात जो बोरियत के बोध को गहराती है। पहली कहानी में **मैं** बेकार था, इस कहानी में वह नौकरी छोड़कर बेकार हो जाता है, लेकिन अपने लिए आज़ाद। इन दोनों कहानियों में **मैं** लावारिस है। पहली कहानी में **मैं** को निमन्त्रण एक औरत देती है, लेकिन इस कहानी में उसकी मंगेतर उसे घेर लेती है और उसके लिए एक **उदास** बोझ बन जाती है। **मैं** और **वह** की बातचीत में तटस्थता और भावुकता है, **मैं** की तटस्थता और **वह** की भावुकता। **वह** में अरक्षा का बोध उभरने लगता है—एक बेकार आदमी से किस तरह शादी हो सकती है। इस तरह दोनों में एक सरद दीवार खड़ी हो जाती है जो आधुनिकता के बोध को लिए हुए है। **मैं** का सड़क की ओर चल देना, जो कहीं पहुँचाने वाली नहीं है, जो उसे भीड़ में अधिक अकेला और बेगाना छोड़ देती है, इस बोध को गहराता है। **मैं** अपने खालीपन को भरने के लिए कभी भीड़ में गुम हो जाना चाहता है तो कभी सहपाठी के साथ चायघर में चला जाता है। **मैं** बार-बार यह महसूस करता है कि शहर में सब लोग एक-दूसरे से कटे हुए हैं। उसे झूठ इसलिए बोलना पड़ता है कि इस परिवेश में सच को मानने के लिए लोग तैयार नहीं हैं। आत्मीयता की खोज में **मैं** की भटकन जारी है। **मैं** अजनबी शहर में लावारिस है—एक खड्ड से निकलकर दूसरे खड्ड में गिरना उसकी नियति है। अन्त में **मैं** की मुलाकात एक हिप्पी से होती है और हिप्पी

से मारिजुआना से होती है जो **मैं** को आज़ादी का अस्थायी बोध कराती है। अन्तिम तान गहरी मायूसी, मौन मायूसी से उबरने में टूटती है—'मेरे भीतर वह खानाबदोश पता नहीं कब दम तोड़ चुका था और मैं उसकी लाश पर सिर धुनता हुआ लगातार सोच रहा था कि यह कैसी बेहूदा आज़ादी है जिसे हासिल करने के लिए पहले मारिजुआना के नशे में डूबना पड़ता है।'[1] इस तरह टूट-कर जुड़ने में भी आधुनिकता के बोध को आँका जा सकता है जो शायद इधर की कहानी की दिशा का संकेत देता है। इस तरह आधुनिकता का बोध दिशा और विदिशा दोनों में उजागर होता है। जितेन्द्र भाटिया की तीसरी कहानी **सज़ा** (१९७०) में, जो कहानी-परिवार से पुरस्कृत है, आदमी उसी तरह बेकार, आवारा है, अकेला है और खाली है, लेकिन वह लेखक बनना चाहता है जब कि उसका आसपास उसे नौकरी करने पर मजबूर करता है। नौकरी की तलाश में उसे अजनबी और बेगाने शहर में भटकना पड़ता है। इस शहर में एक लड़की का होना भी लाज़मी है जिसके साथ उसके सम्बन्ध निश्चित रूप ले चुके होते हैं। उसकी बेकारी और लेखन की सनक उसे परिवेश से काट देती है। **मैं** अपने-आपको नितान्त अकेला और फिज़ूल पाकर देर तक उन सड़कों पर निरुद्देश्य भटकता है जिन पर लड़की ने उसका साथ दिया था। क्या यह समकालीन आदमी की नियति है? **मैं** के भीतर कशमकश जारी है, **मैं** की साज़िश में वह का हाथ है जो कृष्ण बलदेव की कहानी **मेरा दुश्मन** की याद दिलाता है। **मैं** को लगता है कि वह भीड़ से घिर गया है जिसमें माँ, बाप, इंटरव्यू लेने वाला मैनेजर, मामा, लड़की और सब अजनबी शामिल हैं। **मैं** की परिणति आफिस जाने में होगी, परिवेश से जुड़ने में होगी जो इधर की कहानी में उसी तरह एक रूढ़ि बनने का खतरा मोल लेने लगी है जिस तरह उधर की कहानी में परिवेश से टूटने की रूढ़ि। यह वास्तव के सरलीकरण का परिणाम है, इसे एकायामी या लकीरी बनाने का नतीजा है। इधर की कहानी के दायरे में **सतीश जमाली** के कदम तेज़ी से उठने लगे हैं जिसका अनुमान इस सूची से लगाया जा सकता है—पुल (१९६८), युद्ध (१९६९), अर्थतन्त्र (१९७०), जीव (१९७०), सड़क (१९७०), शेरश्री (१९७१), प्रथम पुरुष (१९७१), सत्ताधारी (१९७१), थके-हारे (१९७१), आवाज १९७२)। इनकी कहानी **कहानी-परिवार** में सीमित न होकर अनेक परिवारों से जुड़ने की गवाही देती है। इसलिए शायद इसमें अधिक खुलापन है। इस समय बात न तो सतीश जमाली की कहानी की है और न ही इतनी इधर की कहानी की है जितनी इसमें आधुनिकता के बोध की है जिसे इन तीन कहानियों में आँकना है—**पुल, जीव** और **प्रथम पुरुष**। **पुल** कहानी

१. कहानी नवम्बर, १९७०, पृ० ४९।

में एक पुल महानगर के बीच है, इसका अंग है, एक ऐसे विधान का संकेत है जो खुद को मिटाकर महानगर को बनाता है—बड़ी इमारतें और नयी कालोनियाँ बन रही हैं और इन्हें बनाने वाले मज़दूर अपनी झोंपड़ियों को एक जगह से उखाड़कर नगर के बाहर ले जाते हैं और वहाँ से भिखारी और अपाहिज बनकर इस पुल पर भीख माँगते हैं या इसके नीचे रात काटते हैं। यह पुल बड़े शहर में एक छोटा शहर है जिस पर **वह** लगातार गुजरता चला जा रहा है, इतिहास के बोध को पहचानता चला जा रहा है और इस बिन्दु पर आकर वह ठिठक गया है कि यह पुल ठंडी हड्डियों और गरम मांस का बना हुआ है। यह शायद सीमेंट का उसी तरह नहीं बना है जिस तरह **ताजमहल** संगमरमर का नहीं बना है। इस पुल पर और इस पुल के नीचे समकालीन वास्तव उन लोगों में उजागर होने लगता है जो फँसे-धँसे कतारों में पड़े सो रहे हैं या मर गए हैं, या सदियों से बेजान पड़े हैं। **क्या पता** में आधुनिकता के बोध को और लगातार गुज़रने में आधुनिकता की प्रक्रिया को आँका जा सकता है। इस अंश को कहानी से किसी के काटने की कोशिश में आरोपित दृष्टि झलझने लगती है, इसमें किसी कदर जटिलता को आँकना जटिल वास्तव का सरलीकरण है।[1] कहानी की अन्तिम तान **क्या पता** में टूटती है जिसके मूल में प्रश्नचिह्न की निरन्तरता है। अगर पता होता तो कहानी आधुनिकता के पहले दौर की हो जाती। इनकी अगली कहानी **जीव** में भी आधुनिकता का बोध नगर-बोध से जुड़ा हुआ है। इस कहानी में **मैं** छह महीने से बीमार है और डॉक्टर ने उसे सुबह सैर करने का मशविरा दे रखा है जिसका **मैं** पालन करता है। **मैं** छोटे तबके का है और तड़के सैर करने वाले बड़े तबके के हैं, वह चपरासियों की जाफड़ी में रहता है और वे बँगलों में। इस अन्तर को काफ़ी विस्तार से पेश किया गया है। उस जाफड़ी में एक दूसरा भी है और दोनों एक-दूसरे से पूरी तरह कटे हुए हैं जो नगर-बोध का परिणाम है। शहर में इन्सान एक **जीव** बन गया है। इस परिवेश में सब नौकरीपेशा हैं, एक-दूसरे से बचते हैं या डरते हैं। इस तरह की सोच से **मैं** का सिर चकराने लगता है, लेकिन इतवार के दिन भाई के घर जाकर, खाना खाकर अपने पैसे बचाने में व्यंग्य का स्वर उभरने लगता है और व्यंग्य-बोध में समकालीन वास्तव अपनी एकायामी झलक दे जाता है। **प्रथम पुरुष** कहानी का अन्त चाहे घड़ा हुआ है, आरोपित है, लेकिन इसमें समकालीन वास्तव इकहरा न होकर दोहरा है, अधिक जटिल है। इस कहानी का **मैं** कारखाने में नौकरी करता है और उसकी मालकिन हर बार फूलों की बात करती है। इस तरह मालकिन को फूलों से जोड़कर उस तबके पर मीठी चुटकियाँ ली गई हैं। **मैं**

---

१. मधुरेश—आज की हिन्दी-कहानी—पृ० ७३।

ने फूलों का होना कभी महसूस तक नहीं किया, उसके वेतन में थोड़ी बढ़ौती उसे अपने परिवेश से काट देती है और वह बिरादरी से बाहर होकर अजनबी और मनहूस महसूस करने लगता है। इसमें आधुनिकता के बोध को आँकना आसान है। उसकी ज़िन्दगी से डर भी निकल गया है जिसके बिना ज़िन्दगी नीरस होने लगती है। शौचालय में जाकर उसकी बदबू में जब वह मालकिन की खुशबू पाने लगता है तो इस व्यंग्य में इसी बोध को आँका जा सकता है जो जटिल समकालीन वास्तव को काटता है। मैं बदबू में जब पूरी तरह शामिल हो जाता है, हड़तालियों के साथ हो जाता है तो इसमें इधर की कहानी का संकेत मिलने लगता है, लेकिन हड़ताल के दिन मालकिन के आने की सूचना देकर, बदबू में खुशबू को मिलाकर इसके अन्त को आकस्मिक बनाया गया है। इस धुँधले अन्त में आधुनिकता का बोध भी धुँधलाने लगता है। इसलिए शायद डॉ० तिवारी को इस कहानी के बीच का अन्तराल अखरता है, लेकिन गुलाब के फूल का इशारा उस नेता की तरफ़ है जिसे देश आज़ादी के बाद पालता रहा है और इसके दाम भी चुकाता रहा है। इसके बाद देश का शौचालय की बदबू से घिर जाना समकालीन स्थिति का संकेत देता है, लेकिन अगर बदलती मानसिकता को आँकना दरकार है तो **जमाली** की कहानी **आवाज** में इसे आँका जा सकता है। इसमें आधुनिकता के बोध की भी इसके अन्त-बोध में और उस संवाद में गवाही मिलती है जो मिस्टर सिनहा और मिस्टर सक्सेना में कुछ पता नहीं को लेकर चलता है। यह इधर की कहानी या बदली मानसिकता वाली कहानी या परिवेश से कटकर इससे जुड़ने वाली या जुड़ने की यातना में कहानी की मिसाल है। आधुनिकता के बोध के मूल में नगर-बोध इधर की कहानी में भी है और उधर की कहानी में भी। पुरानी मानसिकता में भी है और बदली या बदल रही मानसिकता में भी। इसका उदाहरण **अरविन्द सक्सेना** की कहानी **इत्यादि** में भी मिल जाता है और **इब्राहीम शरीफ़** की कहानी **बौद्धिक** में भी, **सुदर्शन नारंग** की कहानी **अप्रत्याशित** में भी और **प्रकाश बाथम** की कहानी **दूसरी साक्षात** में भी। इन कहानियों में महानगरीय जीवन का तनाव भी है और तनाव की यातना भी, परिवेश से कट जाने का बोध भी है और जुड़ जाने की तलाश भी, बोरियत का एहसास भी है और जड़ता का भी, संत्रास भी है और भय भी—अरक्षा का भय और युद्ध का संत्रास। यह इसका इस तरह साक्षात कराने की यातना में है। **इत्यादि** कहानी में महानगर की भीड़ है, अजनबीपन का बोध है। एक आदमी लोकल से गिर जाता है और लोकल तेज़ी से चली जाती है। इसके पहली की एक कहानी में

---

१. समारंभ—१।

यह ठहरकर लाश को भी साथ ले जाती है। और इन दोनों में अन्तर भी कहाँ है ? इस कहानी में गिरे आदमी को कीचड़ में खोजना बेकार लगता है। इस तरह महानगर में हर आदमी गायब हो जाता है, इसमें जीना-मरना मानी नहीं रखता। इस कहानी में **मैं** बेटे को स्कूल से लाने के लिए लोकल में सवार है। वह अपने को उन लोगों में शुमार करती है जो खाली जगह भरने के काम आते हैं। इसमें व्यर्थता का बोध उजागर होने लगता है। उसे अपनी नौकरी छोड़ने का फैसला भी गलत लगा है और इस तरह कहानी का अन्त वस्तुस्थिति के स्वीकार में होता है। **इब्राहीम शरीफ़** भी अपनी कहानी **बौद्धिक** में एक मरते शहर के माध्यम से नगर-बोध और आधुनिकता के बोध को उजागर करते हैं। इस शहर में बौद्धिक उखड़ चुका है, फालतू हो गया है। यह शब्द भी लोगों की तरह मर चुका है। इस कहानी में आधुनिकता का तकियाकलाम यह है—**क्या फरक पड़ता है** ? इस जुमले को बार-बार दोहराया गया है। इसमें कहानीकार के बारे में राय यह है कि वह उतना बढ़िया होगा जितना वह धोखेबाज़ शब्दों का इस्तेमाल कर सकता है ? **इब्राहीम शरीफ़** भी कभी-कभी तत्सम भाषा के इस्तेमाल में अपनी शराफ़त दिखाने में उलझ जाते हैं। इस अन्दाज़ में चल रही कहानी की तान इस सवाल-जवाब में टूटती है—'कहीं सर्विस क्यों नहीं करते ?' इसका दोटूक जवाब माँ-बाप को गाली देने में दिया गया है—'इन हरामज़ादों को किसने कहा था कि मुझे पढ़ाएँ।' इस आक्रोश-भरे जवाब के बाद **वह** चल देता है और **मैं** की हिम्मत नहीं पड़ती कि वह उसकी तरफ़ मुड़कर भी देखे। यह इसलिए कि **मैं** के पास या किसी के पास बेकारी के सवाल का जवाब कहाँ है ? कहानी के इस अन्त-बोध में या प्रश्न-चिह्न की निरन्तरता में आधुनिकता के बोध को आँका जा सकता है। इस तरह कहानी में अरक्षा का भय है जो समकालीन स्थिति में व्याप्त है। इसके बाद बोरियत और नफ़रत का बोध भी उभरता है। अगर गाली की दृष्टि से कहानी के वज़न को तौलना हो तो इनकी कहानी **प्रलाप** (१६७१) अधिक वज़नदार है, लेकिन इसमें **मैं** ऐसी स्थिति से घिर जाता है कि अन्त तक उससे निकल नहीं पाता। **मैं** एक रिसाला चलाने के लिए **वह** के और कम्पोज़ करने वाली दो गरीब जवान लड़कियों के घेराव में आकर यह महसूस करने लगता है—'मेरा शरीर धीरे-धीरे एक टूटे हुए पुल का रूप ग्रहण करता जा रहा है जिस पर गुज़रने की हवस में **वह** और **वे** दो लड़कियाँ पत्ता-पत्ता काँपते हुए आगे बढ़ रही हैं।'[1] यह पुल क्या नीत्शे का पुल है जिस पर **सुपरमैन** गुज़र जाता है या शोषण का संकेत देता है जो समकालीन परिवेश को उजागर करता

१. कहानी : नवम्बर १९७१, पृ० २७।

है जिसमें एक लेखक की नियति अभिशप्त है ? इस तरह इब्राहीम शरीफ़ की कहानी में बार-बार एक बुद्धिजीवी का चेहरा उभरता है जो समकालीन विधान का शिकार है और उससे उबरने का उसके पास चारा ही नहीं है, बेकारी के सवाल का उसके पास जवाब ही नहीं है। इनकी कहानी के बारे में डॉ० तिवारी की यह राय है कि यह **रणनीति** की कसौटी पर पूरी तरह खरी नहीं उतरती। यह शायद इसलिए कि वह कहानी में वास्तव को इतना **लकीरी** बना देने के हक में हैं कि इसमें किसी तरह का कुहासा और उलझाव न हो। इससे कहानी अगर **घोषणा-पत्र** भी बन जाती है तो यह शायद बेहतर है। इसके साथ वह जब कामतानाथ की कहानी को उठाते हैं तो इसमें आलोचक का आन्तरिक विरोध उभरने लगता है। एक की कहानी पक्षधरता के लिए बेहतर है और दूसरे की कलात्मक रचना-विधान के लिए। इस समय सवाल महज़ आधुनिकता के बोध का है, कहानी की पक्षधरता और कलात्मक संरचना का नहीं। इसलिए यहाँ इस बहस में पड़ना अधिक संगत नहीं जान पड़ता। **मधुकरसिंह** की कहानी को भी इधर की कहानी में शामिल किया गया है। यह शायद इसलिए कि इनकी कहानी में पात्र जलूस और हड़ताल की बातें करते हैं, लेकिन यह कैसे और किस तरह है, इसमें आधुनिकता के बोध को आँकना बेहतर है। **पूरा सन्नाटा** की कहानियों को उस दौर की माना गया है जिससे पूरी पीढ़ी गुज़र चुकी है। क्या **कापुरुष** (१९७०) कहानी से यह पीढ़ी गुज़र चुकी है ? इस कहानी में पीटर और दीपा के गठबन्धन के माध्यम से रंग-भेद के जिस सवाल को उठाया गया है या लेखकों और अध्यापकों का नपुंसकों या कापुरुषों के रूप में जो संकेत दिया गया है उससे यह पीढ़ी गुज़र चुकी है। हबशी में अजातीयता का बोध उभरता है और अन्त में व्यंग्य-बोध और दोनों में आधुनिकता का बोध उजागर होता है। मधुकरसिंह समकालीनता का सामना व्यंग्य का सहारा लेकर करते हैं और व्यंग्य विसंगत स्थिति के लिए एक पैना हथियार है। **उसका सपना** (१९७२) कहानी में भी बात सपाट व्यंग्य के माध्यम से कही गई है। इसमें अगर व्यंग्य न होता तो कहानी एक अखबार की कतरन मात्र बनकर रह जाती। एक बेकार इंजीनियर या एक पढ़े-लिखे बेकार आदमी की बेकारी का हल व्यक्तिगत स्तर पर करना विसंगत हो गया है, अपने सपने को निजी स्तर पर सच कर दिखाना असंगत हो गया है। मधुकरसिंह की कहानी अगर अखबारी जामा पहनना पसंद करती है तो आधुनिकता के बोध से इसका सम्बन्ध नहीं है, रचना-विधान से है। इधर की कहानी अगर कलात्मक काट से अपने को काटना पसंद करती है तो क्या किया जा सकता है। यह आधुनिकता के अगले दौर का परिणाम उसी तरह है जिस तरह कविता सपाट-बयानी पर उतरने की गवाही देने लगी है; लेकिन इसके साथ यह जोड़ देना

भी संगत जान पड़ता है कि इस तरह की सपाटबयानी से समकालीन वास्तव को एकायामी और लकीरी बनाया जा रहा है और आधुनिकता का बोध सतह पर तैरने लगता है, गहरे में उतरने से कतराता है।

१३—**बदीउज़्ज़मां** की कहानी **दुर्ग** (१९७२) में वास्तव की जटिलता का सरलीकरण है। यह किला व्यवस्था का उसी तरह संकेत देता है जिस तरह इनके उपन्यास **एक चूहे की मौत** में केन्द्रीय सचिवालय। इस कहानी में भी आधुनिकता का बोध सतह पर तैरता है। इस किले में सब लोग उसके रंग में उसी तरह रंग जाते हैं जिस तरह सचिवालय में चूहेमार चूहे मारते-मारते खुद चूहे बन जाते हैं। इन दोनों रचनाओं में फैंटेसी के माध्यम को अपनाया गया है, लेकिन इनमें अन्तर शायद इसमें है कि किले को तोड़ने की योजना है और सचिवालय को गिराने की नहीं है। इधर की कहानी में तोड़ने को तोड़ने की यातना से बेहतर माना जाने लगा है, तोड़ने की यातना में कहानी काफ़ी देर ठहर चुकी है। इस कहानी में यदि वास्तव का रपटीलापन है तो यह इधर की कहानी के आन्दोलन का परिणाम है; आन्दोलन चलाने के लिए बहुत कुछ जायज़ होता है। **बदीउज़्ज़मां** की कहानी **चौथा ब्राह्मण** में समकालीन वास्तव को उसकी जटिलता में पकड़ने की कोशिश है और इस कोशिश में **पंचतन्त्र** की एक पुरानी कथा को आधार बनाया गया है—तीन ब्राह्मण जो ताँबे, चाँदी और सोने की खानों को पाने के संतोष में अपने अस्तित्व को खो चुके हैं और चौथा ब्राह्मण हीरे की खान की तलाश में भागे जा रहा है, आगे बढ़ने की हवस में उसकी भाग-दौड़ नगर-बोध पर करारा व्यंग्य है। इस शहर में लोग उखड़कर अजनबी हो गए हैं, बोरियत और संत्रास से घिर गए हैं। इस तरह भाग-दौड़ और नगर-बोध में आधुनिकता का बोध झलकने लगता है। इधर के कहानीकारों में **कामतानाथ** की कहानी विवाद का विषय बन गई है, परिवेश से जुड़ने और कटने की दृष्टि से, इसमें पक्षधरता है या नहीं है। एक का मत है कि पक्षधरता की बात **पूर्वार्द्ध** (१९७०) कहानी में आत्मीय परिवेश में सामने आती है, इसके अन्त-बोध में झलकने लगती है और दूसरे का मत है कि इनकी कहानी में हंगामों और जलूसों से मानसिक लगाव नहीं है, वैयक्तिक बातों से है। इस समय सवाल इनके जुड़ने-कटने का नहीं है, आधुनिकता के बोध का है जिसे दोनों तरह की कहानियों में पाया जा सकता है। न ही इस समय सवाल कहानी की कलात्मक तराश का है जिसका कहानीकार कायल नहीं है। इस दलगत झगड़े में पड़ने के बिना भी आधुनिकता के बोध के सवाल का जवाब कहानी में खोजना बेहतर है। इस कहानी का नायक कारखाने में काम करने वाला है जिसे आफ़िस पहुँचने में बार-बार देर हो जाती है। वह हड़ताली है। इसलिए हड़ताल के काम को तरजीह देता है, लेकिन

इस काम के साथ उसे घर की भी देखभाल करनी पड़ती है। इन दोनों कामों पर कहानी में एक-दूसरे के बाद परदा उठाया-गिराया जा रहा है, लेकिन एक काम को दूसरे काम में मिलाने के लिए वह अपने घर में बैठकें करता है। घर में माँ की हालत खराब होती जा रही है और बेटा बिगड़ता जा रहा है, खाना भी हराम हो रहा है। वह पत्नी पर इस काम का राज़ ज़ाहिर नहीं होने देता। उसके कहानी के अन्त में थाली खिसकाकर खाना खाने में यह राज़ कहानी के बाहर हो जाता है—गम और भी हैं खाना खाने के सिवा और वह अपने परिवार से निकलकर बाहर के परिवार से जुड़ने की यातना में है और इस यातना में आधुनिकता का बोध इंगित होने लगता है। **इसराइल** की कहानी की तरह **कामतानाथ** की कहानी में यातना का अभाव नहीं है, वह चाहे कितनी सपाट क्यों न हो। इसलिए इनकी अन्य कहानियों में पिता, माँ, पत्नी, बच्चा आते हैं जिनके साथ नायक का गहरा नाता है, जिससे छुटकारा पाने की यातना में वह कभी अजनबीयत से घिर जाता है, तो कभी बोरियत से। इस तरह बाहर-भीतर के तनाव में वह बाहर के वास्तव से जुड़ने की यातना में है। कामतानाथ की कहानी में आधुनिकता का बोध बाहर-भीतर के तनाव की यातना में उभरता है। इन दिनों नव-लेखन को लेकर कहानी के राजनीतिक होने के सवाल को उठाया जा रहा है। एक तरफ़ यह आवाज़ सुनने को मिलती है कि कहानी में राजनीति तो आ सकती है, लेकिन कहानी राजनीतिक नहीं हो सकती और दूसरी तरफ़ इस नारे को बुलन्द किया जा रहा है कि कहानी का राजनीति से जुड़ना एक आवश्यकता है, कहानी चाहे भाड़ में जाए और कहानी से मतलब कलात्मक तराश से है जिसे कहानीकारों का एक दल नकारता है। एक तीसरी स्थिति भी हो सकती है कि साँप भी मर जाए और लाठी भी न टूटे, कहानी में राजनीति का समावेश भी हो जाए और कहानी की कलात्मक तराश भी बनी रहे। **बल्लभ सिद्धार्थ** की कहानी **महापुरुषों की वापसी** (१९६९) तीसरी स्थिति का संकेत दे जाती है। इसमें सरकार की नीतियों से गहरा और तीखा असंतोष है। बात जित्ते की छँटनी से शुरू होती है जो पारिवारिक सम्बन्धों में तनाव की स्थिति पैदा कर देता है। इन सम्बन्धों के टूटने में जित्ते अकेला पड़ जाता है, परिवेश से कट जाता है जिसमें आधुनिकता का बोध गहराने लगता है। घर के सब लोग उससे उदासीन हो जाते हैं, वह बेकार है। एक अकेली माँ है जो कुछ न समझकर उसके लिए कुछ करना चाहती है, लेकिन उसे लगता है कि बेटा उजागर के भयंकर जबड़ों में जा रहा है। जित्ते का घर बिखर चुका है और परिवार के सदस्य एक-दूसरे से बेखबर और बेपरवाह हैं—सुधा, सुमति, महेश और जित्ते। इसके मूल में सामाजिक और राजनीतिक विधान है। यह सही है कि कहानी किसी विशेष

विन्दु पर टिकती नहीं है। इसमें पहला संकेत यह मिलता है कि पूरे ढाँचे को बदले बिना किसी भी चीज़ के मानी नहीं है और दूसरा महापुरुषों की वापसी में है जिनका नाम ले-लेकर लोगों की आँखों में धूल डाली जाती है। समकालीन परिवेश में अँधेरा है, बीमार शहर किसी षड्यंत्र का इन्तज़ार कर रहा है। कहानी के अन्त में घर के लोग एक-दूसरे का चेहरा पढ़ने की कोशिश में मुजरिमों की तरह खड़े हैं। उनके चेहरों पर एक अजीब तरह का खालीपन उभर आता है।[1] इस अन्त में आधुनिकता का बोध गहराने लगता है। **बल्लभ सिद्धार्थ** की कहानी **बन्द दरवाज़े** (१९७०) में आधुनिकता का बोध अधिक गहरे में है जो ममी के इस तरह की इन्तज़ार में मशीनी बोरियत को उघाड़ता है—'हर समय ममी की आँखों में कोई-न-कोई प्रतीक्षा झाँकती रहती है। सुबह उठते ही चाय बनाने की, फिर डैडी के उठने की, बर्तन माँजने वाली मेहरी के आने की, दूध वाले की, धोबी की, किसी के यहाँ जाने की, या किसी के आने की, रात को रुचि और सुदीप के सोने की, डैडी के लौटने की और अन्त में खुद के सोते-सोते सुबह होने की।'[2] इस तरह ममी रीत चुकी है और खुद के लिए उनके पास कुछ नहीं है। यह कहानी ममी की बड़ी लड़की शुचि की ज़बानी है जो पिता की अनुमति के बिना किसी नौजवान के साथ चली जाती है और लौटने पर अपने घर में बेगाना महसूस करती है, सबके साथ उसके रिश्ते उबाने वाले हो जाते हैं। उसे अपना लौटना उतना ही बेकार लगता है जितना न लौटना। शुचि का पति उससे तलाक होने वाला है। इस बीच सुनील का प्रसंग स्थिति को जटिल और रोमांटिक बना देता है। सुनील के इन्तज़ार में, लेकिन **कब तक** के इन्तज़ार में कहानी का अन्त कहानी के बाहर होकर आधुनिकता के बोध को उजागर करता है। क्या इस तरह अन्त के खुलने में आधुनिकता के पुराने दौर का संकेत नहीं मिलता? इसी तरह **पृथ्वीराज मोगा** की कहानी **दिशाहीन** (१९७१) में क्या इस दौर की आधुनिकता का संकेत नहीं मिलता? इसे **इधर** की कहानी में शामिल करने से परहेज तो इसलिए किया जा सकता है कि इसमें बात दिशाहीनता की है और इधर की कहानी को दिशा का बोध हो चुका है, लेकिन इसे आधुनिकता से वंचित करना आरोपित दृष्टि का परिणाम होगा। इस कहानी का ढाँचा पुराना है, मीना-राकेश-शान्ति के तिकोन का, लेकिन यह इतना सीधा नहीं है। इसमें कथ्य इतना गौण है कि इसे संवेदनाओं की कहानी कहा गया है। क्या जैनेन्द्र की कहानी संवेदनाओं की कहानी नहीं है? क्या मीना का चेहरा एक टूटने वाली नायिका का चेहरा नहीं है? यह ठीक है कि नायिका

---

१. सारिका—दिसम्बर १९६९—पृ० ६७।
२. कहानी—मार्च १९७०—पृ० ५४।

का व्यक्तित्व रीत रहा है । क्या जैनेन्द्र की कहानी में नायिका का व्यक्तित्व रीतने वाला नहीं है ? यह कहानी अपने अन्त-बोध में इससे हटकर है—मीना नींद की बीस-पच्चीस गोलियाँ मुँह में उछालकर सोचने लगती है कि उसने यह सजा किसको दी है—अपने को, राकेश को या मीता बेटी को जो दो सौ मील दूरी पर पढ़ने गई है। आखिरी सतर में अपने असंतुलन को आत्मघात का जिम्मेवार ठहराकर वह फानूस में जलती बत्तियों के चुक जाने के साथ खुद चुक जाती है। इस तरह चुक जाने का संकेत **नयी कहानी** के अन्दाज़ की या इस दौर की आधुनिकता की गवाही देता है। **मंगलेश डबराल** की कहानी **आया हुआ आदमी** (१९६९) इसके अगले दौर का परिचय देती है । इसमें आदमी कुछ सालों के बाद उस औरत को मिलने जाता है जिसके यहाँ उसकी **अवैध सन्तान** है। उसका सारा इरादा उसके घर से बाहर होने की हालत में उसके इन्तज़ार के दौरान बदल जाता है। वह महसूस करता है कि इस अन्तराल में, अपनी कायरता के बाद अपना चेहरा दिखाने की बात बेकार है। इस कहानी के बारे में एक आलोचक को यह शिकायत है कि अवैध सन्तान की ऐसी सहज स्वीकृति समाज में कहाँ मिलती है। इसका मतलब यह हुआ कि कहानी का वास्तव बाहर के वास्तव से मेल नहीं खाता । इसलिए यह विश्वास के योग्य नहीं है। यह शिकायत आरोपित दृष्टि का परिणाम ही कही जा सकती है। यह आवश्यक नहीं है कि रचना का संसार बाहर के संसार के अनुरूप हो। इस तरह तो **कफ़न** कहानी भी यकीन के काबिल नहीं है। इस औरत की आदमी से बच्चा पाने की चाह भी कहानी का वास्तव है जो जटिलतर होने की गवाही देता है, जो विकसित नगर-बोध और आधुनिकता के बोध का परिणाम है। इस आदमी में अपनी गैर ज़िम्मेवारी का पूरा एहसास है। वह रेखा के कमरे में नहीं जाता, उसकी पड़ोसिन के कमरे में दाखिल होता है जो रेखा के माध्यम से इस आदमी को जानती है। वह दो घंटे तक इन्तज़ार करता है और इस बीच उसकी मानसिक स्थिति इतनी उलझ जाती है कि वह रेखा को बिना मिले लौट आता है—रेखा का सलीके से सजा कमरा उसके इरादे को इसलिए बदल जाता है कि उसका वहाँ होना ही गड़बड़ी मचा सकता है। इस अन्त-बोध के साथ कहानी में आधुनिकता का बोध और गहराने लगता है—'वह आश्वस्त था कि शहर का मौसम अच्छा है और शायद चीजें भी सस्ती होंगी और रेखा तथा (उसकी-मेरी) बच्ची दोनों यहाँ आराम से रह सकेंगी।[1] इस तरह मंगलेश डबराल की कहानी समकालीन वास्तव के एक पहलू को उजागर कर आदमी-औरत में एक नये सम्बन्ध की तलाश का संकेत देती है । आया हुआ आदमी

---

१. सारिका—अप्रैल, १९६९—पृ० २८ ।

और गया हुआ आदमी में तनाव कहानी के धरातल को भी उठा देता है। इस तरह आधुनिकता की दृष्टि से कहानी को दशकों में बाँटना कितना गलत और खतरनाक साबित हो सकता है—कहानी की इस लम्बी दास्तान से यह बात साफ़ हो जाती है। छठे दशक में पाँचवें दशक की और पाँचवें दशक में छठे दशक की कहानी लिखी जाती रही है। इसी तरह छठे दशक में सातवें दशक की और सातवें दशक में छठे दशक की कहानी की रचना होती रही है। आधुनिकता की दृष्टि से चौथे दशक की कहानी **कफ़न** (१९३६) आज की कहानी लगती है। यही सही है कि कहानी में आधुनिकता के एक से अधिक दौरों की गवाही मिलती है, लेकिन दशकों में कहानी को विभाजित करने की कोशिश संकुलता पैदा करने में सफल हो सकी है। इसी तरह अधिकांश कहानियों में यदि एकरस, आधुनिकता और नगर-बोध है तो यह शायद इसके उथले में होने का परिणाम है या शायद संत्रास, कुण्ठा, अजनबीपन, अकेलेपन आदि के रस्मी होने का, या शायद आधुनिकता का चिन्तन के स्तर पर होने का। इधर की कहानी इससे छुटकारा पाने की यातना में भी है, तनाव की स्थिति में भी है। **विश्वेश्वर** की कहानी **लाक्षागृह** (१९७०) घिरे हुए उस आदमी की कहानी है जिसे आदमी ने धोखा दिया है। इसका संकेत इनकी **गोह** (१९६९) कहानी में भी मिल जाता है। **लाक्षागृह** में आग की लपटें और धुआँ समकालीन आदमी का दम घोंटने वाले हैं। इसमें कभी मज़हबी दंगों की आग है तो कभी काले-गोरे रंगों की। आदमी इस परिवेश से निकलने की यातना में है और वह भागता चला जा रहा है। कहानी के अन्त में वह एक लोहे का स्तंभ बन जाता है जो धधक रहा है, जिसे आग भस्म नहीं कर सकती। उसके निरन्तर धधकने में इतिहास का बोध उजागर होने लगता है और इसमें आधुनिकता का बोध निखरने लगता है। इस कहानी में फैंटेसी का विधान अपनाने से इसके स्तर को उठाने की कोशिश है और इस कोशिश में कहानी अगर चीखने लगती है, वाचाल होने की साक्षी देने लगती है तो यह शायद अधबहरे पाठकों की सुविधा के लिए है। **हृषिकेश** की कहानी **अस्वाभाविक** और **आरकेस्टरा** (१९६९) में अगर वास्तव उलझा हुआ है और सम्बन्धों में संगति नज़र नहीं आती तो यह समकालीन वास्तव के जटिल होने का परिणाम है जो आधुनिकता के एक पहलू को उजागर करता है। इसे चाहे इधर की कहानी में शामिल करने से संकोच तो हो सकता है, लेकिन इसमें आधुनिकता के बोध से इन्कार करना आरोपित दृष्टि का परिणाम ही होगा। इस कहानी में भी फ़ैसला न करने में तनाव की यातना है जिसे इनकी **अस्वाभाविक** कहानी में आँका जा सकता है। इन दोनों में स्थितियाँ अलग-अलग हैं, लेकिन फैसला न देने की स्थिति समान है। इस कहानीकार से अगर यह शिकायत की जाती है कि इनकी कहानी में छलाँग

लगाकर, असमंजस की स्थिति से निकलकर किसी फैसले पर पात्रों को क्यों नहीं पहुँचाया जाता तो यह कहाँ तक संगत है। क्या समकालीन वास्तव का यह एक पहलू नहीं है ? क्या यह स्थिति आज भी मारक नहीं है ? क्या आज भी यह आदमी को कुंठित नहीं करती ? क्या इस तरह का कापुरुष गायब हो गया है ? अगर नहीं तो तनाव की यातना से गुज़रने में भी आधुनिकता का बोध उजागर हो सकता है। इसी तरह **अवधनारायण सिंह** की कहानी **धीरोदस्त** (१९७०) एक असामान्य स्थिति को पेश करने में समकालीन वास्तव के एक विकृत पहलू को पेश करती है—दो आदमियों में समलिंगी रति के बोध को जो एकतरफ़ा है। इसे एक आदमी की जाँघ को दाँतों से काटने में इंगित किया गया है। **सिद्धेश** की कहानी[1] अगर कहानीकार पाठक के लिए है, आम पाठक के लिए नहीं है तो इससे आशय यह है कि इसमें वास्तव का उलझाव उस नगर-बोध का परिणाम है जहाँ पात्र नामहीन हो चुके हैं और इनकी नामहीनता में आधुनिकता का बोध **उलझा हुआ है। कहानियाँ और कहानीकार** और भी जिनमें आधुनिकता का बोध अपनी विविधता को लिए हुए है और विविधता कभी परिवेश से कट जाने के अकेलेपन, अजनबीपन में है तो कभी इससे जुड़ने की यातना में है, कभी मानव-स्थिति की असंगति और मानव-नियति की विसंगति में है तो कभी इससे उबरने के तनाव में और छटपटाहट में है। आधुनिकता की चुनौती ने केवल **वास्तव** के बारे में सोचने को बदला है, इसे कहने के ढंग को भी बदला है। इस सम्बन्ध में अनेक सवालों का उठ खड़ा होना लाज़मी है। वास्तव क्या है ? कहानी में चरित्र क्या है ? कथा-नक क्या है ? कहानी में देश-काल का बोध क्या है ? आज इन्सान की स्थिति क्या है, उसकी नियति क्या है ? उसका उद्देश्य क्या है ? क्या यह है भी या नहीं है ? व्यक्ति का परिवेश से सम्बन्ध क्या है ? उसे क्या करना है, क्या होना है, क्या वह कर सकता है या नहीं, हो सकता है या नहीं ? क्या इतिहास-बोध से अनागत की दिशा का संकेत मिल सकता है या नहीं ? क्या इतिहास-बोध है भी या नहीं ? क्या विगत-आगत-अनागत में निरन्तरता का बोध है या अनिरन्तरता का ? क्या ये एक-दूसरे से जुड़े हुए हैं या कटे हुए हैं ? इस तरह के अनेक सवाल कथा-साहित्य के बारे में उठ रहे हैं, लेकिन हिन्दी कहानी में तो चरित्र की हस्ती अभी खतरे में है, वह चाहे कितना नामहीन होता जा रहा है। यह सही है कि समकालीन कहानी नगर-बोध को लिए हुए है जिससे आधुनिकता का बोध जुड़ा हुआ है। इसी तरह अजातीयता का बोध भी एक देश तक सीमित न होकर सब देशों में गहराने लगा है और

---

१. अनुपस्थित शहर।

यह भी औद्योगीकरण की प्रक्रिया से जुड़ा हुआ है। इसकी शुरुआत के बारे में भी एक मत नहीं है। उसकी तरफ़ इशारा किया जा चुका है। यह भी साफ़ हो जाता है कि आधुनिकता एक से अधिक दौरों से गुज़री है। हिन्दी-कहानी की इस लम्बी दास्तान से यह संकेत मिलता है कि इसके पहले दौर में इन्सान इतना उद्देश्यहीन नहीं था जितना वह व्यक्ति के तौर पर अपने परिवेश से कटा हुआ था, नये सम्बन्धों की तलाश में था, इससे नये स्तर पर जुड़ने की यातना में था। अब वह अजनबी और बेगाना हो गया लगता है और इसका बोध गहरे में धँसने लगता है। इसे आधुनिकता की प्रक्रिया का अगला दौर कहना इसलिए असंगत न होगा कि आधुनिकता का बोध जो नगरीकरण की प्रक्रिया से जुड़ा हुआ है, स्थिति में पड़ने से इन्कार करता है, आधुनिकवाद के साँचे में ढलने से परहेज़ करता है। नगरीकरण की भी प्रक्रिया थोड़ा तेज़ होने लगती है, कस्बा नगर में और नगर महानगर में बदलने लगता है। समकालीन कहानी में यह भी लगता है कि आधुनिकता के दोनों दौर चल रहे हैं। यह फेंस के कभी इधर है तो कभी उधर और कभी आधुनिकता की झाड़ी लाँघने से रह भी जाती है। आज छोटी-बड़ी पत्रिकाओं में कहानी के **कहानीपन** को कायम रखने के लिए नारा भी लगाया जा रहा है। क्या कहीं कहानी के अन्त होने का खतरा पैदा हो गया है ? क्या **अँधेरे में चीख** ने इतना डर पैदा कर दिया है ? क्या यह चीख कहानीकारों की पुकार बन रही है ? कहानीकार अगर संकेतों की भाषा से छुटकारा पाना चाहता तो उसे कौन रोक सकता है। कविता अगर बिम्बों का चोला उतारकर नंगा होना चाहती है तो उसकी राह में कौन बाधा डाल सकता है। वास्तव को कहने के ढंग हमेशा बदलते रहे हैं और बदलते रहेंगे। आज कहानी लाग-लपेट को छोड़कर वास्तव को सीधे पकड़ना चाहती है तो इसमें भी आधुनिकता की चुनौती है। इस सपाटबयानी में अगर **व्यंग्य** की धार तीखी हो रही है और **आयरनी** की धार पैनी हो रही है तो यह भी इस चुनौती का परिणाम है। इसी तरह आधुनिकता के बोध ने केवल कहानी के पुराने ढाँचे को नहीं तोड़ा है, इसकी संरचना को भी बदला है, इसके अन्त-बोध को भी बदल डाला है। आधुनिकता की चुनौती से पहले, **पूस की रात** और **कफ़न** से पहले कहानी का अन्त बन्द हुआ करता था, इसका **समापन** हुआ करता था, इसका **अथ** और **इति** होती थी, लेकिन आधुनिकता की चुनौती ने इसके अन्त को **धीरे-धीरे** खुलने पर मजबूर कर दिया और **धीरे-धीरे** इसलिए कि रूढ़ि धीरे-धीरे मरती है। इसके बाद अन्त **अन्तहीन** होने की भी गवाही देने लगता है। इसी तरह कथा-साहित्य के बारे में आधुनिकता की चुनौती ने उथल-पुथल पैदा कर दी है। इसका नतीजा क्या निकलेगा या कहानी की भावी दिशा क्या होगी—इसका जवाब आधुनिकवादी ही दे सकता है,

ग्रारतेगा ग्रौर लूकाच ने ग्रपनी-ग्रपनी दृष्टि से इसे दिया भी है। हर ग्रालोचक एक से सहमत ग्रौर दूसरे से ग्रसहमत हो सकता है, लेकिन इनमें सह-ग्रस्तित्व की स्थिति कायम रह सकती है या नहीं—यह भी एक पेचीदा सवाल है।

आधुनिकता और उपन्यास

१—इस विषय पर बात करने से पहले दो-तीन बातों को साफ़ करना आवश्यक जान पड़ता है। आधुनिकता क्या है या उपन्यास में यह क्या, कैसे, किस तरह है—पहला सवाल खड़ा हो जाता है। आधुनिकता उपन्यास के बाहर भी हो सकती है, साहित्य के बाहर भी हो सकती है। यह एक जीवन-बोध है जिसमें प्रश्नचिह्न की निरन्तरता है, मध्यकालीन और रोमांटिक बोध का अस्वीकार है। इसके साथ जुड़ा हुआ दूसरा सवाल यह है कि क्या यह मूल्य है या प्रक्रिया। इतना साफ़ हो चुका है कि यह एक प्रक्रिया है और इस प्रक्रिया में स्वीकृत मूल्य अस्वीकृत हो जाने की गवाही देकर, फिर स्थापित होकर विस्थापित हो जाते रहे हैं। इसलिए इसे मूल्यमयता या मूल्यहीनता में आँकना भी असंगत जान पड़ता रहा है। एक और सवाल आधुनिकता के बारे में उठाया गया है कि क्या पाश्चात्य बनाम भारतीय आधुनिकता में किसी मौलिक अन्तर को आँकना सही है? यह ठीक है पाश्चात्य आधुनिकता के आधार पर भारतीय आधुनिकता की पहचान शायद आरोपित होने की गवाही दे सकती है—कामू की आधुनिकता के आधार पर या काफ्का की आधुनिकता की दृष्टि से हिन्दी उपन्यास में आधुनिकता की पहचान और परख करना संगत नहीं जान पड़ता। यदि आधुनिकता एक प्रक्रिया है तो इसके एक से अधिक दौर हो सकते हैं जिनसे यह गुज़र चुकी है या गुज़र रही है। हिन्दी उपन्यास में और समकालीन हिन्दी उपन्यास में इसे किस तरह पहचाना जाए या किस कसौटी पर इसे परखा जाए? इस पर गहरा चिन्तन पश्चिम में किया गया है और किया जा रहा है। यह चिन्तन कभी उपन्यास में कभी अन्त के बोध को लेकर है तो कभी वास्तव की पहचान को लेकर, कभी उपन्यास की विद्या को लेकर है तो कभी कला की अमानवीकरण की समस्या को लेकर, कभी सम्बोधन या वाग्मिता की समस्या को लेकर है तो कभी चरित्र-चित्रण की समस्या को लेकर, कभी काल की समस्या को लेकर है तो कभी देश की समस्या को लेकर। इस तरह का चिन्तन विदेश के उपन्यास को आधार बनाकर किया गया है जिसका इतिहास लम्बा है और जिसकी परम्परा सम्पन्न है। हिन्दी-उपन्यास का इतिहास इतना लम्बा नहीं है और न ही इसकी परम्परा इतनी सम्पन्न है। इसलिए आधुनिकता का बोध इसमें पश्चिम के आधार पर तलाशना इतना संगत नहीं जान पड़ता और इतना इसलिए कि आधुनिकता का बोध नगरीकरण की प्रक्रिया से भी जुड़ा हुआ है और उपन्यास की विधा किसी विशेष देश या विशेष भाषा तक सीमित न होकर सब देशों और भाषाओं की हो रही है। इसी तरह नगरीकरण की प्रक्रिया भी सब देशों में जारी है।

२—यदि हिन्दी-उपन्यास पर सरसरी नज़र भी डाली जाए तो लगता है कि आधुनिकता के बोध की शुरुआत **गोदान** (१९३४-३६) से मानी जा सकती

है। **आज का हिन्दी-उपन्यास** में इसका संकेत दिया गया है।[1] इस उपन्यास में लेखक ने अपनी परम्परा को तोड़ा है, इसके अन्त को खुला छोड़ दिया है, इसका अन्त उपन्यास के बाहर हो जाता है। इसका अन्त इनके पहले उपन्यासों की तरह बन्द न होकर खुलने की गवाही देने लगता है, इसमें समस्या का समाधान नहीं दिया गया है। इसके अन्त में होरी को धराशायी होने की स्थिति में, दातादीन को सामने खड़ा होने की स्थिति में और धनिया को पछाड़ खाकर गिरने की स्थिति में छोड़कर इसके अन्त को खुला छोड़ दिया गया है जो आधुनिकता की चुनौती का परिणाम है। उपन्यासकार की पुरानी आस्था टूट चुकी है; इसलिए **गोदान** होरी का गोदान न होकर प्रेमचन्द की आश्रम-निकेतनवादी आस्था का भी गोदान है। इसमें हिन्दी-उपन्यास आधुनिकता की दृष्टि से नया मोड़ उसी तरह लेता है जिस तरह **पूस की रात, कफ़न** कहानी में और निराला का 'कुकुरमुत्ता' (१९४१) कविता में नया मोड़ लेते हैं। यह सही है कि **कुकुरमुत्ता** से पहले भी निराला कुछ कविताओं की रचना कर चुके थे जिनमें आधुनिकता का बोध है; लेकिन इस कविता के साथ यह जोड़ देना शायद असंगत न हो कि पहल करने का महत्त्व शोध की दृष्टि से जितना हो सकता है उतना शायद पहचान की दृष्टि से नहीं। आधुनिकता की चुनौती का एक परिणाम यह निकला है कि पहले इसमें अनुभूति बन्द हुआ करती थी, अन्त लाज़मी अन्त न होकर केवल लाज़मी हुआ करता था, समापन एक रूढ़ि थी जिसे तोड़ा गया है। यह आधुनिकता की चुनौती का नया मोड़ है जो उपन्यास ने लिया है। यह मोड़ केवल परम्परा का अस्वीकार ही नहीं था, अनुभूति के अन्त का भी अस्वीकार था। इन शब्दों से काफ़ी खेला गया है और हिन्दी-उपन्यास के बारे में इससे थोड़ा और खेला जाए तो असंगत न होगा। इस मोड़ के बाद जब आधुनिकता की प्रक्रिया कुछ तेज़ होने लगती है तो **इति** एक बार एक और **अथ** बन जाती है, इति उपन्यास के बाहर निकलने की गवाही देने लगती है। उपन्यासकार के लिए अन्तिम बात करना इसलिए कठिन हो जाता है कि जीवन-वास्तव जटिल होने की गवाही देने लगता है और वास्तव की जटिलता को उजागर करने के लिए पुराने कठघरों को तोड़ना पड़ता है, वह चाहे वस्तु का हो या शिल्प का। इस तरह के उपन्यास में अनुभूति का खुल जाना या अन्त का खुल जाना केवल पात्रों को नहीं, पाठकों को भी इसका सामना करने के लिए बाधित करता है। इस बात को तूल देना भी इसलिए आवश्यक है कि बात शायद थोड़ा साफ़ हो सके। अनुभूति जब खुलने लगती है तो उपन्यास की संरचना एक प्रक्रिया के रूप में होती है, आगे की गति होती है, अनुभूति का अन्त लाज़मी नहीं होता, इसका समापन आवश्यक नहीं होता, इसे समेटना

१. इन्द्रनाथ मदान—आज का हिन्दी उपन्यास।

नहीं होता। यह तो सब जानते हैं कि उपन्यास **वास्तव** दिखाता है, उजागर करता है या कहता है। यह वास्तव को किस तरह पकड़ता या कहता है—इसे आँकना पड़ता है। क्या इस वास्तव या अनुभूति के कुछ मानी भी होते हैं ? क्या स्वयं वास्तव या अनुभूति इसके मानी हैं। इन सवालों में आधुनिकता का बोध है जिसने उपन्यास की संरचना को बदला है। यदि इसकी शुरुआत **गोदान** (१९३४-१९३६) से होती है जिसमें लेखक ने स्वयं बन्द अनुभूति की परम्परा को तोड़ा है तो इसकी गवाही अज्ञेय के **शेखर : एक जीवनी** (१९४१-४४) में भी मिल जाती है। इसमें **सहज जीवन** का जो निरूपण किया गया है उसका घोर विरोध शायद इसलिए किया गया था कि इसमें **बहिन से रति** की बात युग-बोध के अनुरूप नहीं थी, उस समय के पाठक की संवेदना को गहरी ठेस लगती थी। क्या इसमें लारेंस वाली सहज-जीवन दृष्टि है ?—यह अलग सवाल है; लेकिन यह सही है कि यह आधुनिकता की प्रक्रिया का परिणाम है जो थोड़ा ज़ोर पकड़ने लगती है, लेखक की संवेदना के गहरे में धँसने लगती है।

३—एक और सवाल जो उठाया जा सकता है वह समकालीन उपन्यास का है। इसे सुविधा की दृष्टि से १९६० के बाद का माना जा सकता है। इसमें आधुनिकता का बोध गहराने लगता है। यहाँ यह जोड़ देना आवश्यक है कि आधुनिकता से न तो उपन्यास कृति के तौर पर बनता है और न ही बिगड़ता है। आज आधुनिकता इसे अतिरिक्त महत्त्व तो दे सकती है, इसे कृति नहीं बना सकती। इसलिए जिन उपन्यासों को लिया जाएगा इनका कृति होना लाज़मी नहीं है और जिन्हें नहीं लिया जा सकेगा इनका कृति होना संभव है। उदाहरण के लिए अज्ञेय का **अपने-अपने अजनबी** (१९६१) और मोहन राकेश का **न आने वाला कल** (१९६८) शायद उपन्यास बनने से रह जाते हैं; लेकिन इनमें आधुनिकता का बोध झलकता है। इन उपन्यासों में, जो १९६० के बाद के हैं, जिन्हें सुविधा की दृष्टि से **समकालीन** कहा गया है, आधुनिकता का बोध कभी उथले में है तो कभी गहरे में, यह आधुनिकता के एक से अधिक दौरों की गवाही भी देता है। आधुनिकता की दृष्टि से हिन्दी उपन्यास ने पहला मोड़ शायद **गोदान** में लिया है, दूसरा **शेखर : एक जीवनी** में और तीसरा शायद **वे दिन** (१९६४) में लिया है जहाँ अन्त केवल खुलने की ही गवाही नहीं देता, अन्तहीन होने की भी गवाही देने लगता है; अन्त उपन्यास के बाहर होने का बोध कराने लगता है। इसका मतलब यह हुआ कि आधुनिकता एक प्रक्रिया है जो एक से अधिक दौरों से गुज़रने की गवाही देती है। १. अज्ञेय का **अपने-अपने अजनबी** (१९६१), २. मोहन राकेश का **अँधेरे बन्द कमरे** (१९६१), ३. नरेश मेहता का **यह पथ बन्धु था** (१९६२), ४. निर्मल वर्मा का

वे दिन (१९६४), ५. शरद देवड़ा का **टूटती इकाइयाँ** (१९६४), ६. राजकमल का **शहर था : शहर नहीं था** (१९६६), ७. रमेश बक्षी का **बैसाखियों वाली इमारत** (१९६६), ८. महेन्द्र भल्ला का **एक पति के नोट्स** (१९६६), ९. उषा प्रियंवदा का **रुकोगी नहीं, राधिका** (१९६७), १०. मोहन राकेश का **न आने वाला कल** (१९६८), ११. श्रीकान्त का **दूसरी बार** (१९६८), १२. गिरिधर गोपाल का **कन्दील और कुहासे** (१९६९), १३. गोविन्द मिश्र का वह **अपना चेहरा** (१९७०), १४. प्रमोद सिनहा का **उसका शहर** (१९७०), १५. गिरिराज किशोर का **यात्राएँ** (१९७१), १६. ममता कालिया का **बेघर** (१९७१), मणि मधुकर का **सफेद मेमने** (१९७१), १८. मन्नू भंडारी का **उसका बंटी** (१९७१), १९. बदीउज़्ज़मां का एक **चूहे की मौत** (१९७१), और २०. कृष्णा सोबती का **सूरजमुखी अँधेरे के** (१९७२)। कुछ उपन्यासों में यदि पाठक को रोमांटिक बोध की झलक दिखने लगे तो इसका कारण यह भी हो सकता है कि वह उपन्यास-विशेष में आधुनिकता की पहचान इसके और दौरे के आधार पर उसी तरह करने लगा है जिस तरह आज **नयी कविता** या **नयी कहानी** में रोमांटिक बोध को आँका जाने लगा है, जिस तरह इलियट की कविता और लारेंस के उपन्यास में रोमांटिक बोध दिखने लगा है। अधिकांश उपन्यासों में आधुनिकता का बोध नगर-बोध से जुड़ा हुआ है, नगरीकरण की प्रक्रिया से जुड़ा हुआ है। इसकी प्रक्रिया भारतीय परिवेश में या जीवन में इतने गहरे में अभी नहीं धँसी है जितनी अमरीका या योरुप के परिवेश या जीवन में। इसलिए इन्सान के परिवेश से कट जाने की समस्या, अजातीयता की समस्या जितनी गहरे स्तर पर इन देशों के परिवेश या जीवन में है उतनी भारत के नगर-जीवन में नहीं है। इसलिए आधुनिकता संवेदना के धरातल पर इतनी नहीं है जितनी धारणा के धरातल पर है। अजातीयता की समस्या भी पूंजीवाद समाज तक सीमित न हो समाजवादी समाज में भी उठ रही है। यह नगरीकरण की प्रक्रिया का परिणाम है—मशीन युग की देन है। इस तरह आधुनिकता का बोध रोमांटिक बोध का विरोध उसी तरह करता है जिस तरह रोमांटिक बोध ने मध्यकालीन बोध का विरोध किया है। आज वास्तव और जीवन-वास्तव इतना जटिल हो रहा है कि वह पकड़ में नहीं आ रहा है। उपन्यास इसे पकड़ने की कोशिश में खुद बदलने की गवाही दे रहा है।

४—अज्ञेय का **अपने-अपने अजनबी** (१९६१) इस दिशा में एक छोटा कदम उठाने की तरह है। इसमें मौत का सामना है, उसे पहचानने की कोशिश है, लेकिन ज़िन्दगी और मौत के बारे में चिन्तन काफ़ी बदल रहा है। पहले जीवन को वास्तव माना जाता रहा है और मृत्यु को अवास्तव। यह मध्यकालीन बोध का परिणाम था। इसे अलग-अलग तरह कहने की कोशिश होती रही

है—मरण के बाद जन्मान्तर है, नींद के बाद जागना है, कयामत के दिन कब्रों से उठना है, फटा चोला बदलना है। आज मृत्यु वास्तव का बोध देने लगी है और जीवन विसंगत होने का। इस चिन्तन के मूल में आधुनिकता की चुनौती है। **अपने-अपने अजनबी** जीवन की मृत्यु के माध्यम से पहचानने की कोशिश है—'साँस की बाधा ही जीवन-बोध है।' यह जीवन को मानी देती है। इसमें अस्तित्ववादी चिन्तन की झलक है; लेकिन उपन्यास अस्तित्ववादी नहीं है, उपन्यास वादी कभी नहीं होता। यह उपन्यास अज्ञेय की रचना-प्रक्रिया के, आधुनिकता के उस दौर को सूचित करता है जब इनकी कृतियों में आधुनिकता का अस्वीकार झलकने लगता है, जब वह कविता की तीसरी नाव में सवार होकर **नव-रहस्यवाद** की संवेदना को उजागर करने लगते हैं। इस उपन्यास में जगन्नाथन इसका माध्यम बनता है। अन्य पात्र विदेशी हैं—यो के और सेलमा; लेकिन यह पात्र भारतीय है। पहले खण्ड में बुढ़िया सेलमा मौत के माध्यम से जीवन की सार्थकता सिद्ध करना चाहती है। उसकी देह से मौत की गंध इस कदर फैल जाती है कि उससे उबरने का तरीका सामने नहीं आता। यो के ने युद्ध के आतंक से आत्मघात कर लिया है। पहले दो खण्डों में आधुनिकता का स्वीकार है, लेकिन आखिरी खण्ड में मौत से उबरने में आधुनिकता का अस्वीकार है। इस उपन्यास में जिस भाषा का उपयोग किया गया है वह अस्तित्ववादी चिन्तन से जुड़ी हुई है—स्वतन्त्रता, वरण, विसंगति, मृत्यु-बोध। अन्त में यो के ज़िन्दगी को कैंसर मान लेती है। यह समझकर वह आत्मघात कर लेती है कि मैंने वरण कर लिया है, स्वतन्त्रता का चयन कर लिया है। संरचना की दृष्टि से **अपने-अपने अजनबी** कितना ही कमज़ोर बन गया हो, लेकिन मृत्यु के साक्षात्कार में आधुनिकता का बोध है। इसका स्वीकार उसी तरह है जिस तरह इनकी कुछ कविताओं में है जो इनके काव्य के दूसरे दौर की हैं। पहले दौर की कविताओं में रोमांटिक बोध का अवशेष है, दूसरे में आधुनिकता का स्वीकार है और तीसरे में इसका अस्वीकार नव-रहस्यवादी बोध में झलकने लगता है। इसलिए अज्ञेय जब यह पूछते हैं—कितनी नावों में कितनी बार, तो इनकी ही भाषा में यह जवाब देना पड़ता है—तीन नावों में बार-बार। और बार-बार इसलिए कहना पड़ता है कि हर दौर में हर दौर की गवाही मिलती है। मोहन राकेश के अँधेरे बन्द कमरे (१९६१) में भी आधुनिकता का अधूरा स्वीकार है, अनुभूति की धारा पहले खुलकर फिर बन्द हो जाती है। इस उपन्यास में पति-पत्नी का, हरबंस-नीलिमा का एक-दूसरे से कट जाने में नगर-बोध का परिवेश है। इसमें अनुभूति की धारा खुलने का आभास देती है; लेकिन इनके एक-दूसरे में लौटने के साथ यह बन्द हो जाती है। कभी-कभी ऐसा लगता है कि राकेश के कथा-नायकों की नियति

लौटने में अभिशप्त है—वह चाहे **आधे-अधूरे** का नायक हो या **आषाढ़ के एक दिन** का। हरबंस-नीलिमा एक-दूसरे से प्रेम करते हैं और पहले से अधिक अपरिचित हो जाते हैं। इस तरह दोनों अँधेरे बन्द कमरे में रहने के इतने आदी हो चुके हैं कि रिश्तों के बाहर एक नामहीन सम्बन्ध की बात सोच ही नहीं सकते। श्रीकान्त की यह शिकायत कि वे क्यों सोच नहीं सकते, कुछ असंगत जान पड़ती है। इसी तरह मधुसूदन को सुषमा श्रीवास्तव को बिना फोन किए कस्साबपुरा पहुँचाने में अनुभूति की धारा को बन्द कर आधुनिकता को अस्वीकारा गया है। इस समापन या अन्त के बोध में आधुनिकता की प्रक्रिया जारी होकर ठप हो जाती है। जहाँ तक अँधेरे और बन्द कमरे का सवाल है यह नगर-बोध का परिणाम है और इसमें आधुनिकता का बोध उजागर होता है। इसलिए इस उपन्यास में आधुनिकता के अधूरे स्वीकार को आँकना शायद बेहतर है। इनके दूसरे उपन्यास **न आने वाला कल** (१९६८) में यदि अनुभूति की धारा बन्द नहीं होती और अन्त उपन्यास के बाहर होकर आधुनिकता की प्रक्रिया का बोध कराता है तो इसकी बात यथास्थान की जाएगी।

५—नरेश मेहता के उपन्यास **यह पथ बन्धु था** (१९६२) में आधुनिकता का बोध थोड़ा भिन्न है। इसमें एक तरफ़ तो कथा-नायक श्रीधर के मौन और उसकी पत्नी सरस्वती की सहनशीलता में छायावादी जीवन-बोध है जिसका विस्तृत और सजीव चित्रण उपन्यास में उपलब्ध है, लेकिन दूसरी तरफ़ इस मत के विरोध में यह भी कहा गया है कि इस उपन्यास में अकेलेपन, अजनबी-पन और घर में बेघर होने के बोध में आधुनिकता उजागर होती है। कथा-नायक एक लंबी अवधि के बाद जब जेल से रिहा होकर अपने घर लौटता है तो वह इसमें अपने को अकेला, पराया, बेगाना पाता है। उसके घर का बटवारा हो चुका है, माँ-बाप चल बसे हैं, पत्नी आखिरी साँसें ले रही है, दोनों लड़कियों की शादी हो चुकी है। एक पंगु होकर माँ के पास है। माँ की मौत के बाद वह भी नाना के घर चली जाती है। श्रीधर अपने घर में, जो टूट चुका है, अकेला और अजनबी है। उसका अकेलापन और अजनबीपन गजाधर बाबू के अकेलेपन और अजनबीपन से अलग है जिसे उषा प्रियंवदा ने **वापसी** कहानी में उजागर किया है। गजाधर बाबू की दूसरी वापसी में यदि आधुनिकता के बोध को आँका जा सकता है तो श्रीधर की पहली वापसी में इससे किस तरह इन्कार किया जा सकता है; अपने घर में बेघर होने का बोध दोनों में है। इसलिए जीवन-वास्तव को चुपचाप झेलने में छायावादी बोध को आँकना इसलिए असंगत है कि इसे कामू की **विद्रोहशील आधुनिकता** की कसौटी पर परखा गया है। आधुनिकता एक मूल्य न होकर एक प्रक्रिया है जिसे उसके परिवेश और उपन्यास-विशेष में आँकना संगत जान पड़ता है। आधुनिकता इस

दौर से गुज़रने की गवाही दे चुकी है और आज अगर यह **विद्रोहशील** होने लगी है तो यह इस प्रक्रिया का अगला दौर है। इस उपन्यास के अधिकांश में आधुनिकता की संवेदना है और अधिकांश में इसलिए कि कहीं-कहीं छायावादी बोध की झलकियाँ भी देखने को मिलती हैं; लेकिन इसमें समापन करने की विवशता आधुनिकता की प्रक्रिया को रोकने की कोशिश करती है। इसका अन्त यदि इन शब्दों के साथ हो जाता—**वे (श्रीधर) लिख रहे थे** तो उपन्यास अनावश्यक समापन या परिशिष्ट से बच सकता था और अनुभूति की धारा जिसे बन्द करने की कोशिश की गई है उपन्यास के बाहर हो सकती थी। अन्त का लाज़मी होना जो लाज़मी अन्त नहीं है एक तरह रूढ़ि थी जो आधुनिकता के इस दौर को सूचित करती है और जिसे अब तोड़ा ज़ा रहा है। आधुनिकता का बोध नगरीकरण की प्रक्रिया से भी जुड़ा हुआ है जिसे राजेन्द्र यादव के उपन्यास **उखड़े हुए लोग** (१९५६) में आँका जा सकता है—जो साठ के पहले का है। यह उपन्यास इस रूढ़ि का शिकार नहीं है और इसकी गवाही इसके अन्त-बोध में मिल जाती है। इस उपन्यास के नगर में लोग इतने कटे हुए नहीं हैं जितने उखड़े हुए हैं, उखड़कर कहीं और लगने की कोशिश में हैं। आधुनिकता के बोध को दियोनीसस देवता के नगर में घुसने-धँसने से भी जोड़ा गया है; लेकिन इस उपन्यास में वह नगर में घुस तो आया है; लेकिन इसमें धँस नहीं पाया है। इसलिए शायद आधुनिकता का बोध हिन्दी-उपन्यास में **गहरे में होकर उथले में रह जाता रहा है**। यह उपन्यास की विधा में क्यों है, अन्य विधाओं में क्यों नहीं है—इसका जवाब दरकार है।

६—निर्मल वर्मा के उपन्यास **वे दिन** (१९६४) में यह गहरे में उतरने की कोशिश में है। यह शायद इसलिए कि इसमें नगर-बोध गहरे में है, योरुप के नगर का है जहाँ दियोनीसस धँस गया है। इस उपन्यास के अन्त-बोध में भारी अन्तर आ गया है, इसका अन्त अन्तहीन हो जाता है। **गोदान** और **शेखर : एक जीवनी** के अन्त जहाँ खुलने की गवाही देने लगते हैं, वहाँ **वे दिन** का अन्त अन्तहीन हो जाता है जो आधुनिकता की प्रक्रिया के अगले दौर को सूचित करता है। यह उपन्यास के पुराने चौखटे को तोड़ता है, कथानक और चरित्र-चित्रण आदि की सीमा को सूचित करता है। इस उपन्यास के मूल स्वर के बारे में मतभेद हो सकता है; लेकिन जब इसकी मूल संवेदना को रोमांटिक कहा जाता है तो यह संगत नहीं जान पड़ता। इसी तरह जब इसे हिन्दी का उपन्यास इसलिए नहीं माना जाता कि इसमें परिवेश अभारतीय है तो यह भी असंगत जान पड़ता है। यह हिन्दी का उपन्यास उसी तरह है जिस तरह भारतीय परिवेश को लेकर किपलिंग का कथा-साहित्य अंग्रेज़ी का है। इस उपन्यास में अनेक स्वर सुनने को मिलते हैं। क्या नगर के परिवेश से कट जाने से अकेलेपन का बोध

इसमें नहीं है ? उपन्यास में रायना अकेली है, उसका पति अकेला है, उसका पुत्र भी अकेला है, फ्रांज भी, मारिया भी, **मैं** भी, टी-टी भी । यह महायुद्ध का परिणाम भी है और नगर-बोध का भी । इस तरह अजातीयता के बोध में आधुनिकता का बोध उजागर होता है । इस स्थिति में विगत के बारे में या अनागत के बारे में सोचना बेकार है । आगत में ही जीना या मरना है । इस तरह काल-बोध का एक-दूसरे से कट जाना आधुनिकता को उजागर करता है, काल-बोध ही एक-दूसरे से कट नहीं जाता, देश-बोध भी कट जाता है । एक आयु के बाद घर लौटना भी नहीं हो सकता, उसकी याद चाहे कितना तंग करने वाली हो । व्यर्थता का बोध भी पात्रों की रगों में समाया हुआ है । रायना, टी-टी, फ्रांज़, मारिया—सबके जीवन में एक खास तरह का रीतापन है, उदासीनता है तटस्थता है जिनके लिए एक-दूसरे को जानना बेकार है, अधिक जानना दुख की बात लगता है । इन्सान कहाँ से आया है, कहाँ जा रहा है, **मानव की नियति** क्या है—इसके बारे में कुछ पता नहीं है । इस तरह उपन्यास में आधुनिकता का बोध उजागर होता है । इसमें अकेलेपन का जो बोध है वह मध्यकालीन और छायावादी अकेलेपन के बोध से भिन्न है । मध्यकालीन बोध के अनुसार मानव आत्मिक स्तर पर अकेला है, रोमांटिक बोध की दृष्टि से वह व्यक्ति के स्तर पर अकेला है, लेकिन इस उपन्यास की आधुनिकता के अनुसार वह नियति के स्तर पर अकेला है, उसके अथ और इति का पता नहीं चल रहा है । निर्मल वर्मा की कहानी **परिन्दे** में भी इसका संकेत मिल जाता है । आज के जटिल और गतिशील वास्तव को पकड़ने की कोशिश है इसलिए उपन्यास में वास्तव की गति को किसी अन्त से बन्द करना कठिन हो रहा है, अनुभूति की धारा या ज़मीर की धारा उपन्यास के बाहर जाने के लिए विवश है । **वे दिन** का अन्त शायद इसलिए अन्तहीन हो गया है, अधूरा-सा रह गया है । कथा-नायक या कथा-वाचक की बातचीत से यह उजागर होता रहता है कि अन्तिम क्षण बिलकुल अन्तिम नहीं लगता । वह अपना कोट उठाकर चल तो देता है; लेकिन रायना को स्टेशन पर विदा कहने के लिए नहीं; नगर-बोध से छुटकारा पाने के लिए पहाड़ों पर जाने की सोचता है । इसी तरह अगला उपन्यास शरद देवड़ा का **टूटती इकाइयाँ** (१९६४), जो इसी साल छपा है, आधुनिकता के बोध को उजागर करता है । इसके बारे में यह कहा गया है कि यह कथा-लेखन की रूढ़ियों के राजपथ पर नहीं चलता, पगडंडियों पर अपनी राह स्वयं बनाता है, इने-गिने पात्रों को लिए हुए है जिनके नाम तक नहीं हैं । इसके तीन अंश हैं—नारी, पुरुष, पत्नी; जो तीन स्वतन्त्र कहानियाँ हैं और इसका अन्त भी अधूरा-सा है । इनके मूल में आधुनिकता का बोध है जो रूढ़ियों को तोड़ता है, पात्रों को अनाम बताना है और अन्त को खोल देता है । एक नारी की पुकार अगोचर पुरुष और अजन्मे

शिशु के लिए है, एक पुरुष को नारी एक बुढ़िया लगने लगती है जो हजारों कोस पैदल चलने के बाद थक चुकी है, अपनी मंज़िल के आखिरी पड़ाव की ओर लँगड़ाती चलती जा रही है जिसे वह पहचान नहीं पा रहा है और पत्नी को यह महसूस होने लगता है कि दोनों के बीच केवल देह का सम्बन्ध-सूत्र था जो इनको जोड़े था। इसके टूट जाने पर दोनों अपने-अपने दायरे में सिमटकर अलग-अलग दिशाओं में चलने लगते हैं। इन तीन धारणाओं को उपन्यास का रूप दिया गया है। यह दूसरा सवाल है कि यह उपन्यास बन गया है या नहीं। इसमें खोखलेपन, रीतेपन का बोध, मौत का भयावह सन्नाटा, उपन्यास में उपन्यास-कला पर चिन्तन आधुनिकता के बोध की गवाही देते हैं। इसमें पुरुष-पात्र उपन्यासकार है जो दावा करता है कि उसकी रचना में घटनाएँ नहीं होंगी, स्थितियाँ होंगी, पात्रों का महत्त्व नहीं होगा, इनका नाम तक नहीं होगा, मैं-तुम-वह के सम्बोधन होंगे। अन्तिम अंश में पति-पत्नी में पत्नी का पेट बढ़ने के साथ-साथ दूरी बढ़ती जा रही है, एक-दूसरे के लिए वे अजनबी होते जा रहे हैं। माँ बनने के बाद पहचान धुंधली पड़कर गायब होती जा रही है। पति अपनी चहेती से घिर जाता है और पत्नी अपनी सन्तान से। पति अपनी चहेती के साथ सैर पर निकल जाता है और पत्नी घर में रोटियाँ सेंकती रहती है। इतना कुछ चार सालों में हो जाता है जिसे अब सहा नहीं जा सकता और इसके साथ उपन्यास का अन्त उपन्यास के बाहर हो जाता है। एक आदमी और दो औरतों का तिकोन तो पुराना है; लेकिन इसे निभाने का ढंग कुछ नया है; इसका अन्दाज़ और मिज़ाज आधुनिकता के बोध को लिए हुए है।

७—राजकमल चौधरी की मूल संवेदना के बारे में गहरा मतभेद पाया जाता है। कभी इसे तान्त्रिक बोध के आधुनिक संस्करण से जोड़ा गया है तो कभी अस्तित्ववादी बोध से लैस किया गया है; लेकिन दोनों के मूल में नगर-बोध की सीमाओं की खोज है और इसमें आधुनिकता उजागर होने लगती है। **शहर था, शहर नहीं था** (१९६६) उपन्यास के पहले खण्ड का नाम है—नीलापन और एक ही सपना बार-बार आदि में उन्नीस कविताएँ इस नाम को साकार करने के लिए हैं। इनमें नागरिक जीवन या नगर-बोध के दो स्तर उभरते हैं। एक जिजीविषा की अनुभूति का है और दूसरा यौनाचार की अनुभूति का जिस पर राजकमल ने इतना बल दिया है कि इनकी रचनाओं को भोगवादी कहा गया है। यह सतह पर है या गहरे में—यह अलग सवाल है। शहर अजनबी है। जिन्दगी रोजी की राह पर एकरस चलती रहती है। इस अनुभव के बाद लगता है कि सुबह होगी और यह नगर मेरा दोस्त हो जाएगा। इससे अधिक क्या हो सकता है कि शहर के खोखलेपन में कहीं बिजली नहीं गिरी या बम नहीं गिरा। आत्मीयता की बेकार तलाश एक थोड़े इन्तज़ार के

सहारे जिजीविषा को पाये रहती है। इस नज़रबन्द ज़िन्दगी से छुटकारा पाने के लिए अवसर पाकर भी कामना डरी रहती है। इस तरह बाहर-भीतर की विवशता के जाल में यौनाचार की अनुभूति का स्तर उभरता है। सामूहिक यौनाचार नगर-बोध का पूरक पहलू है। इसके तरीके वैध भी हैं और अवैध भी। नगर का आन्तरिक परिवेश बोरियत से खोखला है। राजकमल की धारणा शायद यह है कि सोसायटी लड़कियाँ भीतर से बरफ़ या ठण्डी होती हैं। इनमें आदमी के दैनिक तनाव को ढीला करने की क्षमता है; लेकिन स्वकीया या परकीया यान्त्रिक भोग की चीजें नहीं हैं, वे तनाव को बढ़ाती हैं। इस तरह एक ही नाटक बार-बार खेला जाता है। इस उपन्यास में और अन्य रचनाओं में राजकमल विघटन, विसंगति, संत्रास, यान्त्रिक तटस्थता, अजनबीपन के एकान्त को उजागर करते हैं। इसकी चरम परिणति को इनकी कविता **मुक्ति-प्रसंग** में आँका जा सकता है जिसमें मौत नगर-वधू है, नील-कन्या मौत की उपलब्धि है। इसलिए नीलापन इनकी रचनाओं में बार-बार आता है। इस उपन्यास का पहला खण्ड भी नीलेपन से जुड़ा हुआ है। आधुनिकता का बोध कहीं-कहीं गहरे स्तर पर नगर-बोध से जुड़ जाने की गवाही देता है। आदमी के उखड़ने और उद्देश्यहीन होने का बोध, उसके सार के खो जाने का एहसास अजातीयता और अजनबीपन के मूल में है। **शहर था, शहर नहीं था** उपन्यास बन सका है या नहीं—यह दूसरा प्रश्न है। इसी तरह महेन्द्र भल्ला के **एक पति के नोट्स** (१६६६) में नोट्स लिखने का उद्देश्य अनुभव के छोटे-छोटे टुकड़ों को यथावत अंकित करना है, और इन टुकड़ों को एक क्रम में रख कर इन्हें मानी देना है। क्या इसमें मानी देने की कोशिश है? इसे इन टुकड़ों से गुज़रकर आँका जा सकता है। इस उपन्यास का पहला उद्देश्य इसके पुराने चौखट को तोड़ना है जिसमें अनुभूति की धारा को बन्द किया जाता रहा है। इसे खुला छोड़ने के लिए, अन्त को खोलने के लिए, जिसके मूल में आधुनिकता की प्रक्रिया है, नोट्स की शैली को अपनाया गया है। इस उपन्यास में बेमानीपन का तीखा बोध उजागर होता है और इसे तोड़ने की कोशिश भी होती है। मैं की कोशिश इससे छुटकारा पाने की है जो आरोपित नहीं जान पड़ती। यह बोरियत केवल सेक्स की नहीं, रोज़ के दायरे में चक्कर काटते जीवन की भी है। इस उपन्यास के बारे में जब यह कहा जाता है कि इसका मूल स्वर संभोग का है तो यह अधूरा जान पड़ता है। समकालीन उपन्यास को अँधेरे बन्द कमरे से संभोग रूम तक के रूप में आँका जा सकता है।[1] यह सही है कि समकालीन उपन्यास में संभोग की बात बार-बार कही गई है। वह चाहे निर्मल वर्मा का

---

१. कल्पना—नम्बर २११।

वे दिन हो या मोहन राकेश का **अँधेरे बन्द कमरे**, महेन्द्र भल्ला का **एक पति के नोट्स** हो या श्रीकान्त का **दूसरी बार** (१९६८), गिरिराज किशोर का **यात्राएँ** (१९७१) हो या ममता कालिया का **बेघर** (१९७१), मणि मधुकर का **सफेद मेमने** (१९७१) हो या कृष्णा सोबती का **सूरजमुखी अँधेरे के** (१९७२)। सेक्स की अनुभूति गोदान में मेहता-मालती के चुम्बन-आलिंगन तक सीमित थी, बन्द थी; लेकिन बाद में यह खुलने की गवाही देने लगती है। इसे उपन्यास में ही नहीं, कविता-कहानी में भी आँका जा सकता है। इसके मूल में आधुनिकता का बोध है जो पुराने सम्बन्धों को तोड़ रहा है। इनके टूटने में कभी-कभी आदमी भी टूट रहा है। **एक पति के नोट्स** में **मैं** टूटता नहीं है। वह पत्नी (सीता) की एकरसता से बोर होकर अपने पड़ोसी की पत्नी (संध्या) में उलझकर, उसे घर बुलाकर उससे संभोग करता है लेकिन इससे कुछ हाथ नहीं लगता। "अभी कुछ हुआ वह वही था जो सीता के साथ होता रहा है। इतना ही नहीं यह सीता के साथ ही हुआ है, संध्या के साथ नहीं।" इस तरह निरर्थकता **मैं** को जकड़ लेती है। वह अपनी पत्नी की ओर जब लौटता है तो बदले में क्रूरता उभरने लगती है। वह यह कहने से बाज़ नहीं आता कि सीता की टाँगें मोटी लग रही हैं और उसे खूबसूरत टाँगें भाती हैं। सीता का चेहरा सफ़ेद पड़ जाता है और वह इतना कहकर रह जाती है कि उसे खूबसूरत टाँगों वाली के साथ भागना था। इस आयरनी की स्थिति में **मैं** अपने को अवश पाता है, पूरे ढाँचे में अपने को अजनबी पाता है। महेन्द्र भल्ला का कवि बोरियत और अजनबीपन के बोध को संकेतों से गहराता है जिसमें एक तरह का ठण्डापन है––

> गरमी बहुत है।
> क्या किया जा सकता है ?
> कुछ भी नहीं।

इस तरह उपन्यास में आधुनिकता का बोध उजागर होता है और यह नगर-बोध से भी जुड़ा हुआ है। यह सही है कि इस उपन्यास में शहरी ज़िन्दगी की भाग-दौड़ नहीं है; लेकिन खाली दुपहरों और सूनी रातों का बोध अवश्य है जो नगर-बोध के गहरे में है। यदि इस उपन्यास में **मैं** को ही अधिक विस्तार मिला है और **मैं** के बाहर का वास्तव अधकहा रह गया है तो यह **मैं** की अपने साथ व्यस्तता का परिणाम है। उपन्यास का अन्त इस बात से हो जाता है कि यह सब-कुछ स्वभाव है, अन्तर कहाँ पड़ता है, ऐसे ही जीते रहना है, अपनी बुनियादी अक्षमता को स्वीकारना है। यह बुनियादी ही नहीं, सम-कालीन भी है। इस तरह उपन्यास का अन्त खुल जाता है, **मैं** स्वस्थ होकर सड़क पर चलने लगता है।

८—अगला उपन्यास उषा प्रियम्वदा का **रुकोगी नहीं, राधिका** (१९६७) है जो धारावाहिक रूप में १९६६ में छपा था।[1] इसमें एक भारतीय नारी की दुविधा को आधार बनाया है जो अपनी दिशा तय नहीं कर पा रही है। वह भारत से अमरीका जाती है और उसे एक सांस्कृतिक झटका लगता है। वह विदेश की ज़िन्दगी की आदी होकर अपने देश लौटती है तो उसे दूसरा झटका लगता है। वह अपने को तनाव की स्थिति में पाती है—यहाँ रहे या वहाँ चली जाए ? इस लघु उपन्यास में **मछलियाँ** नामक लम्बी कहानी के संकेत मिलते हैं। इनमें अन्तर शायद यह है कि कहानी में विजी भारत लौट आती है और उपन्यास में राधिका विदेश चली जाती है। यहाँ आकर उसे जड़ता का बोध जकड़ लेता है, कुछ न बदलने का एहसास घेर लेता है। राधिका ने बचपन से, माँ के चल बसने के बाद से अठारह साल से अकेलेपन को जाना है कि वह कितना भयावह होता है। तटस्थता और सूक्ष्मता से इसे उपन्यास में उजागर किया गया है। एक तरफ़ पिता-पुत्री में अनुराग का तनाव और दूसरी तरफ़ मनीश-अक्षय के बीच डोलने की स्थिति अनिश्चितता और सारहीनता का बोध कराती है। वह अपने को परिवेश से कटा हुआ पाती है। आखिर वह मनीश के बारे में तय कर लेती है; लेकिन असली तनाव पिता-पुत्री के सम्बन्ध में है जिसे उपन्यास के अन्त में इस तरह कहा गया है—

विनय, लोग कल जा रहे हैं ?

कह तो रहे हैं।

और तुम ?

और आप ?

मैंने अपने बारे में कुछ सोचा नहीं है। चाहता हूँ, तुम यहाँ रहो राधिका, पहले की तरह। कुछ देर के बाद अँधेरे में उसका जवाब—**नहीं, पापा मैं जाना चाहती हूँ।** मनीश···मेरे एक बन्धु। इस तरह उपन्यास का अन्त खुल जाता है। इसमें अजातीयता, अकेलेपन, और अन्त के खुल जाने के बोध में आधुनिकता की प्रक्रिया है जो **नयी कहानी, नयी कविता** में आधुनिकता के दौर को उजागर करती है। यदि इस उपन्यास में आधुनिकता का दौर नयी कहानी वाला है तो मोहन राकेश के उपन्यास **न आने वाला कल** (१९६८) में भी यही दौर है। इस उपन्यास का परिचय इन शब्दों में दिया गया है—एक पहाड़ी स्कूल में कितने लोग थे जो एक ही ज़िन्दगी के सहभागी होकर जी रहे थे, परन्तु साथ-साथ जीते हुए भी वे सब इतने अकेले थे कि सिवा अपने और किसी के अकेलेपन को महसूस तक नहीं कर पाते थे। अपने-अपने दायरों में

---

१. धर्मयुग।

बन्द होकर अपनी-अपनी जगह एक ही चीज़ को खोज रहे थे—अपने आने वाले कल को। इस न आने वाले कल में आधुनिकता का बोध उजागर होने लगता है। इस तरह लगता है कि इस पहाड़ी मिशन स्कूल में भी नगर-बोध गहरे में धँस गया है जो एक को दूसरे से और सबको परिवेश से काट देता है। मैं ने स्कूल की मास्टरी से त्यागपत्र दे दिया है और यह अनेक अफवाहों को जन्म देता है। उसका त्याग-पत्र सबको अपने आने वाले कल के बारे में संशय से भर देता है, अरक्षित होने के बोध को गहरा देता है। मैं की अकुलाहट और छटपटाहट को इस ढंग से कहा गया है कि वह उपन्यास के अन्त को इसके बाहर ले जाती है, अनुभूति की धारा को आधुनिकता की प्रक्रिया बन्द होने नहीं देती। मैं को पहाड़ से नीचे पहुँचकर रात की गाड़ी मिलने की संभावना नहीं रही थी। बस का इंजन धरधरा रहा था, जाम तोड़कर आगे बढ़ने की कोशिश जवाब दे चुकी थी। इस स्थिति में मैं एक फल वाले को रोककर दो बासी सेब खरीद लेता है और सत्रह सौ इकावन के टिकट को एक हाथ से मसलकर कचर-कचर सेब खाने लग जाता है। इस अनिश्चित स्थिति में उपन्यास का अन्त खुलने की गवाही देने लगता है। श्रीकान्त के **दूसरी बार** (१९६८) उपन्यास में सेक्स को या संभोग को लेकर जब इसमें आधुनिकता के बोध का मज़ाक उड़ाया जाता है तो यह एक आरोपित दृष्टिकोण का परिणाम ही कहा जा सकता है। आधुनिकता के बोध के अनेक पहलू हैं और इनमें एक यह भी है। इसे चाहे हिन्दी उपन्यास-यात्रा के अँधेरे बन्द कमरे से संभोग रूम तक का नाम दिया जाए। आलोचक के अनुसार **वे दिन** में एक देह है और अँधेरा कमरा है। इसमें संवेदनाओं का सस्ता संस्करण पेश किया है। इसे रचनाकार का निजी दस्तावेज़ कहा जा सकता है; लेकिन आलोचक इसे आधुनिकता से वंचित नहीं करते। मैं ख़ुद को संकोच में छिपाने के हक में नहीं है। इनकी शिकायत यह है हिन्दी के उपन्यास में नायक रोगी, नपुंसक, आत्महीन और निराश क्यों है।[1] हिन्दी का उपन्यासकार औरत को एक माध्यम क्यों मानता है? **दूसरी बार** का नायक दब्बू, असहाय और निस्संग है, दुखी और फटेहाल है जबकि नायिका खुशहाल युवती है। पहली बार वह संभोग में स्खलित हो जाता है और हीनता का बोध उसे घेर लेता है। वह साहस बटोरता है ताकि दूसरी बार वह विजय हासिल कर सके। नर और नारी के एक-दूसरे पर विजय पाने की होड़ में लारेंस की दृष्टि झलकने लगती है। इस उपन्यास में लगता है कि यह होड़ कभी बैटिंग का रूप धारण कर रही है तो कभी हाकी के मैच का जिसमें गोल के दायरे में पहुँचकर गोल नहीं हो रहा

---

१. कल्पना—२११, विष्णुचन्द्र शर्मा।

है। इस तरह तनाव की स्थिति उपन्यास में जारी रहती है। **मैं** की हीनता की गाँठ इतनी गहरी और जटिल है कि वह बार-बार तुनकने लगता है, अपमानित महसूस करने लगता है। यह उसके तनाव के मूल में है। उसका मोह-भंग सतह पर है और उसकी विवशता गहरे में है। उपन्यास का अन्त अनुभूति की धारा का समापन नहीं करता, इसे समेटने के बजाय इसे खुला छोड़ देता है। नायक शहर छोड़ने की बात तो सोचता है, लेकिन इसे छोड़ नहीं सकता। बिन्दो उसके लिए अभिशाप है और वह उससे छुटकारा पाना चाहता है। नायक दूसरी बार भी पति नहीं बन पाता और नायिका पत्नी जैसा साधारण जीवन जीना स्वीकार नहीं करती। अन्तिम तान नायक के ओकने या कै करने में टूटती है। वह चलकर एक पत्थर पर बैठ जाता है। बिन्दो उसे अमर वेल की तरह जकड़ लेती है। **मैं** अँधेरे में, दूसरी ओर मुँह फेर, बाएँ हाथ से अपना सीना पकड़ ओकने लगता है। इस तरह दोनों में यान्त्रिक सम्बन्ध टूटने की गवाही देता है, इस अस्वीकार में आधुनिकता का बोध उजागर होने लगता है जो नगर-बोध से ज़ुड़ा हुआ है जहाँ कोई नहीं पहचान सकता, कोई नाम लेकर पुकार नहीं सकता, कोई अपने प्रेम में खलल नहीं डाल सकता। **मैं** घास पर पड़े लोगों में से एक है। वह घास पर पड़े रहना चाहता है। 'यह जगह मेरी है। पर झूठ है, बिन्दो झूठ है। जो भी जाना है, पहचाना है, झूठ है।'[1] इस तरह श्रीकान्त का कवि बोलने लगता है और अपनी कविता की आधुनिकता को उपन्यास में उजागर करने लगता है।

९.—गिरिधर गोपाल के **कन्दील और कुहासे** (१९६९) का कथ्य संभोगीय उपन्यासों से हट कर है, लेकिन यह भी महानगर के परिवेश और नगर-बोध से जुड़ा हुआ है। इसके लेखक **चाँदनी में खण्डहर** की बात इस नाम के उपन्यास में कर चुके हैं, लेकिन इस उपन्यास में स्वतन्त्रता के पिछले बाईस सालों में उस पीढ़ी की बात करते हैं जो कुण्ठित और दिशाहारा हो चुकी है। इसका अनागत अँधेरे से घिरा गया है और इसका आगत वेठौर है। इन दोनों के बीच यह पीढ़ी अपनी राह खोज रही है। इसमें सारी कहानी एक शाम की है। यह उसी तरह जिस तरह **चाँदनी के खण्डहर** में सारी बात चौबीस घंटों में सिमट जाती है। **कन्दील और कुहासे** का कथ्य किशू का होकर, उसके परिवेश और परिवार के माध्यम से एक पूरी पीढ़ी का बन जाता है। अगर उसे नौकरी मिलती भी है तो वह बाद में छटनी का शिकार हो जाता है। इसमें सुरेन्द्र एक पात्र है जो भयानक अँधेरे, एक अनिश्चित ज़िन्दगी, एक भूल-भूलैये-से भटकाव, एक आत्मघाती कुंठा के तीखे बोध को पाकर अगर

---

१. दूसरी बार—१२८

यह कहने पर विवश हो जाता है तो यह आधुनिकता के दूसरे पहलू को उजागर करता है—'गाली-गलौज ? यह तो छोटी चीज़ है, जूतों से बात की जानी चाहिए इन बदमाशों से, इन गद्दारों से।'[1] **इस बोध का अगला बोध शायद गाली न होकर गोली हो रहा है।** इस उपन्यास के सब पात्र टूटने तो रहते हैं, लेकिन झुकने से इन्कार करते हैं। सुरेन्द्र एक अपवाद है जो टूटने की स्थिति में व्यवस्था का पुरज़ा बन जाता है और आज के वास्तव का एक पहलू है। अन्त में लेखक जब मंच पर इसलिए आ जाता है कि किशू की मौत के बाद उस जैसे हज़ारों युवकों को बचाया जा सके तो उसमें आधुनिकता की प्रक्रिया अवरुद्ध हो जाती है। इसी तरह किशू और मीरा के आपसी सम्बन्ध को इसलिए रखा गया है कि वह रातरानी की तरह दिशाहारा वातावरण में महकता रहे। मीरा भी किशू के लगाए इस पौधे की तरह अभिशप्त है। वह भी आज के दिशाहीन परिवेश में भटकने का करुण संकेत देती है। इसमें भी आधुनिकता के बोध को आँका जा सकता है। गोविन्द मिश्र का **वह अपना चेहरा** (१९७०) का **वह** कटा हुआ है और चेहरे की तलाश के पहले **मैं** को एक मुखौटा चढ़ाना पड़ता है। लेखकीय के अनुसार इन्सान कुछ भी नहीं रहा, केवल स्थितियाँ हैं जो खास कोण, खास रंग, खास क्षण में इसे झलका जाती हैं। इस उपन्यास में स्थितियाँ दफ्तरी माहौल की हैं। **मैं** एक छोटा अफसर है जो बड़े अफ़सर से नफ़रत भी करता है, लेकिन स्पेशल पे पाने के लालच में उसके साथ लगा रहता है ताकि वह नाराज न हो। वह दूसरों के सामने अपना चेहरा बचाने के लिए मुखौटा चढ़ा लेता है; लेकिन बड़ा अफसर उसकी कमज़ोरी को पूरी तरह जानता है। मिसेज़ आजवानी अफसरों को हर तरह से खुश रखती है। आज के परिवेश की तलखी को उभारने में आधुनिकता का बोध उजागर होने लगता है। एक बड़े शहर में **मैं** कितना छोटा था, एक भुनगा भी **मैं** को बड़ा लगता था। **मैं** एक गलत जगह पर था। इस तरह के एहसास के मूल में नगर-बोध है जो आधुनिकता के बोध से जुड़ जाता है। **मैं** को कभी आधेपन का भान कचोटता है तो कभी अजनबीपन का जिसे **जिहाद** नामक कहानी में आँका जा सकता है और यह कहानी इस उपन्यास की एक कड़ी है—इसकी मानसिकता और संवेदना से जुड़ी हुई है। अगला उपन्यास जिसमें आधुनिकता का बोध गहरे में उजागर होता है प्रमोद सिनहा का **उसका शहर** (१९७०) है जो नाम और रूप दोनों स्तरों पर नगर-बोध से बुरी तरह जुड़ गया है। इस उपन्यास में पात्र जिस वास्तव को झेलते हैं वह बाहरी कम और भीतरी अधिक

१. कन्दील और कुहासे, पृ० १७७।

है। लूपिका, दशानन, श्री, आमूल, नीरा, एग्नी ऐसे अपरिचित नामों को लिया गया है जिनमें सम्बन्धों के बदलने की अधिक सम्भावना है, संस्कारों से छुटकारा पाने की अधिक क्षमता है ताकि लेखक उपन्यास में आधुनिकता का निरूपण कर सके और निरूपण इसलिए कि यह संवेदना के स्तर पर कम और धारणा के स्तर पर अधिक है। इसके अपने कारण हैं कि आधुनिकता उपन्यास में इस तरह क्यों है। इसमें उपन्यास के पुराने ढांचे को भी तोड़ना पड़ा है ताकि कथानक और चरित्र-चित्रण के बजाय स्थितियों को उजागर किया जा सके। आज के इन्सान के लिए बीतते जाने की संवेदना उसे सताती और कचोटती है और यह कबीर के हीरा जनम की बात से भिन्न स्तर पर है। लूपिका सोचती है—'यह बीतना अपने-आप में कितना भयानक है, कहीं भी कुछ भी वापस नहीं आता। बीतते जाने का एहसास उस आत्महत्या की तरह है जिसमें आदमी यह अच्छी तरह जानता है कि यदि उसने ऐसा कुछ भी किया तो उसका अस्तित्व खतरे में पड़ जाएगा और यह खतरा अन्य खतरों की तरह टाला नहीं जा सकता बल्कि इससे उसके अस्तित्व के ही टल जाने को गुंजाइश रहेगी।'[1] इस तरह की दृष्टि उपन्यास में आँकने को मिलती है। कभी आमूल को बारिश में बोरियत का बोध घेर लेता है तो कभी अपनी पूरी ज़िन्दगी की निरर्थकता का बोध।[2] आमूल को सारी शिकायत अपने भीतर खालीपन से होती थी। उसके एक महानगर का चित्र बनाने में नगर-बोध और आधुनिकता का बोध एक-दूसरे में गुंथ जाते हैं। यह चित्र एक बीमार शहर का है।[3] इस तरह की भाषा इस बोध को उजागर करने के काम आती है। उपन्यास में व्यंग्य का झीना पुट भी आधुनिकता के बोध को उजागर करता है। इसी तरह प्रोफेसर दशानन भी रीतेपन के बोध से घिरा हुआ है और इसे भरने के लिए वह छात्राओं को खाने पर बुलाकर फिर रीत जाता है। बोरियत का बोध सब पात्रों में समाया हुआ है। लूपिका के लिए श्री का अकेलापन एक चिन्ता का विषय है जिसे झेलना है—'हर चीज़ का एक निश्चित भुगतान तय है और किसी-न-किसी तरह उसकी कीमत चुकानी पड़ती है। न इससे सीधे टकराहट से बचा जा सकता है और न ही इससे किनारा ही काटा जा सकता है।[4] आमूल सारी बातों को टुकड़ों में देखता है, और आपसी सम्बन्धों में उसे कोई सम्बद्धता नज़र नहीं आती। वह अन्तिम

---

१. उसका शहर—पृ० ६४
२. ,, ,,—पृ० ६
३. ,, ,,—पृ० २७
४. ,, ,,—पृ० ५६

वात कहते-कहते नयी बात शुरू कर देता है। इस तरह इति का अथ में बदल जाना आधुनिकता की प्रक्रिया को सूचित करता है। एग्नी श्री के साथ जब बाज़ार करने बाहर चली जाती है तो श्री पहली बार अपने घर में बेघर महसूस करने लगता है। मित्र की स्थिति भी उस व्यक्ति की है जिसके सामने नाटक होता चला जा रहा है, लोग अपने-अपने संवाद बोलकर चले जाते हैं और वह तटस्थ है। एग्नी श्री की तरफ़ झुक रही है और एक पति के नाते उसमें सब-कुछ देखकर चुप रहने की मजबूरी है। वह हल खोज रहा है, लेकिन उसे रास्ता नहीं मिल रहा है। इस तरह की स्थितियाँ उपन्यास में तटस्थता, एकाकीपन, अजातीयता के बोध को उजागर करती हैं। लूपिका भी इस तरह की स्थितियों से घिर जाती है। वह आमूल को अपनी आदत का शिकार समझती है। वह नहीं समझ सकी कि माँ के रहते आमूल बदल-बदलकर औरतों से हमबिस्तर क्यों चाहता रहा। वह थोथे सम्बन्धों को अस्वीकारती है। वह बँध जाने के बजाय यात्रा करते जीने को बेहतर समझती है। वह विवाह जैसे बन्धनों को आवश्यक नहीं मानती।[1] उसका अस्तित्व टुकड़ों में बंट जाता है और एक-दूसरे के बीच उसे कोई नाता दिख नही पाता इस तरह आमूल और लूपिका के सम्बन्धों में केवल सुविधा है। मित्र और एग्नी के सम्बन्धों में बेगानेपन का बोध है, लूपिका और दशानन में इतनी भिन्नता है कि वे जुड़ नहीं पाते। लूपिका अपनी अस्मिता खोना नहीं चाहती। उपन्यास का अन्त दशानन की अनिश्चित स्थिति में होता है। इसलिए यह अन्त खुला हुआ है—'वह बंद फाटक पर अपनी हथेलियों को रख कर सामने फैली हुई सड़क की ओर थोड़ा झुककर कभी इधर और कभी उधर देख रहा था, कभी अपने विगत को तो कभी अपने अनागत को (आगत उसका नहीं है)। फाटक बन्द है, लेकिन सड़क खुली है जिसके साथ अन्त खुल जाता है। इस तरह प्रमोद सिनहा के **उसका शहर** में आधुनिकता का बोध उभरता रहता है। यह वास्तव के उस अंश को उजागर करता है जिसका सामना आज के इन्सान को करना पड़ रहा है। यह उपन्यास किसी बड़ी मानवीय स्थिति से जुड़ सका है या नहीं, इसमें आधुनिकता की धारणा के स्तर हैं या संवेदना के स्तर—इस तरह के सवालों को इसके कृति होने के बारे में उठाना अधिक संगत जान पड़ता है। गिरिराज किशोर के **यात्राएँ** (१९७१) उपन्यास में भी बाहर का वास्तव कम है और भीतर का अधिक है, यात्राएँ बाह्य कम और आन्तरिक अधिक हैं। वह **चिड़ियाघर** (१९६८) में बाहर के वास्तव को कह चुके हैं या पेश कर चुके हैं। इस उपन्यास में लेखकीय के अनुसार एक नव-विवाहित

---

१. उसका शहर—पृ० १०२

जोड़े की एक-दूसरे को समझने की कोशिश और कशमकश में बीते कुछ दिनों की नाज़ुक कहानी है (कथा नहीं, स्थितियाँ हैं)। मसूरी की यात्रा बाहर की है, मसूरी में यात्रा भीतर की है जहाँ समझने की कशमकश जारी है। यह उपन्यास भी संभोगीय कोटि में आता है, लेकिन संभोग सम्पन्न नहीं हो पाता और इस स्थिति में अनेक आन्तरिक यात्राएँ जारी हो जाती हैं। इसे कहने के लिए नाज़ुक स्थितियों को अंकित किया गया है। पत्नी सुबह ताज़ा लगती है, दिन में उसे खटास लग जाती है और रात होते-होते वह बासी हो जाती है। पत्नी की यह स्थिति पति में शिथिलता पैदा कर देती है। मारक शिथिलता **मैं** में यह बोध जगाती है कि वन्या कुछ दिन उसके साथ रहने पर भी उससे उतनी ही अपरिचित है जितना रात के अँधेरे में पसरा यह पहाड़ी नगर। इस तरह नगर-बोध, जो पहाड़ पर चला गया है, आधुनिकता के बोध से जुड़ जाता है। अन्दर और बाहर की यात्राएँ अपरिचय से शुरू होकर अपरिचय के साथ बन्द हो जाती हैं। वह जानती है कि पति की इस हालत के लिए वह खुद ज़िम्मेदार है और **मैं** उसे समझाने की कोशिश में यह कहता है कि वह हमेशा ऐसा नहीं रहेगा। इस स्थिति में कभी अजनबीपन से छुटकारा पाने की बात है तो कभी बोरियत से; लेकिन दोनों से घिरे रहना इनकी नियति है जो अभिशप्त है। इनकी मानसिकता का हाथों के माध्यम से जुड़ जाने के बाद **मैं** का कम बोलना या अधिक बोलना **ओपरा** लगने लगता है। इस तरह इस उपन्यास में पति-पत्नी संभोग के बिना उसी तरह अपरिचित बने रहते हैं जिस तरह अन्य उपन्यासों में पति-पत्नी या आदमी-औरत संभोग के बाद और अधिक अपरिचित हो जाते हैं या अकेले पड़ जाते हैं। मसूरी में बारिश की वजह से सब-कुछ भीग जाता है सिवा इन दोनों के। इस तरह की काव्यात्मक भाषा महीन परतों को खोलने के काम आती है और व्यंग्य का झीना पुट स्थिति का सामना करने के। इन दिनों के लिए यह शहर खाली है, इसकी सड़कें खाली हैं, इन पर सैर करने वाले खाली हैं। आपस में वे **आप** से **तुम** नहीं हो पाते। उपन्यास के अन्त में **मैं** का वन्या को किसी और को सौंपने की बात सोचना और **मैं** में नीता की याद का ताज़ा होना मसूरी से लौटने के लिए बाधित करता है। कहाँ लौटना है? यह अनिश्चित है और इसमें अन्त खुलकर आधुनिकता के बोध को उजागर करता है। **मैं** के लिए पूरा नगर एक अपरिचित मेहमान-नवाज़ बन जाता है जो उसके बराबर बैठा उसे ताक रहा है। अगला उपन्यास **बेघर** (१९७१) ममता कालिया का है जिसमें संभोग संदेह में बदलकर पति-पत्नी के सम्बन्ध को तोड़ डालता है। इस तरह समकालीन उपन्यास संदर्भों का न होकर सम्बन्धों और स्थितियों का होता जा रहा है। इससे यह आशय नहीं है कि आधुनिकता की प्रक्रिया संदर्भों को उजागर नहीं करती, सम्बन्धों

और स्थितियों को ही उजागर करती है। इस उपन्यास की आधारशिला आधुनिकता और संस्कारबद्धता के बीच तनाव को लेकर रखी गई है। इसमें एक लड़की के कँवारेपन को पुरानी कसौटी पर परखा गया है। संजीवनी से संभोग के बाद परमजीत को यह एहसास कचोटने लगता है कि शादी से पहले उसकी अलग दुनिया रही होगी जिसका भागीदार कोई और रहा होगा। इसका कारण यह है कि संजीवनी संभोग के समय न चीखी, न पुकारी और न ही उसे खून आया। इसलिए परमजीत पर **पहला** न होने का दुःख इतना हावी हो जाता है कि वह दोनों के सम्बन्धों को तोड़ देता है। नायक का यह विश्वास कहाँ तक शरीर-विज्ञान पर आधारित है—यह दूसरा सवाल है। ममता कालिया ने इस रूढ़ि पर चोट करना चाहा है। यह संजीवनी अपने अंग के ज़रा-से फैलाव के बाद भी कँवारी है, चरित्रहीन नहीं। इस बात को पहले भी उपन्यासों में कहा गया है, लेकिन इसे कहने का अन्दाज़ भिन्न है। इसमें परमजीत का जीवन टूटन और ठहराव से घिर जाता है। वह रमा जैसी कंजूस और फूहड़ लड़की से शादी करने के बाद निरन्तर अजनबीपन और खालीपन के बोध से अधिक टूटता चला जाता है। रमा की अतियों ने परमजीत को एक पुरज़ा बना डाला है। उपन्यास का अन्त घसीटा गया लगता है, लाज़मी तौर पर दियागया है। यह उपन्यास का लाज़मी अन्त नहीं है। परमजीत का अन्त करने के लिए शायद यह अन्त लाज़मी है। इस उपन्यास की संरचना में आधुनिकता की प्रक्रिया धीरे-धीरे उभरती है। परमजीत पहले अकेला है, संजीवनी का आस-पास भी अकेला है; लेकिन उससे जुड़कर वह अकेला नहीं है। शहर भी अजनबी नहीं है। परमजीत के मन में कँवारेपन की धारणा उसकी जीवन-दिशा ही बदल देती है। वह संजीवनी से टूटकर या कटकर अपनी निजता खो बैठता है। वह औसत पति और औसत बाप तो बन जाता है, लेकिन अपनी पहचान खो बैठता है। इसमें यहाँ तक तो आधुनिकता की प्रक्रिया जारी है; लेकिन उपन्यास का अन्त, जिसे परमजीत के अन्त में दिखाया गया है, इस प्रक्रिया को ठप कर देता है।

१०—मणि मधुकर का उपन्यास **सफ़ेद मेमने** (१९७१) का परिवेश इन उपन्यासों से हटकर है। यह महानगर न होकर रेगिस्तान है जिसके एकान्त में और नगरी की भीड़ में अकेलेपन, अजनबीपन बेगानेपन के बोध में अन्तर मात्र इतना है कि रेगिस्तान के एकान्त में यह अधिक गहरे में है। इस उपन्यास के कुछ पात्र या मेमने, जो सफ़ेद हैं, नगर-बोध को लिए हुए हैं, राजस्थान के एक छोटे से गाँव नेगिया में रहते हैं जिसका खालीपन पराया-पराया लगता है। मणि मधुकर का कवि इसके खालीपन को पकड़ने के लिए भाषा को नये मोड़ देता

है, इसकी परतों को उघाड़ने के लिए, इसकी तरलता को हथियाने के लिए कभी संज्ञा को क्रिया तो कभी क्रिया को संज्ञा में ढालता है। इस बियाबान के साँय-साँय में दमघोट एकाकीपन गहराने लगता है। रामौतार पोस्टमास्टर, जानवरों का डाक्टर, बन्ना, जस्सू आदि में आधुनिकता का बोध कभी बेगानेपन में उजागर होता है तो कभी अकेलेपन में, कभी ज़िन्दगी और मौत के चिन्तन में तो कभी व्यर्थता के बोध में। नेगिया गाँव मनहूस है, जीवन का परिवेश मनहूस है जिसमें इन्सान को साँस लेनी पड़ रही है। इसमें संभोग और बलात्कार के प्रसंग भी हैं। इसलिए समकालीन उपन्यास में संभोग की बात अँधेरे बन्द कमरे से लेकर संभोग रूम तक की जाती है। इस उपन्यास में संभोग कभी खुले टीले पर है तो कभी झोंपड़ी में है। बन्ना की दृष्टि में आधुनिकता झलकती है। वह रामौतार पोस्टमास्टर की पत्नी रेगिस्तान के एकान्त में अकेला है। जानवरों के डाक्टर का भैंस से संभोग रेगिस्तान के एकान्त का परिणाम है जो उसके ताप को ठण्डा करता है।[1] सुरजा एक मेमने की तरह है जिसे छीला जाता है। इस गाँव का डाकिया इसे नगर से जोड़ने वाली कड़ी है। बन्ना के व्यक्तित्व में आधुनिकता का बोध बार-बार उभरने लगता है। 'रामौतार की ज़िन्दगी से जितना प्यार करती है, उतना ही उसकी मौत से।···दोनों के बीच विभाजन-रेखा खींच देना उसके बस की बात नहीं है। वह पति को भारी महत्त्व देती है और अपने मुँहासों को भी। एक ऐसी स्थिति में टिक गई है कि निदान की जागरूकता खत्म हो चुकी है।···दाम्पत्य जब अपनी हदें पहचान लेता है तो आश्वस्त हो जाता है। आश्वस्त और सुखी। सुख फिर चाहे रेत हो या पानी कोई अन्तर नहीं पड़ता।[2] बन्ना एक शीत औरत है और रामौतार ने तय कर लिया था कि वह बन्ना के मौन को नहीं तोड़ेगा, उसकी निष्क्रियता में खलल नहीं डालेगा।[3] बन्ना की स्थिति का बयान इस तरह है—'छुटपन से वह बातूनी थी···लेकिन रेगिस्तान की इस मनहूसियत ने उसकी छलछलाहट को सोख लिया था।···वह समूचे शुष्क, नीरस और बंजर माहौल पर एक उमंग भरी नदी की तरह उमड़ चले, पर तभी उसकी नज़रें अपने आस-पास कुछ खोजने लगती थीं—नदी, कहीं है वह नदी ? उसके अन्तरंग में तो नहीं है।[4] उसे अम्मल लेने की या अफ़ीम खाने की लत शायद इसलिए पड़ चुकी है कि बोरियत से अस्थायी छुटकारा पा सके। इसी तरह ठहराव की स्थिति को

१. सफेद मेमने—पृ० ५१।
२. ,, ,,—पृ० ७६।
३. —वही—
४. सफेद मेमने—पृ० ८३-८४।

इस मनहूस गाँव में आँका गया है जहाँ तीन या तीस सालों में अन्तर नहीं पड़ता। यहाँ का हाल न बदलने वाला है। कभी-कभी व्यंग्य के छींटे इस ठहराव को तोड़ने के काम आते हैं। रामौतार अपनी बोरियत काटने के लिए कभी गिलहरियों को दाना चुगाते हैं तो कभी हिरणों का शिकार खेलने चले जाते हैं। रक्खे डाकिया को यह लगता है कि रेत के इन ढूहों में रहने वाले सभी लोगों का जीवन बाँस की फटी खपचियों की तरह है।"'लगता है कि सब ठीक है। लेकिन अन्दर-ही-अन्दर धुनें जल रही हैं। मोरचंग धुआँ दे रहे हैं। क्या जस्सू, क्या डॉक्टर, क्या पोस्टमास्टर, क्या बन्ना और क्या वह खुद—सब मोरचंग हैं, एक-दूसरे को बजा रहे हैं। जो जितना हलाल होता है वह उतना ही तेज़ बजता है।[1] इस तरह की संवेदना में भीगा यह उपन्यास काव्यात्मक स्तर पर उठने लगता है। अन्त में डाकखाने के टूट जाने के साथ बन्ना और रामौतार के सम्बन्ध भी टूट जाते हैं। बन्ना और सन्दो के संभोग के बाद डॉक्टर और रामौतार के संवाद में आधुनिकता उजागर होने लगती है—

"आजकल तुम्हें नेहरूजी की याद नहीं आती।" डॉक्टर ने उपहास के ठण्डे लहजे में कहा।

"आती है, उस समय, जब सपने देख रहा होता हूँ।" रामौतार ने बिना झिझक के कहा। "इन सालों में वह काफ़ी बदल गए होंगे।"

"तुम भी तो बदल गए हो।"

"मैं—मैं नहीं बदला।" उसकी आवाज़ में फीकापन उतर आया, **"रेत आदमी को बदलती नहीं है।"**[2] इसमें आधुनिकता के बोध को आँका जा सकता है। इस उपन्यास का अन्त भी इसी बोध को लिए हुए है। यह सब दस बरस पहले का जीवन है, उन लोगों का जीवन जो अपने अस्तित्व को रेत की रिक्तता में डुबो देना चाहते थे। जितनी हड़बड़ी और विवशता में वे आए थे उतनी ही उतावली और उदासी के साथ वापस चले गए, बिखर गए। पीछे रह गई वही धूल वह किरकिराहट जो दाँतों से अधिक धमनियों के खून में बजती है। नेगिया खाली हो चुका है। एक-एक करके सबको याद किया जा रहा है। उपन्यासकार मंच पर आकर अपना संवाद बोलकर चला जाता है कि रेवड़ की तपान पेड़ों को पीछे छोड़कर अचानक कुछ सफ़ेद मेमने आगे निकल गए हैं। वह खुद भी एक सफेद मेमना है। इस छोटे-से उपन्यास को इतना तूल इसलिए देना पड़ा है कि इसकी संरचना में एक निजता है जो इसे अन्य उपन्यासों से अलग कर देती है। मन्नू भंडारी के उपन्यास **आपका बंटी** (१९७१) में

---

१. सफेद मेमने—पृ० १२०।
२. ,, ,,—पृ० १३६।

आधुनिकता की पहचान करना संगत भी है या नहीं, यह दुविधा बनी रहती है। एक तरफ़ यह उपन्यास आँसुओं से गीला लगता है, भावुकता से भीगा लगता है और दूसरी तरफ़ बंटी माँ और बाप दोनों से कटकर मिसफिट होने का बोध कराता है। क्या इस उपन्यास में नई कहानी की आधुनिकता को आँकना सही है? बंटी के माँ-बाप में तलाक हो जाता है, बंटी माँ के पास है। माँ की दोबारा शादी हो जाती है। बंटी के लिए वहाँ रहना कठिन हो जाता है। वह बाप के यहाँ जाता है। उनका भी दूसरा विवाह हो जाता है। वहाँ भी वह मिसफिट है। इसलिए उसका हॉस्टल में रहना लाज़मी हो जाता है। वहाँ जाने से पहले वह जिन स्थितियों से गुज़रता है उसका चित्रण उपन्यासकार ने कुशलता से किया है; लेकिन इस कुशलता में कहाँ आधुनिकता उजागर होती है—इसे आँकने से मतलब है। क्या इसकी रचना इस अन्त को दृष्टि में रखकर की गई है? क्या इसका उद्देश्य बंटी के कट जाने या मिसफिट होने में लक्षित होता है। बंटी की समस्या मानवीय है; लेकिन इस समस्या को निभाने में या उपन्यास का रूप देने में मन्नू भंडारी का लेखक और माँ इतने घुलमिल जाते हैं कि लेखक की दृष्टि माँ की ममता से गीली होकर धुँधली पड़ जाती है, तटस्थ नहीं रहती, भावुकता की धारा बार-बार फूटने लगती है। कहीं-कहीं आधुनिकता के संकेत भी मिल जाते हैं जो इस धारा में बह जाते हैं। 'शकुन के लिए साथ रहने की यन्त्रणा भी बड़ी विकट थी और अलगाव का त्रास भी। दस साल का विवाहित जीवन—एक अँधेरी सुरंग में चलते चले जाने की अनुभूति से भिन्न नहीं था। आज जैसे एकाएक वह उसके अन्तिम छोर पर आ गई है।...पर कैसा यह छोर! न प्रकाश, न वह खुलापन। न मुक्ति का एहसास। लगता है जैसे इस सुरंग ने उसे दूसरी सुरंग के मुहाने पर छोड़ दिया है—फिर एक और यात्रा—वैसा ही अंधकार, वैसा ही अकेलापन।'[1] इसमें आधुनिकता का बोध झलक दे जाता है; लेकिन बंटी को लेकर बार-बार भावुकता की धारा बहने लगती है जो आधुनिकता को बहाकर ले जाती है। यह कभी शिकंजी की बात को लेकर है तो कभी आम के पौधे को लेकर, कभी ममी को लेकर है तो कभी पापा को लेकर और फिर पापा को लेकर है। यह संदेह होने लगता है कि उपन्यास मन्नू भंडारी का लेखक लिख रहा है या इनमें माँ लिखवा रही है। बंटी का रोना पहले बाहर है और फिर भीतर चला जाता है, मौन धारण कर लेता है। बंटी फूफी के चले जाने पर निपट अकेला हो जाता है और यहाँ से उपन्यास की रचना व्यंग्य के स्तर पर उठने लगती है। कभी व्यंग्य ममी के दूसरी शादी के बाद नये नाम को लेकर है तो कभी बंटी के नये

---

१. आपका बंटी—पृ० ३६।

नाम को लेकर—बंटी जोशी, अरूप जोशी। बंटी के बारे में जब यह कहा गया है कि वह फालतू है, अकेला है, मिसफिट है तो इसमें आधुनिकता के बोध को आँका जा सकता है; लेकिन जब उपन्यास में भावुकता की धारा, आँसुओं की धारा थमने में नहीं आती तो यह आधुनिकता को बहाकर ले जाती है। बंटी के लिए एक घर में उसकी ममी है, उसके पापा नहीं हैं; दूसरे घर में उसके पापा हैं, उसकी ममी नहीं है। इसलिए उसकी नियति वहाँ रहने में है जहाँ दोनों नहीं हैं, जहाँ शायद वह खुद भी नहीं है।

११—**एक चूहे की मौत** (१९७१) एक नये अन्दाज़ और मिज़ाज का उपन्यास है जिसकी रचना हिन्दी में शायद पहली बार देखने को मिली है। बदीउज़्ज़माँ ने कायान्तरण की पद्धति का उपयोग उस वास्तव को पकड़ने के लिए, कहने या पेश करने के लिए किया है जिसका प्रयोग काफ्का ने अपनी कहानी **कायान्तरण** या **भोंगा** में किया है। चूहा शायद भोंगा से अधिक व्यापक संकेत देने की क्षमता रखता है। कामू ने भी चूहे की बात **प्लेग** उपन्यास में की है। इन हवालों से यह नतीजा निकालना आलोचक के लिए सुगम हो जाता है कि बदीउज़्ज़माँ नकलची हैं और ऐसे चूहेमार आलोचकों की कमी नहीं है जिनका काम चूहों को मारने के सिवा और कुछ नहीं है। इस उपन्यास में बात जितनी सरल है उतनी ही जटिल है, कहने का ढंग जितना सादा है उतना ही पेचीदा है और यह शायद जटिलतर होते जाते वास्तव को पकड़ने के लिए लाज़मी है। इसमें दो चूहेमारों की मौत की कथाएँ हैं जिनके नाम तक नहीं हैं। आज की स्थिति में इन्सान नामहीन होने की गवाही देने लगा है, एक अक्षर या एक नम्बर बनता जा रहा है। यह उसी तरह जिस तरह काफ्का के उपन्यास **अभियोग** में नायक केवल **मिस्टर के** बनकर रह जाता है। इसमें आधुनिकता का बोध उजागर होने लगता है। डॉ० हरदयाल ने एक चूहेमार को नायक कहा है और दूसरे को उपनायक।[1] उपनायक **ग** है जो चित्रकार भी है। दोनों बड़े सरकारी दफ़्तर में तीसरे दरजे के चूहेमार हैं, यानी छोटे चूहेमार हैं। यह दफ़्तर जिसमें उपन्यास के परिवेश को समेटा गया है एक बड़े तन्त्र का संकेत देता है जिसमें इन्सान की हस्ती या हैसियत एक चूहेमार से अधिक नहीं है, जिसका काम चूहे मारने के सिवा कुछ नहीं है, जहाँ चूहे मरते और पैदा होते जाते हैं। इस तरह यह तन्त्र बेमानी है, बेकार है; लेकिन इसके बिना हस्ती खतरे में पड़ सकती है। यह बोध अस्तित्ववादी दृष्टि को उजागर करने लगता है जिसके मूल में आधुनिकता की प्रक्रिया है। यह बोध नगरीकरण की प्रक्रिया से भी जुड़ा हुआ है; एक महानगर में इन्सान या चूहे-

---

१. समीक्षा (पटना)—जनवरी १९७२।

मार की संवेदना को लिए हुए है। उपन्यास की शुरुआत होती है—'वह छोटा चूहेमार था—तीसरे दर्जे का।' वह रोटी कमाने के लिए चूहेखाने में या केन्द्रीय सचिवालय में चूहेमार का काम करता है, यानी चूहे मारता है, यानी फाइलों को निपटाता है। **ग** भी **वह** के साथ इसी चूहेखाने में चूहे मारता है। इस काम से **ग** को नफ़रत है; लेकिन अपना और अपनी माँ का पेट भरने के लिए यह काम उसे करना पड़ता है। उसकी माँ जब मर जाती है तो वह यह काम छोड़ देता है और चित्र बनाने का काम करने लगता है। उसके चित्र न तो रोटी कमाते हैं और न ही नाम कमाते हैं। इस दशा में वह एक शरीर बेचने वाली, गन्दी गली में रहने वाली सोनिया का आश्रय पाता है; लेकिन **प**, जो एक सफल चूहेमार है, साधारण चित्रकार है, **ग** में इतनी जलन पैदा कर देता है कि वह आत्मघात कर लेता है। यह उपनायक चूहेमार की मौत की कथा है जिसे कहने का अन्दाज़ उपन्यास में त्रासदीय व्यंग्य को लिए हुए है। नायक चूहेमार की कहानी थोड़ी लंबी है। **ग** की खुदकशी का इतना गहरा असर इस पर पड़ता है कि वह चूहे मारने के काबिल नहीं रहता। उसकी बदली चूहेखाने से मुहाफ़िज़खाने में की जाती है जहाँ मारे गए चूहों को सुरक्षित रखा जाता है। बदीउज्जमाँ चूहेखाने और मुहाफ़िज़खाने के एक-एक नियम, एक-एक तरीके को इस तरह बयान करते हैं कि समूचा वास्तव पकड़ में आने की गवाही देने लगता है। संकेत वास्तव से निकलते हैं, आरोपित नहीं जान पड़ते, व्यंग्य बात-बात में इस तरह उभरता है जिस तरह केले के पात से पात निकलता है। इस व्यंग्य में आधुनिकता का बोध गहराने लगता है। चूहेमार नायक खुद चूहा बन जाता है। इसके कायांतरण या रूपांतरण को लेकर इसे काफ्का की कहानी से जोड़ा गया है जो हर दृष्टि से भिन्न है। यह सही है कि दोनों में थोड़ी समानता भी है, दोनों छोटे चूहेमार हैं, दोनों में रोज़ी न कमाने का संताप है। छोटे चूहेमार को, जो अब चूहा बन गया है, मुहाफ़िज़खाने में घुसने नहीं दिया जाता। जब वह सदर दरवाज़े से या सीधे दरवाज़े घुस नहीं पाता तो वह एक गन्दी नाली से घुसने की कोशिश करता है जो असफल साबित होती है—नाली के मुहाने पर जाली लगी हुई है जिसे वह काट नहीं पाता। वह पाइप का सहारा लेकर इसकी छत पर पहुँच जाता है जहाँ से उसे बाहर कर दिया जाता है। वह मुहाफिज़खाने के बड़े चूहेमार को उसके घर पर मिलता है; लेकिन वह उसकी सहायता नहीं कर सकता। नियम इस तरह के हैं। इन नियमों पर लेखक की गहरी पकड़ उसी तरह है जिस तरह छोटे-बड़े और बीच के चूहेमारों के जीवन पर या रंग-बिरंगे चूहों पर। इस छोटे चूहेमार का संताप जारी है। उसे सरकारी मकान से निकाल दिया जाता है। उसकी बहन कहीं चली जाती है और पागलों की तरह वह उसकी खोज में निकल

जाता है। इतने में वह एक जगमगाते भवन में चित्रकला की नुमायश का विज्ञापन देखता है और यह जानकर चकित हो जाता है कि **ग** के चित्रों को **प** अपने नाम से दिखा रहा है। वह जब असाधारण स्थिति में चीखने लगता है कि चित्र **प** के नहीं **ग** के हैं तो **ग** उसे धधकती आग में फेंक देता है। इस तरह दूसरे छोटे चूहेमार का अन्त जो चूहा बन चुका है, एक सफल चूहेमार चित्रकार कर देता है। यह अन्त उपन्यास के बाहर होकर आधुनिकता की प्रक्रिया को सूचित करता है। इस घोर यन्त्रणा में उसे महसूस होता है कि सदियों से जमी मैल उसके मन और शरीर से उतरती जा रही है। उसे लगता है कि केवल **ग** रह गया है जो मरकर भी अमर है। आधुनिकता का बोध उपन्यास की रगों में समाया हुआ है। इसलिए यह धारणा के स्तर पर न होकर संवेदना के स्तर पर है जिसका मतलब यह हुआ कि नगर-बोध गहरे में धँस गया है। दियोनीसस देवता जो नगर में घुस गया था, अब वह इसमें धँस गया है। यह उपन्यास संभोगीय कोटि में तो नहीं आता लेकिन आधुनिकता का बोध दोनों में हो सकता है। इस उपन्यास का उद्देश्य केवल सचिवालय की व्यवस्था या सरकारी व्यवस्था पर चोट करना नहीं है, पूरे तन्त्र पर चोट करना है। इसलिए **ग** अपने पत्र में यह लिखता है—चूहेखाना सिरफ़ वह नहीं है जहाँ तुम काम करते हो या जहाँ मैं काम करता था। सारी दुनिया ही एक बड़ा चूहेखाना है जहाँ चूहेमार बनकर ही ज़िन्दगी बसर की जा सकती है। जो चूहे नहीं मारता उसके लिए इस दुनिया में कोई जगह नहीं है।[1] **प** महान् चित्रकार नहीं है, एक सफल चूहेमार ही है। वह चित्र नहीं बनाता, चूहे मारता है। इस तरह का करारा व्यंग्य उपन्यास के धरातल को उठा देता है। क, ख, ग नामों से न केवल आज के युग में नामहीनता को उजागर किया गया है, तटस्थता को भी सूचित किया गया है, आधुनिकता के बोध को भी उजागर किया गया है। इस उपन्यास में फेंटेसी का झीना परदा है जिसके भीतर से वास्तव झांक-झांक उठता है। यह सही है कि कुछ बातों को दोहराया गया है जिससे घनता पतली हो गई है। इस तरह व्यंग्य का पुट भी कभी-कभी पतला होने की गवाही देता है। आज के महानगर में इन्सान किस तरह अपनी अस्मिता को खो रहा है, चूहों की संगत में किस तरह चूहेमार से चूहा बन रहा है इसका अन्दाज़ और बयान इस उपन्यास का और है जो इसे संभोगीय उपन्यास की कोटि से अलग करता है।

१२—अन्तिम उपन्यास कृष्णा सोबती का **सूरजमुखी अँधेरे के** (१९७२) संभोगीय कोटि में एक नये अन्दाज को लिए हुए है। इसके बारे में कहा गया

---

१. एक चूहे की मौत—पृ० ७३।

है कि आधुनिकता के धरातल पर मनोविज्ञान की गूढ़ पहेलियों को बड़ी सादगी से उपन्यास में आँका गया है और इसके साथ ही शिल्प के पुराने साँचे को तोड़ा गया है। कौनसी मनोविज्ञान की गूढ़ पहेलियों को आँका गया है? किस सादगी से या किस भाषा में इसे कहा गया है? किस शिल्प की स्थापना की है, किस संरचना को अपनाया गया है जिसमें आधुनिकता का बोध उजागर होने लगता है? शुरू में ही यह संकेत दिया गया है कि रत्ती वह सड़क है जिसका किनारा नहीं है। वह आप ही अपनी सड़क का आखिरी छोर है।[1] क्या रत्ती या रक्तिका मित्रो मरजानी का आधुनिक रूप है जो चलते-चलते सड़क के आखिरी छोर पर पहुँच गई है? क्या वह सचमुच गीली लकड़ी है जो जब भी जलेगी, धुआं देगी?[2] क्या वह वास्तव में बुरी लड़की है जिसने बुरा काम किया है और उसके खून निकला है? इसके लिए उसे कितनी यातना सहन करनी है। क्या वह इतनी ठण्डी और मनहूस है कि उसके बारे में यह कहा जाय कि उसके पास पहने कपड़ों के सिवाय गरमाहट नहीं है? भानुराम, सुमेर, सुब्रामनियम, राजन, श्रीपत उसकी राह से गुजर जाते हैं। वह भानुराम से समय की भाषा में कह रही है—'जब-जब कोई नंबर मिलाया है, कभी सही जगह घण्टी नहीं बजी।'[3] वह सुब्रामनियम से कहती है—'जिसने गरीबी को ओढ़ लेने के लिए कीमती कपड़े पहने हों, जिसके सम्बन्धों की कोई रियासत न हो—दिखाने के नाम पर एक तेवर तक नहीं···।[4] इस तरह जयनाथ से कहती है कि बेटे बनाने की कला इस औरत के पास नहीं है। इस तरह की भाषा में आधुनिकता का स्वीकार है—'हर मोड़ एक नया मोड़। भविष्य नहीं।···कुछ तो होगा जिसका मुझे इन्तज़ार है। कोई तो होगा जिसे मेरा इन्तज़ार है। पर नहीं; रत्ती को सिर्फ़ रत्ती का इन्तज़ार है।'[5] वह आइने में देखती है, उसकी पुरानी देह में ताप नहीं है। वह पथरीली अहल्या है जो न पिघलती है न टूटती है, न छोटी होती है और न ही बड़ी। यह महेन से संवाद का अंश है। राजन से यही कुछ होता है। वह भी इसी परिणाम पर पहुँचता है कि वह शायद औरत भी है या नहीं—इतनी ठण्डी है। अब विवाहित श्रीपत की बारी है। उससे साथ भी कुछ नहीं हो पाता; लेकिन कुछ होने का सिलसिला जारी रखा गया है और दिवाकर से सब होकर ही रहता

---

१. सूरजमुखी अँधेरे के—पृ० ११।
२. ,, ,, पृ० १८।
३. ,, ,, पृ० ८१।
४. ,, ,, पृ० ८५।
५. ,, ,, पृ० ८६।

है। इसे इतना विस्तार दिया गया है कि उपन्यास संभोगीय कोटि में आ जाता है, अन्य सब-कुछ दब जाता है। यह अँधेरे में सूरजमुखी की बरखा है। अन्तिम तान दिवाकर के इन्तज़ार में यदि न तोड़ी जाती तो उपन्यास में आधुनिकता की प्रक्रिया संभोग में अवरुद्ध हो चुकी थी। यह संयोग की बात है या सकारण है कि समकालीन हिन्दी-उपन्यास आकार में छोटा होता जा रहा है। क्या विस्तार में वास्तव को पकड़ना उपन्यास में कठिन हो रहा है? क्या लम्बी-चौड़ी हाँकने का ज़माना बीत गया है? इन बीस उपन्यासों में एक ही आकार में बड़ा है।[1] एक और बड़ा है जिसे लिया नहीं जा सका।[2] क्या इसका मतलब यह हुआ कि आधुनिकता का बोध अभी उथले में है, गहरे में नहीं धँस पाया है? क्या भारतीय परिवेश में नगर-बोध या नगरीकरण की प्रक्रिया, जिससे आधुनिकता का बोध जुड़ गया है, इतनी तेज़ नहीं है जितनी यह अमरीका या योरुप में है? इन सवालों के जवाब मनोविज्ञान और समाजशास्त्र के पण्डित शायद बेहतर दे सकते हैं। इतना यहाँ दोहराया जा सकता है कि मात्र आधुनिकता से उपन्यास न तो कृति बन सकता है और न ही इससे वंचित हो सकता है। हर कृति के अपने कला-नियम होते हैं, निजी संरचना होती है और वह अपनी पहचान खुद बेहतर करवा सकता है। क्या इसकी परख भी हो सकती है कि एक कृति दूसरी कृति से बेहतर है? यदि हो सकती है तो इसकी कसौटी क्या हो? यहाँ केवल उपन्यास में आधुनिकता को पहचानने की कोशिश की गई है जो अधूरी है। यह अधूरी इसलिए है कि कुछ उपन्यास छूट सकते हैं जिनमें आधुनिकता का बोध हो सकता है।[3] और जिनको लिया गया है उन सबका उपन्यास होना भी लाज़मी नहीं है और न ही यह लाज़मी है कि इनमें आधुनिकता संवेदना के स्तर पर है। यह धारणा के स्तर पर भी है। उपन्यास कविता और कहानी की तरह क्यों आधुनिकता की चुनौती का सामना नहीं कर पाया है। यह सवालाकाय है। क्या इसका कारण विधागत है? लगता तो है।

---

१. मोहन राकेश : अँधेरे बन्द कमरे।

२. गिरीश अस्थाना : धूप-छाँही रंग।

३. ओमप्रकाश दीपक—कुछ जिन्दगिआँ बे मतलब; (२) सिद्देश—केंचुल, (३) गंगाप्रसाद विमल—कहीं कुछ और; (४) भीष्म साहनी—कड़ियाँ, (५) रामदरश मिश्र—जल टूटता हुआ, (६) सुरेश सिन्हा—सुबह अँधेरे पथ पर, (७) जगदम्बा प्रसाद दीक्षित—कटा हुआ आसमान; (८) हृदयेश—हत्या, (९) राजकमल चौधरी—मछली मरी हुई, (१०) मधुकर गंगाधर—यही सच है, (११) काशीनाथसिंह—अपना मोर्चा, (१२) गोविन्द मिश्र—उतरती हुई धूप।

आधुनिकता और नाटक

१—आधुनिकता का बोध मानव की नियति और स्थिति को उजागर करने में उसी तरह है जिस तरह मध्यकालीन या रोमांटिक बोध था और जिनसे यह अलग होने की गवाही देता रहा है और दे रहा है। रोमांटिक बोध जिस तरह मध्यकालीन बोध से एकदम और पूरी तरह कट जाने की गवाही नहीं देता, उसी तरह आधुनिकता का बोध भी रोमांटिक बोध से एकदम और पूरी तरह कटने की साक्षी नहीं देता। इसलिए आधुनिकता की प्रक्रिया के एक से अधिक दौर कविता, कहानी उपन्यास और नाटक में आँकने को मिलते हैं। आधुनिकता को जब मूल्यों के साँचे में ढाला गया है तो इसका परिणाम आधुनिकवाद में निकलता रहा है जो संकुलता की स्थिति को पैदा करता रहा है, पहले दौर की कसौटी पर दूसरे दौर की आधुनिकता को परखा जाता रहा है और इसमें रोमांटिक बोध को पाया जाता रहा है। आधुनिकता का बोध नगर-बोध से भी जुड़ा हुआ है; इसलिए इसकी प्रक्रिया को नगरीकरण की प्रक्रिया से जोड़ा जाता है। आधुनिकता कभी धारणा के स्तर पर है तो कभी संवेदना के स्तर पर। इसी तरह आधुनिकता के बोध को चिन्तन के किसी एक बाड़े में सीमित करना भी असंगत जान पड़ता है। यदि मानव की स्थिति पर अधिक बल दिया गया है, इतिहास के बोध को अधिक महत्त्व दिया गया है तो आधुनिकता का बोध एक तरह का है और यदि मानव की नियति को मरकज़ बनाया गया है, इतिहास की निरन्तरता को तोड़ा गया है तो यह दूसरा रूप धारण कर लेता है। इन दोनों में तनाव और विरोध भी पाया जाता है। आधुनिकता का सवाल इतना सरल भी नहीं है कि इसे इस तरह के सूत्रों में बाँधा जा सके या इसे किसी निश्चित परिभाषा में जकड़ा जा सके। इस सवाल के साथ अनेक पेचीदा सवाल जुड़े हुए हैं, उलझे हुए हैं कि इन्हें सुलझाना कठिन काम है। इसकी पूरी समझ का ठेका भी किसी एक के पास नहीं है। इसका यह मतलब भी

नहीं है कि इस पर रहस्य का परदा डालकर इसकी चुनौती से मुँह फेर लिया जाय, इसे हाथी का पाँव बनाकर इसके नीचे सब-कुछ समेट लिया जाए या इसे हाथी बनाकर इसकी सूँड या पूँछ या कान में आधुनिकता को सीमित कर दिया जाय। यह भी सही है कि विषय इतना पास है कि इससे तटस्थ होना कठिन है। आज नयी कविता और नयी कहानी के आन्दोलन में रोमांटिक बोध को आँका जाने लगा है, बिम्ब-विधान और संकेत-विधान में इस बोध की दूसरी लहर की गवाही मिलने लगी है। छायावादी कविता भी केवल पलायनवादी नहीं थी। इस तरह नयी कविता रोमांटिक बोध को आगे ले जाने वाली है, यह इसका संशोधित संस्करण है जिसे उत्तर-छायावादी कहना अधिक संगत है। इन दोनों में साँझापन भी है और अलगाव भी। मुक्तिबोध की कविता को भी इसका आधार बनाया जा रहा है। अज्ञेय की कविता के बारे में या गिरिजाकुमार माथुर की कविता के बारे में इस दृष्टि से दो मत नहीं हैं। यदि छायावादी समानता पर बल देने के बजाय इसमें भिन्नता पर बल दिया जाए तो इनकी कविता छायावाद से अलग होने की गवाही देती है। इसे कभी स्वीकृत के अस्वीकृत होने की शब्दावली में कहा गया है तो कभी बिम्ब-संकेत की भाषा में। बिम्ब-संकेत को अन्तिम रूप में पराभौतिक करार देकर नयी कविता को छायावादी कोटि में रखने की कोशिश जारी है। इलियट की कविता को भी रोमांटिक साबित किया जा रहा है। यह इसलिए कि कवि बिम्ब-रचना की शक्ति से काम लेते हैं और वास्तव को सीधे पकड़ने से रह जाते हैं। अज्ञेय भी दावा तो रोमांटिक-विरोधी होने का करते रहे हैं, लेकिन रचना **असाध्य वीणा** या **सागर-मुद्रा** की करते रहे हैं जिनमें रोमांटिक बोध पर रहस्य का भीना परदा डाला गया है। इस बिन्दु पर पहुँचकर इस तरह के सवालों के जंगल में भटकने की स्थिति है। क्या कविता को आधार बनाकर कहानी, उपन्यास और नाटक में आधुनिकता को आँकना संगत है? यह एक टेढ़ा सवाल है। क्या कविता में आधुनिकता का बोध इसलिए भिन्न है कि कविता की लय या इसकी संरचना कहानी आदि से भिन्न होती है? आम तौर पर कविता के आलोचक पर यह आरोप लगाया जाता है कि वह इसके मानों के आधार पर कथा-साहित्य और नाटक को तोलने लगता है। यहाँ सवाल कृतियों की पहचान-परख का इतना नहीं है जितना इनमें आधुनिकता की पहचान-परख का है। अगर यह सही है तो हिन्दी-उपन्यास और हिन्दी-नाटक में आधुनिकता का बोध इतने गहरे में क्यों नहीं है जितना यह कविता और कहानी में है? क्या उपन्यास की विधा विस्तार की वजह से लेखकों की पकड़ में नहीं आ रही है या नाटक की विधा रंगमंच से अलग रहने के कारण आधुनिकता से प्रायः अछूती रह गई है? क्या इसकी वजह यह है नाटक में शब्द नाट्यात्मक होने के बजाय

कथात्मक होने की गवाही देता रहा है ? क्या नाटक में मानव की जिस स्थिति और नियति को उजागर करने की या जिस बाहर-भीतर के वास्तव को पकड़ने की कोशिश है, उसमें आधुनिकता की चुनौती है ? यदि यह है तो यह किस तरह और कैसे है ? इसी तरह नाटक में आधुनिकता की शुरुआत कहाँ से करना अधिक संगत है ? क्या कविता-कहानी की तरह नाटक में भी आधुनिकता के एक से अधिक दौर आँकने को मिलते हैं ?

२—यह विचित्र संयोग की बात है कि नाटक में भी आधुकिता की शुरुआत उसी समय आँकने को मिलती है जिस समय कविता और कहानी में मिलती है। निराला का **कुकुरमुत्ता** (१९४१), प्रेमचन्द की कहानी **कफ़न** (१९३६) और भुवनेश्वर प्रसाद का नाटक **ऊसर जो हंस** (१९३८) में पहली बार छपा था, जिसे बाद में **कारवाँ** संकलन में छापा गया और इसके बाद **कारवाँ तथा अन्य एकांकी** (१९७१) में इसे छापा गया है। इसे एकांकी का नाम देना अधिक संगत है या लघु नाटक का—यह अलग सवाल है। इसे **नवरंग** (१९७०) में अन्य लघु नाटकों में भी शामिल किया गया है जिनमें आधुनिकता के बोध की गवाही मिलती है। भुवनेश्वर के एक और लघु नाटक **ताँबे के कीड़े** (१९४६) को आधुनिकता के बोध का दस्तावेज़ उसी तरह कहा गया है जिस तरह **कुकुरमुत्ता** (१९४१) को। यह शायद इसलिए कि दोनों में विसंगति का बोध है। भुवनेश्वर ने **कारवाँ** के प्रवेश में (१९३५) इस तरह के विचार देने का साहस किया है जो परम्परा से टूटने की गवाही देते हैं और आधुनिकता को उजागर करते हैं—आदिम मनुष्य ने जब एक शब्द गढ़ा, उसने सोचा, मैंने एक समस्या हल कर दी, पर वास्तव में उसने एक समस्या का सृजन किया। संदेह बुद्धि के लिए एक विश्राम है। आधुनिक युग एक पागल वृद्धा का नाम है, उसे बकने दो। हिन्दू-विवाह वेश्यागमन का पतित रूप है। एक समस्या को सुलझाना कई समस्याओं का सृजन करना है। समस्या नाटक का केवल एक उद्देश्य है, **किसी समस्या को एक हास्यास्पद तुच्छता और असंभवता बना देना**। क्या भुवनेश्वर के इन कथनों में विसंगति का बोध उजागर नहीं होता ? इस मूड में वह हिन्दी नाटक पर कभी फबती कसते हैं जिसमें समस्या शब्द डालने से ही नाटक समस्या-नाटक बन जाता है तो कभी भावुकता का विरोध करते हैं जिसे वह कलाकार के लिए विष और हिन्दी नाटककार के लिए भोजन मानते हैं और पुरानी कहावत के अनुसार यह अनुकूल भी बैठता है। इनकी बात को विस्तार इसलिए देना पड़ रहा है कि यह अपने जमाने से कितनी आगे थी। वह कला और जीवन दोनों को असार और निष्फल मानकर आधुनिकता के एक पहलू को उजागर करते हैं। इसी तरह वह दुखान्त घटना और त्रासदी में अन्तर को भी आँकते हैं; लेकिन त्रासदी का खुला विरोध

नहीं करते। यथार्थवाद और आदर्शवाद में अन्तर भी इनके लिए बेकार है। अश्लीलता के बारे में भी इनकी धारणा आधुनिकता को लिए हुए है। अन्तिम तान शा के नाटक शैतान के उस सीन पर तोड़ते हैं जिसकी छाया लेखक पर मँडरा रही है।[1] यह कितनी गहरी या पतली है—यह शोध का विषय है। निराला के कुकुरमुत्ता में विसंगति का बोध उपहास के पुट को लिए हुए है और भुवनेश्वर के लघु नाटक ताँबे के कीड़े में विसंगति का बोध बेतुकी के पुट को। क्या यह दोनों के व्यक्तित्व के बिखर जाने का परिणाम है? यह सही है कि दोनों के व्यक्तित्व में बिखराव आ गया था और इसकी अन्तिम परिणति एक जैसी थी। इसका संकेत सुरेश अवस्थी ने कृति के एक लेख में किया है। विपिन कुमार ने भुवनेश्वर के इन दो लघु नाटकों के आधार पर आधुनिकता की दृष्टि से इन्हें पहला नाटककार घोषित किया है जिन्होंने नाटक को परम्परा से काट कर नया धरातल दिया था।[2] यह कैसे और किस तरह है?—इसका जवाब इनके नाटक बेहतर दे सकते हैं। भुवनेश्वर के पहले के नाटकों में ऊसर (१९३८) अपने नाम से ही जीवन के बंजरपन का संकेत दे जाता है। इसमें बोरियत का बोध बीच के तबके की ज़िन्दगी को लेकर दिया गया है। इन लोगों की ज़िन्दगी उतनी बेतुकी है जितनी कमरे की सजावट। इसमें जिस भाषा का इस्तेमाल किया गया है और जिस तरह किया गया है वह इस बोध को गहराने के लिए है। इनकी ज़िन्दगी में खोखलेपन को बेतुकी बातों से भरने की कोशिश भाषा के खास तेवर और हरकत को लिए हुए है जिसे विसंगत नाटक या थियेटर में आँका जा सकता है। इस नाटक में कथाविहीनता भी इसकी संरचना का परिचय देती है। गृहस्वामी और ट्यूटर की बातचीत में एक तरह के बेढंगेपन या बेतुकेपन को इस तरह रखा गया है कि इससे विसंगति का बोध उजागर हो सके—

ट्यूटर : मैं आपसे कुछ कहना चाहता था.........

गृहस्वामी : मैं सब समझ सकता हूँ, यह आपकी मेहरबानी है। पर मैं मजबूर हूँ। आमदनी का यह हाल है.........

ट्यूटर : मुझे अफ़सोस है।

इस बिन्दु पर पहुँचकर जब गृहस्वामी ट्यूशन के पैसे दे नहीं पाता तब बात को इस तरह काटा गया है कि वह बाहर से बेतुकी जान पड़ती है; लेकिन वह विसंगत वास्तव को दमका देती है।

गृहस्वामी : (कुछ समझ में नहीं आता) तुम बाइसिकल पर कहाँ गए थे?

---

१. कारवाँ और अन्य एकांकी—प्रवेश।

२. आधुनिकता के पहलू—पृ० ९९-१००।

ट्यूटर : मैं साइकिल पर कहीं नहीं गया—मैं गया ही नहीं।

इस तरह साइकिल की बात नाटक की वस्तु से सीधा सम्बन्ध नहीं रखती, असंगत और असम्बद्ध जान पड़ती है; लेकिन यह उस वास्तव को उजागर करती है जो विसंगत है। क्या यह बात दो किसानों के इस संवाद से मेल नहीं खाती?

(एक किसान दूसरे को टेढ़ा-मेढ़ा हल चलाते देखकर इस तरह टोकता है।)

पहला किसान : क्या अभी तक हल चलाना नहीं आया?

दूसरा किसान : क्या तुम मेरी लड़की की शादी पर आए थे?

पहला किसान : इस सवाल का हल चलाने से क्या मतलब है?

दूसरा किसान : मतलब क्या होता है? बात से बात यूँ ही निकल आती है।

क्या मतलब क्या होता है में विसंगति का बोध नहीं है? इस तरह की भाषा या भाषा की नयी हरकत इस बोध को गहराने के काम आती है। भुवनेश्वर के **ऊसर** और **तांबे के कीड़े** में इस तरह की भाषा का बार-बार इस्तेमाल किया गया है जिसमें आधुनिकता के बोध को आँका जा सकता है। **ऊसर** में बेतुकी बातों का सिलसिला विसंगति की तुक को उजागर करता है। इसका अन्त ट्यूटर युवक को मिस्टर सिबल की इस राय का पता देता है कि आने वाली पीढ़ी, वह चाहे बिल्ली की हो या साँप की, इस पीढ़ी से बेहतर होगी। इसमें दोहरा व्यंग्य है—एक तो युवक की पीढ़ी पर है, दूसरा अपनी पीढ़ी पर जो टालना जानती है। इस संवाद के बाद मंच पर ट्यूटर अकेला अधजले सिगरेट को जलाता रह जाता है जिसका धुआँ अन्त के बाहर हो जाता है। इस अन्त-बोध में भी संरचना की दृष्टि से आधुनिकता की प्रक्रिया का बोध होने लगता है। यह समूची रचना में व्याप्त है; लेकिन यह गहरे में न होकर उथले में है। यह शायद इसलिए कि उस समय का नगर-बोध गहरे में न होकर उथले में था। नगरीकरण की प्रक्रिया नगर में या ऊसर में जारी तो है, लेकिन यह सतह पर है; दियोनीसस नगर में घुस तो गया है, लेकिन अभी धँस नहीं पाया है। **तांबे के कीड़े** (१९४६) में यह धँस जाने की गवाही देने लगता है। डॉ० विपिन कुमार ने इस लघु नाटक की पहचान और परख आधुनिकता की दृष्टि से की है।[1] यह सही और गहरी शायद इसलिए है कि आलोचक नाटककार भी हैं और इनका लघु नाटक **तीन अपाहिज** बैकेट के नाटक **गोदो का इन्तज़ार** की याद ताज़ा करता है। इस तरह के पात्र चौराहे पर भी मिल सकते हैं जिस

---

१. आधुनिकता के पहलू

तरह **गोदो के इन्तज़ार** के या **तीन अपाहिज** के। **ताँबे के कीड़े** की परख करते हुए विपिन कुमार का मत है कि आज की त्रासदी अजनबीपन में, बेतुकेपन में, विकृत में, भाँडपन में खिलती है। कहानी एक न होकर अनेक हो जाती है, कथावस्तु-विहीन हो जाती है। **ताँबे के कीड़े** में ट्यूटर की जगह झुनझुने वाली ले लेती है। इनके पहले नाटक में ड्राइंग-रूम बनावटी है और इसमें यह होकर भी नहीं है। यह संयोग की बात नहीं है कि भुवनेश्वर के सभी लघु नाटक बँगले से जुड़े हुए हैं, जो नगरीकरण की प्रक्रिया का प्रतीक है, नगर-बोध का संकेत देता है। इस नाटक में तरह-तरह के पात्रों में महिला अनाउंसर है, रिक्शेवाला है, थका अफ़सर है, परेशान रमणी है, मसरूफ़ पति है, कुछ लड़के हैं और पागल आया है। अनमेल पात्रों के मेल से अनमेल वास्तव उजागर होता है जो कथाहीन है, घटनाहीन है। इसमें हास्य-व्यंग्य और उछल-कूद त्रासदी या कामदी की रचना के लिए नहीं है, विसंगत नाटक की रचना के लिए है। इसलिए आज के विसंगतकार के लिए वास्तव न तो त्रासद है और न ही कामद, त्रासदीय-कामद है या कामदीय-त्रासद है। इसमें आधुनिकता की चुनौती का एक पहलू है, इसकी प्रक्रिया का एक दौर है जिससे नाटक अन्य विधाओं की तरह गुज़रने की गवाही देता है। इस तरह के नाटक में कुछ हल नहीं होता; लेकिन इसे सामयिक त्रासदी को गहराने वाला भी नहीं कहा जा सकता। क्या डॉ० विपिन कुमार इसे त्रासदीय-कामद के रूप में आँकना बेहतर नहीं मान सकते? अनाउंसर के कथनों में इसकी झलक बार-बार मिलती है—हम सवाल उठाते हैं—(झुनझुना हिलाकर) हम सवालात पैदा करते हैं।······सवालात जो वीरान सड़कों पर छिपे हुए जालों की तरह बिछे रहते हैं। इसी तरह मृत्यु-बोध के बारे में इस पात्र का कथन—'हम मृत्यु को निरुत्तर कर देते हैं।······मृत्यु हमारे सिरहाने लोरियाँ गाती है। हम अपनी जान खतरे में डाल सकते हैं, पेंशनें नहीं।' इस तरह विसंगत नाटक में कभी कामदी का बोध है तो कभी त्रासदी का, कभी व्यंग्य का तो कभी आयरनी का। इसमें कभी प्रतीकों से काम लिया जाता है तो कभी संकेतों से। इसमें कहा गया है कि आज का ताज़ा आविष्कार काँच के सूटर हैं। इसको ताँबे के कीड़े खा सकते हैं।······यह बुलाने से बोलते और हँसाने से हँसते हैं—ताँबे के कीड़े। क्या इसमें सामयिक त्रासदी का बोध है? इस नाटक का अन्त अनाउंसर इस तरह करती है—नहीं, अभी खत्म कहाँ हुआ है? अभी तो दो मिनट हैं—एक नाच-गान और है।······और न जाने इस गाने से अन्त करने में नाटक लिखने वाले का क्या मतलब है? मेरी समझ से तो पूरे नाटक में ही कुछ हल नहीं होता। इस अन्त में पाठक या सामाजिक की आवाज़ को सुना जा सकता है। एक सजग नाटककार की तरह भुवनेश्वर अनाउंसर के माध्यम से पाठक या सामाजिक को विसंगति के बोध को पचाने

के लिए तैयार करना चाहते हैं, बेबात की बातों में बात समझाने की कोशिश में लग जाते हैं। इस कोशिश में वह नाटककार को मानसिक रोग का शिकार भी बना डालते हैं जो इस तरह की रचना करता है। गान का चयन भी विसंगति के बोध को गहराता है—**बीबी बोले नहीं**। यह बोध न केवल नाटक के अन्त-बोध में उजागर होता है जो अनाउंसर के हँसी से लोटपोट होने में अन्तहीन हो जाता है, इसकी पूरी संरचना में समाया हुआ है। परेशान रमणी का मसरूफ़ पति बहकता रहता है और यह अपने दिमाग को आराम देने के लिए है। इस बात को टालने के लिए रमणी पागल आया का हवाला देती है जो देखती नहीं है, केवल खोजती है—न जाने क्या और कहाँ इसी तरह थके अफ़सर और परेशान रमणी रिक्शावाले को लेकर जो संवाद है वह भी विसंगति के अन्दाज़ को लिए हुए है। **ताँबे के कीड़े** का समस्त संसार उलट-पुलट है, विसंगत है, बेमानी और बेमतलब है। इसे उजागर करने के लिए जिस नाट्यात्मक शब्द का इस्तेमाल किया गया है वह काव्यात्मक है, बाहर से टूटा और भीतर से जुड़ा हुआ है। इसलिए विपिन कुमार ने इसे लकीरी न कहकर बहुयामी माना है जिसके लिए नाटक का सहारा लेना पड़ता है, कविता खुद नाटकीय हो जाती है या कवि नाटक लिखने लगता है।[1] यह सही है कि भुवनेश्वर के छोटे नाटकों का स्तर इतना उठा हुआ नहीं है, मानव की नियति और स्थिति को गहरे और व्यापक धरातल पर पकड़ने से रह भी जाता है; लेकिन इसमें संदेह नहीं है कि 'वह सतही तुक से सृजनात्मक बेतुक की ओर, नासमझी से समझ की ओर और पुराने से नये की ओर अवश्य ले जाते हैं' और इसमें आधुनिकता के बोध का एक पहलू उजागर होता है। कविता में निराला की तरह, कथा-साहित्य में प्रेमचन्द की तरह भुवनेश्वर नाटक में आधुनिकता की शुरुआत करते हैं। निराला के **कुकुरमुत्ता** में और भुवनेश्वर के **ताँबे के कीड़े** में आधुनिकता का बोध विसंगति को लिए हुए है। विसंगति क्या है का जवाब मानव की नियति और स्थिति क्या है के सवाल से जुड़ा हुआ है। विसंगति के नाटककारों और चिन्तकों के अनुसार मानव की नियति उद्देश्यहीन है, उसके व्यक्तित्व की संगति न तो परिवेश से बैठती है और न ही उसकी हस्ती की संगति उसके पैदा होने और मर जाने से बैठती है। उद्देश्यहीनता का बोध पराभौतिक यातना की स्थिति को पैदा करता है। पहले भी नाटककारों ने इस तरह की यातना को उजागर करने की कोशिश की है; लेकिन इस सदी के नाटककारों ने इसे मंच पर लाने कोशिश की है जिसका असर भुवनेश्वर पर भी पड़ा है। उधर तो विसंगति का

१. आधुनिकता के पहलू—पृ० १०६।

रंगमंच स्थापित हो गया जो अब कमज़ोर भी पड़ने लगा है; लेकिन इधर यह कहाँ तक पनपेगा—यह कहना कठिन है। उधर के नाटककारों का यह चिन्तन है कि मानव का अस्तित्व विसंगत है—बिना पूछे हम पैदा हो जाते हैं और बिना चाहे हम मर जाते हैं। इस तरह जन्म और मरण जीना होता है। यह बोध शायद नया भी नहीं है; यह उतना ही पुराना है जितनी त्रासदी है या जितना प्रहसन है। आधुनिक विसंगतकार इनमें परम्परागत अलगाव को नकारते हैं, प्रहसन का विषय वही है जो त्रासदी का है। त्रासद और कामद दोनों विसंगति का परिणाम हैं। विसंगति के नाटककार सम्बन्धों के तनाव या वैयक्तिक तनाव या व्यक्ति और परिवेश के तनाव पर बल देने के बजाय विषयक कथन पर बल देते हैं। इसलिए शायद विसंगत नाटककार आयरनीकार है। भुवनेश्वर के नाटक में आयरनी का पुट इतना गहरा नहीं है जितना व्यंग्य और प्रहसन का जो सहानुभूति को हटाता है और क्रूरता को स्वतन्त्र करता है। इनके नाटकं में यह लगता है कि चिन्तन बेतुका है; लेकिन इसमें अपनी तुक है। भुवनेश्वर को आस्थावादी सामाजिक या पाठक में विसंगति का बोध डालने के लिए उसे इस भुलावे में डालना पड़ा है कि लेखक मानसिक रोग का शिकार है (ताँबे के कीड़े)। इस तरह विसंगति की गोली पर कभी-कभी मसखरेपन या कामदी की चीनी चढ़ानी पड़ती है। यह दृष्टि आयरनी की है। इसी तरह विसंगति के नाटकों में बोरियत और एकरसता के बोध में अन्तर पाया जाता है। बोरियत का बोध न केवल मानव की स्थिति का परिणाम है, मानव की नियति की भी देन है। इसलिए बोरियत को नाट्यात्मक बनाना होता है, इन्सान की यातना को उजागर करना होता है जो इसे सहन करता है। भुवनेश्वर के नाटक **ताँबे के कीड़े** में जब सोशिलिज़्म-वोशिलिज़्म की बात की गई है तो यह उस चिन्तन का परिणाम है—धारा के साथ बहने या धारा का विरोध करने में अन्तर नहीं है। इसलिए विसंगतकार एक हरकत की कीमत को दूसरी हरकत की कीमत या कदर से बेहतर नहीं समझता। वह नीति-विहीन दृष्टि से लिखता है जिसे नाटक में उजागर करना कठिन है। कथन को नाटक में क्रियाशील रूप देना मुश्किल होता है। इसलिए शायद भुवनेश्वर के नाटक की संरचना सतही और सरल होने की गवाही देने लगती है। विसंगति का बोध इतना भीषण है कि वह इतना लकीरी नहीं होता। यह आधुनिकता की चुनौती का परिणाम है जिसका नाटक में स्वीकार सबसे पहले भुवनेश्वर की रचनाओं में मिलता है; लेकिन इसका विकास लाज़मी नहीं है।

३—आधुनिकता की दृष्टि से भारती के **अंधा युग** (१९५४) को पहचानने और परखने की आवश्यकता इसलिए जान पड़ती है कि इसमें आधुनिकता को खोजा और पाया गया है। इसे कविता के तौर पर भी इस दृष्टि से आँका

गया है। यह नाट्यात्मक काव्य है या काव्यात्मक नाटक, दोनों है या एक भी नहीं है, उपलब्धि है या संभावना—यह स्वतन्त्र प्रश्न है। यह सही है कि कुछ कवियों ने नाटक लिखना चाहा है और कुछ नाटककारों को यह एहसास घेरे रहा है कि नाटक काव्यात्मक होने से बेहतर बन सकता है। इनकी दलील यह है कि इससे नाटक के पात्र जीवन से बड़े हो सकते हैं, नाट्यात्मक भाषा गद्य की भाषा से उठी हो सकती है। शेक्सपियर के नाटक इनको उकसाते और बरगलाते रहे हैं। इसके बाद इलियट और अब टेनेसी विलयम्ज़, लोरका बैकेट, ब्रेश्त इस काम को करते रहे हैं। अज्ञेय और भारती के युग में इलियट माडल रहे हैं। यहाँ तक कि अज्ञेय ने भी इस तरह की रचना को आज़माया है। डॉ० विपिन कुमार की यह धारणा है कि **अंधा युग** न तो बढ़िया नाटक बन सका है और न ही बढ़िया कविता। 'यहाँ लेखक अपनी कविता को दृश्य-काव्य के रूप में लिख रहा है, क्योंकि वह उसे कविता के रूप में नहीं लिख सका।...**अंधा युग** पढ़ते समय हम बहुत-सी कमज़ोर कविता को स्वीकार कर लेते हैं, क्योंकि हम अपने को यह समझा लेते हैं कि हम नाटक **पढ़** रहे हैं। इसी प्रकार नाटक की दृष्टि से विशेष खोज (मंच या नाटकीय स्थिति) न पाने पर भी हम यह संतोष कर लेते हैं कि हम कविता **पढ़** रहे हैं।'[1] इस तरह वह इस परिणाम पर पहुँचते हैं कि लेखक ने दृश्य-काव्य के बहाने अध-कचरी कविता ही की है। इस बहस में पड़ना कि डॉ० विपिन कुमार का यह मत कैसे और किस तरह इनकी आरोपित दृष्टि का परिणाम है, विषय से हट कर होगा। वह नाटक में खास तरह की हरकती भाषा के हक में हैं; लेकिन इनकी बात सही होकर भी सबके लिए सही नहीं है। भारती ने इसके रचना-विधान को **व्यापक सत्य की निजी उपलब्धि** कहा है और यह समय की भाषा है। कवि की उपलब्धि तो सदा निजी होती है, लेकिन अज्ञेय ने **व्यक्ति-सत्य** और **व्यापक सत्य** के मुहावरे का उपयोग किया जिसे इन्होंने इलियट से लिया। भारती ने न केवल इलियट के मुहावरे को अपनाया है, इनकी मिथकीय पद्धति को भी अपना लिया है जो आगत को विगत से जोड़ने के काम आती है और अनागत का संकेत भी दे सकती है। इस स्थिति में कवि अपने परिवेश से कट रहा था, नगर में अपने परिवेश से अलग हो रहा था। भारती ने **अंधा युग** में कौरव नगरी को उसकी उजड़ी और गिरी दशा में उसी तरह आधार बनाया है जिस तरह इलियट ने **वेस्टलैंड** में लन्दन को और जायस ने **यूलिसेस** में डबलिन को। इसमें इन्सान की हस्ती खतरे में पड़ चुकी है, उसकी आस्था डोल रही है या टूट रही है। अजातीयता और अनिरन्तरता का समाधान खोज निकालने में

---

१. आधुनिकता के पहलू—पृ० ९५, ९६।

आधुनिकता की प्रक्रिया का पहला दौर इस रचना में उसी तरह झलकने लगता है जिस तरह नयी कविता या नयी कहानी में। यह विचित्र लग सकता है कि भुवनेश्वर के नाटक में आधुनिकता का दौर इसके बाद क है। **अन्धा युग** में मिथकीय पद्धति के माध्यम से विगत और आगत को जोड़कर निरन्तरता में आस्था पैदा करने की कोशिश है। इसलिए यह रचना दो स्तरों पर चलती है, दो आयामों को उजागर करती है। इसमें आधुनिकता का बोध कैसे और कहाँ है? क्या इसके आदि और अन्त में कहीं इसका अस्वीकार और बीच में इसका स्वीकार तो नहीं है? क्या अथ से इति तक इसकी संरचना में आधुनिकता दोनों में डोलती तो नहीं रहती या दोनों को उजागर तो नहीं करती? क्या इसके **समापन** में इस रचना का अन्त बन्द होकर आधुनिकता के अस्वीकार की गवाही तो नहीं दे जाता? इस तरह के सवालों को पहले भी कविता के अंश में उठाया गया है।[1] अगर यह सही है तो इसमें आधुनिकता का बोध पहले दौर का है। पहले अंक में कौरव नगरी है, महाभारत के परिणाम की नगरी है जो गिर चुकी है, उजड़ चुकी है। इस तरह आधुनिकता का बोध नगर-बोध से जुड़ा हुआ है और दो बूढ़े पहरेदारों की बातचीत और नगरी की स्थिति में, जो न तो कौरवों की रही है और न ही पाण्डवों की बन सकी है, यह बोध **चिन्तन** से निकल कर **संवेदना** से लिपट जाता है। इन बूढ़ों के संवादों में बोरियत, व्यर्थता और अर्थहीनता के संकेत-दर-संकेत मिलने लगते हैं जिनका उल्लेख विस्तार से किया जा चुका है।[2] इसके बाद गिद्धों के बादल का आकाश में छा जाना और उसका कुरुक्षेत्र की ओर चले जाना महायुद्ध के मरघटी या श्मशानी परिणाम को उजागर कर आधुनिकता की संवेदना को गहराता है। धृतराष्ट्र, जो जन्म से अन्धे होकर भी राष्ट्र को धारण किए हुए हैं, बाहर के वास्तव से कटे हुए हैं। इनका अन्धापन एक से अधिक आयामों को लिए हुए है। इस तरह रचना में कालगत आयामों को देशगत रूप मिल जाता है जो आधुनिकता की चुनौती का परिणाम है। इस नगरी में गांधारी के लिए नैतिकता झूठी है, नीति आडम्बर है, विवेक बेमानी है। इनके लिए कृष्ण या आस्था वंचक है जिसने सबको धोखा दिया है और युद्ध में धकेल दिया है। आधुनिकता की अभिव्यक्ति कभी आवेश के स्तर पर है तो कभी धारणा या चिन्तन के स्तर पर; लेकिन बूढ़े पहरेदारों के संवाद में यह संवेदना के स्तर पर है जो गहरे में है। इन दोनों का बामहीन होना भी आधुनिकता का परिणाम है। इनका जीवन सूने गलि-

१. आधुनिकता और कविता।
२. आधुनिकता और कविता।

यारे में बीत गया, इन्होंने कुछ नहीं किया, निरुद्देश्य दायें से बायें और बायें से दायें चलते रहे और मरने के बाद यम के गलियारे में शायद इसी तरह चलते रहेंगे। इसमें मानव की नियति और स्थिति दोनों के अभिशप्त होने की आवाज़ निकलती है। आधुनिकता की प्रक्रिया **अंधा युग** के दूसरे अंक में भी जारी है जिसे **पशु का उदय** नाम दिया गया है। इसमें संजय की लाचारी तटस्थ विवेक की लाचारी है। अश्वत्थामा में या घायल मानव में पशु का उदय होता है। युधिष्ठिर का नर या कुंजर वाला आधा सच और आधा झूठ इस उदय के मूल में है। क्या अतीत की यह बात समकालीन स्थिति को सूचित नहीं करती कि संकट-काल में मानव की पूंछ, जो विकासवाद के अनुसार तो ग़ायब हो गई है और मनोविश्लेषण के अनुसार भीतर चली गई है, बाहर आने की बार-बार गवाही देती रही है? मानव में पशुता का उदय आधुनिक मानव को आदिम मानव से जोड़ देता है। क्या तटस्थता का बेकार और बेमानी होना भारत की विदेश-नीति का संकेत देकर स्थिति को समकालीन नहीं बना डालता जिसके माध्यम से आधुनिकता उजागर होने लगती है। अश्वत्थामा वध करने के बाद अपनी मांस-पेशियों के तनावों को खुला हुआ पाते हैं और इसे **अनासक्ति** का नाम दिया गया है। क्या यह स्थिति समकालीन स्थिति का संकेत नहीं देती? इस तरह मिथकीय पद्धति का सहारा लेकर भारती ने विगत को आगत से जोड़ने में पैनी दृष्टि का परिचय दिया है और आधुनिकता के बोध को उजागर किया है। इस स्थिति पर दूसरे अंक का परदा गिरता है और तीसरे अंक का परदा जीभ-कटे सैनिक पर उठता है जो महायुद्ध की भयंकरता का परिणाम है। एक गूंगा सैनिक महाराज की **जय** बोल रहा है और इसकी वाणी में व्यंग्य और आयरनी का स्वर आधुनिकता के बोध को गहराने लगता है—गूंगों के सिवा आज और कौन बोलेगा मेरी जय। गूंगा महाभारत का मारा है और युयुत्सु महाभारत में जीता और जीवन में हारा है **अंधा युग** के अन्तराल में बूढ़े याचक, युयुत्सु, संजय, विदुर का जो बारी-बारी परिचय दिया गया है, इसमें आधुनिकता संवेदना के स्तर से उतर कर धारणा के धरातल पर आने लगती है। भारती ने रथ और उसके हिस्सों का सहारा लेकर आधुनिकता को उजागर करने की कोशिश की है; लेकिन आधुनिकता को उजागर करने में बूढ़े पहरेदार मरकज़ में हैं और इसे अगर कवि की भाषा में कहा जाय तो इन दोनों के कथनों में आधुनिकता का बोध **अन्धा युग** के रथ की धुरी है जिसके बल पर यह चलता है। इस रचना के अन्य पात्रों में यह **प्राय:** धारणा के स्तर पर है। इसलिए शायद **समापन** में अनास्था और आस्था में होड़ है और अन्त में आधुनिकता का अस्वीकार होने लगता है। जरा नामक व्याध अपनी बाँहों को तीन बार

उठाकर जब ज्योति का संदेश सुनाता है तो यह आधुनिकता की धारा को पलट देता है, रचना के खुले अन्त को बन्द कर देता है। इस तरह अन्त-बोध की दृष्टि से भी आधुनिकता का अस्वीकार होने लगता है जो शायद इस की परिणति है या नियति है। आधुनिकता की दृष्टि से ही नहीं, कृति की दृष्टि से भी **अंधा युग** अपने सृजनात्मक स्तर से उतरने की गवाही देने लगता है। यदि इसका अन्त कहीं गान्धारी के शाप के बाद या **समापन** से पहले हो जाता तो न इसे सृजनात्मक स्तर से उतरना पड़ता और न ही आधुनिकता को अस्वीकार करना पड़ता। इस मत को भी शायद दोहराना न पड़ता कि भारती ने दृश्य-काव्य को आधार बनाकर इसमें कमज़ोर कविता की रचना की है और काव्य-नाटक बनने से भी यह रह गया है।

४—दुष्यन्त कुमार के **एक कंठ विषपायी** (१९६३) को काव्य-नाटक या दृश्य-काव्य की परम्परा में रखा जाय—इसके बारे में मतभेद हो सकता है। इसके बारे में भी मतभेद हो सकता है कि यह कला-कृति है या नहीं। डा० विपिन कुमार की कसौटी पर यह शायद खरा न उतरे। इन की धारणा है कि हिन्दी में दृश्य-काव्य का माध्यम समझा नहीं गया है। उस से कविता या नाटक के अधपके माल को ढोने का ही काम लिया गया है।[1] इस बात को कहने के लिए आलोचक को साहस बटोरना पड़ा है। इस समय सवाल न तो इसके दृश्य-काव्य होने का है, न ही कलाकृति होने का और न ही कविता या नाटक होने का दुष्यन्त कुमार का यह दावा है कि यह एक नाटक है जो पहले तीन अंकों में लिखा गया और बाद में यह चार अंकों का हो गया। इस में एक नये पात्र **सर्वहत** का समावेश हो गया जो महायुद्ध का मारा है और जो उभर कर आधुनिक प्रजा का प्रतीक बन गया है।[2] यह नाटक चीनी हमले के बाद की रचना है। **अंधा युग** और **एक कंठ विषपायी** दोनों में युद्ध या महाभारत के परिणाम को आधार बनाया गया है। इस समय समस्या इसमें आधुनिकता के बोध की है। यह कहाँ, कैसे और किस तरह है? इस काव्यात्मक नाटक या दृश्य-काव्य में भी आधुनिकता का बोध नगर-बोध से जुड़ा हुआ है। दक्ष प्रजापति की पुत्री का गठबंधन शिव या शंकर से सम्पन्न हो गया है और यह बिना पिता की अनुमति के हुआ है। वह इसे अपहरण मानकर शिव का शत्रु बन जाता है और शंकर महादेव की मानहानि पर तुल जाता है। इस में पिता-पुत्री के स्नेह-सम्बन्ध को जो झटका लगता है इस के मनोवैज्ञानिक संकेत में भी आधुनिकता का बोध है। इसी तरह राजनैतिकता और नैतिकता की होड़ में

---

१. आधुनिकता के पहलू—पृ० ९७।
२. आभार कथा।

समकालीनता उजागर होती है। इस काव्य-नाटक के रचना-विधान में कोरस के माध्यम से आधुनिकता के बोध को गहराने की कोशिश है। सर्वहत पात्र की रचना इसी उद्देश्य से की गई है। पहले कोरस में इस पात्र के मुख से यह कहलवाया गया है—

मैं यह नाटक क्यों देखता भला ?
मुझ से···या हम से
यह आशा कब की जाती है।
कि हम नाटक देखें···उस में भाग लें।

अंधा युग में जिस तरह कौरव नगरी के उजड़ जाने के बाद दो पहरेदारों की बातचीत में आधुनिकता का बोध गहराने लगता है तो दक्ष की नगरी में आपसी संहार के बाद सर्वहत के कथन में इसी बोध को उजागर किया गया है—सारे नगर में जमा हुआ खून है, सड़ी लाशें हैं क्षत-विक्षत तन हैं, इन पर चीलें, गिद्ध और मक्खियाँ हैं।

सब कुछ तो है।
देखो यह महल हैं
कँगूरे हैं
कलश हैं
अतिथि-भवन हैं
राजपथ हैं···।
सिर्फ लोग नहीं हैं तो क्या हुआ ?
लोगों के होने न होने से
क्या कोई दृश्य की महत्ता कम होती है ?[1]

इस दृश्य-चित्रण में शब्द भले ही नाट्यात्मक न होकर विवरणात्मक हों और यह चाहे कमज़ोर कविता की गवाही दें; लेकिन होने और न होने की स्थिति में आधुनिकता का बोध नयी कविता के दौर की गवाही देता है। इसी तरह सामने पड़कर चीज़ों को देखने वाली उसकी दृष्टि खो गयी है। इस पात्र में अजातीयता या परिवेश से कट जाने का बोध नयी कविता के दौर का है। महादेव सती के शव को कंधों पर उठाए हुए हैं। क्या सती का शव सत्य का शव है ? शंकर की दुविधा इस तरह है—

उन्हें किसी सत्य से जुड़े रहने
और टूट जाने का
दुविधायुत भ्रम है।

---

१. एक कंठ विषपायी पृ० ४५।

करते हैं कुछ
किन्तु कुछ करना (और) चाहते हैं
अपनी प्रिया के संदर्भों में
दुहरा जीवन जीते हैं शिव शंकर
यही दण्ड उनको क्या कम है
जो बार-बार
कालकूट पीते हैं शिव शंकर ।

और सर्वहत पूरे नगर में अकेला हो गया है जिसे छोड़ने के लिए वह बाधित हो गया है । अगले कोरस में शंकर की आत्म-स्वीकृति में आधुनिकता के बोध को उजागर किया गया है—

हर परम्परा के मरने का विष
मुझे मिला,
हर सूत्रपात का श्रेय
ले गए और लोग
मैं अब चुका दूं
इस महिमा-मंडित छल से...।[1]

इस मोहभंग और बोरियत के बोध से शंकर को आधुनिकता के साँचे में ढाला गया है । इस कथन से परदा तीसरे दृश्य पर उठता है । जिसे कैलास के शिखर पर उतारा गया है जहाँ शंकर स्वगत में अपने व्यक्तित्व के खण्डित होने का संकेत देते हैं । इसमें नई कविता की आधुनिकता का दौर उजागर होता है; लेकिन अन्तर यह है कि नई कविता में खण्डित व्यक्तित्व नगर-बोध का परिणाम है और इसमें नगर-बोध को कैलास पर ले जाना पड़ा है जो थोड़ा असंगत जान पड़ता है और ले जाना इसलिए पड़ा है कि वह खुद जाता नहीं है । यह शायद उसी तरह है जिस तरह **कामायनी** में मनु कैलास पर जाते नहीं हैं, इन्हें ले जाना पड़ा है । इसके बाद शंकर-कुबेर संवाद में, जिसे अनावश्यक विस्तार दिया गया है, आधुनिकता कोरी धारणा के स्तर पर उसी तरह है जिस तरह **अन्धा युग** के अन्तराल में । सती मृत परम्परा का शव है जिससे शिव चिपके रहते हैं । कैलास का शिखर अब देश में परिणत होने लगता है, आधुनिकता की धारणा गहरे में धँसने लगती है, महाकाल के ताण्डव का इन्तजार है, तीसरा नेत्र खुलने की तैयारी में है और सामूहिक आत्मघात के कोरस से परदा चौथे दृश्य पर खुलता है । इस दृश्य पर **अन्धा युग** की छाया मँडराने लगती है । क्या सच इन्द्र की तरफ़ है या शिव की तरफ ? सब अंधे

---

१. एक कंठ विषपायी पृ० ६६ ।

हैं, शंकर की ममता भी अंधी है। सर्वहत पर **अन्धा युग** के दो प्रहरियों के संवादों की छाप है—

मैं सुनता हूँ···
मैं सब कुछ सुनता हूँ
सुनता ही रहता हूँ
देख नहीं सकता हूँ
सोच नहीं सकता हूँ
और सोचना मेरा काम नहीं है
उस से मुझे लाभ क्या
मुझ को तो आदेश चाहिए
मैं तो शासक नहीं
प्रजा हूँ
मात्र भृत्य हूँ
इसीलिए केवल सुनना मेरा स्वभाव है।

इनमें अन्तर साफ़ है— पहरेदारों के संवाद में विसंगति का बोध है और सर्वहत के कथन में लघु मानव का बोध है जो नयी कविता के बोध से जुड़ा हुआ है। **अंधा युग के** प्रहरी आधुनिकता के अगले दौर की गवाही देते हैं। सर्वहत में आधुनिकता के पहले दौर की साक्षी उसके कथनों में मिल जाती है—मैं एक पगडण्डी के सिवा और क्या हूँ, तुम क्या कर सकते हो, कोई क्या करता है अथवा कर सकता है? वह दक्ष-लोक से देव-लोक में आ गया है और साधारण लोगों को दोनों लोकों में न्याय कहाँ मिल सकता है। लघु मानव की दृष्टि का निरूपण सर्वहत के इस कथन में किया गया है—

बतलाओ!
मुझ में या शिव में क्या अन्तर है?
यही ना कि मैं तो सर्वहत हूँ
—साधारण हूँ—
और वो विशिष्ट देवता है, शिव शंकर है!
किन्तु प्यास दोनों की एक-सी है।

भारती के **अन्धा युग** में जिस तरह आस्था और अनास्था में होड़ लगी रहती है और समापन में आधुनिकता का अस्वीकार है उसी तरह **एक कंठ विषपायी** में भी लगी रहती है। **अंधा युग** में जिस तरह जरा नामक व्याध ज्योति का संदेश देता है, उसी तरह **एक कंठ विषपायी** में विष्णु उजड़ी धरती पर नये

अंकुर के उभरने का संदेश देते हैं।[1] इन्द्र के अनुसार यह तब तक संभव न होगा जब तक शंकर स्वयं को नये सत्य से जोड़ नहीं पाते, खुद को शव से तोड़ नहीं पाते। एक रचना में अंधों के माध्यम से ज्योति की कथा है और दूसरी में शंकर के माध्यम से नये सत्य से जुड़ने की गाथा है। इस तरह दोनों का न केवल उद्देश्य समान है, रचना-विधान भी समान है। इसलिए **एक कंठ विषपायी** को **अंधा युग** का लघु संस्करण कहा जाए तो यह शायद असंगत न होगा। इसे **अंधा युग** की परम्परा में रखना उचित जान पड़ता है। शंकर की तरह इन्सान लाशें ढोने में लगा हुआ है, लाशें चाहे विचारों की हों या भावों की, सृजन से पहले उसे यातना या पीड़ा से गुज़रना पड़ता है। अन्तिम तान सत्यमेव जयते पर तोड़ी गयी है और सत्य विष्णु के पास है, **अंधा युग** में यह विष्णु के अवतार कृष्ण के पास है। विष्णु नमस्कार का बाण छोड़ते हैं जिसमें शिव के कंधों पर पड़ी सती के शव को खण्ड-खण्ड करने की शक्ति है। इसका परिणाम महादेव शंकर की सेनाओं के लौटने में निकलता है जो चीनी सेनाओं की याद को ताज़ा कर समकालीनता को उजागर करता है। इस तरह रचना का अन्त शमन या समापन में होता है। इस अन्त-बोध में आधुनिकता की प्रक्रिया उसी तरह ठप हो जाती है जिस तरह **अंधा युग** में। इस तरह अनेक पहलुओं से इन दोनों काव्य-नाटकों में आधुनिकता की प्रक्रिया अवरुद्ध होने की गवाही देती है। अन्तर केवल मिथकीय वस्तु की भिन्नता में है, इसके उपयोग में नहीं है; भाषा की भिन्नता में है, इसके बोध में नहीं है। **अंधा युग** की भाषा छायावादी संस्कारों से छुटकारा पाने की यातना में है और **एक कंठ विषपायी** की तत्सम रूप धारण करने की कोशिश में है। क्या यह मिथकीय वातावरण के सृजन के लिए है? क्या दोनों रचनाएँ कविता और नाटक के योग से दृश्य-काव्य बन सकी हैं? क्या कवि के लिए दृश्य-काव्य की रचना तब तक कठिन है जब तक वह नाटककार नहीं है, या नाटककार के लिए दृश्य-काव्य की रचना के लिए कवि होना आवश्यक है? क्या नाटककार का वियन काव्यात्मक नहीं हो सकता या कवि का विधान नाट्यात्मक नहीं हो सकता? इस तरह के अनेक प्रश्न उठ सकते हैं, उठाए जा सकते हैं; लेकिन नाटक में, काव्यात्मक नाटक में, दृश्य-काव्य में आधुनिक की पहचान-परख के लिए इनका उठना या इनको उठाना संगत नहीं जान पड़ता। यह सही है कि मिथकीय पद्धति एक सम्पन्न माध्यम है जो विगत-आगत-अनागत को जोड़ने के काम आती रही है। यह शायद इसलिए भी उपयोगी है कि मिथक पहले से ही पाठक या सामाजिक का जाना-पहचाना होता है; लेकिन वह यह नहीं जानता

१. एक कंठ विषपायी—पृ० १२०।

क इसका उपयोग किस उद्देश्य से किया जा रहा है।

५—मोहन राकेश ने भी मिथक और इतिहास, जो बाद में मिथक बन जाता है, का उपयोग अपने दो नाटकों में किया है—**आषाढ़ का एक दिन** (१९५८) और **लहरों के राजहंस** (१९६३)। इस पद्धति का उपयोग कभी मध्यकालीन बोध की दृष्टि से किया गया है, कभी रोमांटिक बोध की दृष्टि से तो कभी आधुनिकता के बोध की दृष्टि से। क्या प्रसाद ने इतिहास का सहारा लेकर अपने युग को रोमांटिक दृष्टि से उजागर नहीं किया है? इन नाटकों के पात्रों को कहाँ तक ऐतिहासिक कहना संगत है! क्या प्रसाद ने वैदिक पात्रों के नामों को आधार बना कर अपने युग को रोमांटिक दृष्टि से नहीं आँका है? क्या मनु वेदकालीन पात्र है या प्रसादकालीन? क्या डा० सुरेश अवस्थी का कालिदास या नन्द को ऐतिहासिक पात्र मानना उसी तरह असंगत नहीं है? क्या कालिदास और नन्द राकेशकालीन नहीं हैं? यही मूल कारण है कि इन पात्रों को ऐतिहासिक मानकर इन पर अनेक आरोप लगते रहे हैं—कालिदास कमज़ोर क्यों है, नंद असमंजस की स्थिति में क्यों है? राकेश ने या किसी और ने इतिहास का सहारा लेकर इतिहास का मज़ाक क्यों उड़ाया है? इन पात्रों के नाम पुराने हो सकते हैं; लेकिन इनका व्यक्तित्व बोध-विशेष के साँचे में ढला होता है। अब सवाल यह है कि **आषाढ़ का एक दिन** या **लहरों के राजहंस** में आधुनिकता का बोध है या रोमांटिक बोध—इसकी पहचान-परख नाटकों के माध्यम से करनी है। **आषाढ़ का एक दिन** हर कृति की तरह एक से अधिक संकेत देता है। इसमें कालिदास का परिवेश से कट जाने का संकेत है, कृतिकार के अपवादित होने का संकेत है, उसके असाधारण होने का संकेत है, काश्मीर की स्थिति के अस्थिर होने में समकालीन संकेत है, राजनीति और साहित्य में होड़ का संकेत है, घर की खोज या आत्मीयता की खोज का संकेत है, जो बिखरकर टूट चुकी है, अपने घर में मेहमान होने का संकेत है। इनमें मूल संकेत कौन-सा है? यदि राकेश के सभी नाटकों पर सरसरी नज़र डाली जाय तो एक संकेत बार-बार उभरता है—नायक लौटने के लिए अभिशप्त है। वह चाहे **आषाढ़ का एक दिन** का नायक हो या **लहरों के राजहंस** का या **आधे-अधूरे** का। वह उस घर में लौटने पर विवश है जो उसके लिए टूट चुका है, बिखर चुका है या उजड़ चुका है। इनके उपन्यास **अँधेरे बन्द कमरे** में भी हरबंस-नीलिमा की स्थिति इस तरह की है। इनकी कहानियों में इस तरह का संकेत बार-बार मिलता है। एक संकेत जब बार-बार किसी लेखक की कृतियों में मिलने लगे तो इसका कुछ तो मतलब होता है, इसमें कुछ तो वज़न होता है जिसे नकारा नहीं जा सकता। यह और बात है कि नायक लौटता है या उसे लौटाया जाता है, अगर उसे लौटाया जाता है तो इसमें वज़न और बढ़

जाता है, लेखक उसे इस स्थिति में पहुँचाना चाहता है, यह उसका मूल उद्देश्य है। **आषाढ़ का एक दिन** में कालिदास को लौटाया जाता है जब वह क्षत-विक्षत-सा, द्वार खोलकर खड़ा रहता है।[1] अपने परिवेश से उखड़कर चले जाने और उखड़े परिवेश में लौटने में कालिदास टूट जाता है। इधर मल्लिका भी इस अन्तराल में विलोम से जुड़कर, माँ बनकर टूट चुकी है। कालिदास इस स्थिति में नहीं है कि वह फिर अथ से आरम्भ कर सके। वह कालिदास नहीं रहा, दूसरा व्यक्ति हो गया है। अगर मल्लिका थोड़ी देर के लिए उसे पहचान नहीं पाती तो यह स्वाभाविक है। मल्लिका भी वह नहीं रही। सब-कुछ बदल गया है। कालिदास के लिए मल्लिका का घर अपरिचित हो गया है। इस तरह परिचित के अपरिचित होने में आधुनिकता का बोध **नयी कहानी** के दौर का है, राकेश की अपनी कहानी **अपरिचित** और उषा प्रियंवदा की कहानी **वापसी** का है। कालिदास मातृगुप्त या सरकारी चोले से छुटकारा पाकर फिर से कालिकास का चोला पहनकर जीना चाहता है।[2] इसमें आयरनी का बोध है या त्रासदी का या दोनों का···इसमें संदेह तो हो सकता है; लेकिन इसमें संदेह नहीं है कि परिवेश से कट जाने में आधुनिकता का बोध है और इससे जुड़ने की यातना में यह गहराने लगता है। इसके बाद कालिदास के लंबे भाषण में, जिसे रुक-रुककर मल्लिका को या सामाजिक को दिया गया है, कभी रोमांटिक बोध उभरने लगता है तो कभी आधुनिकता का बोध। इसी तरह सरकारी सम्मान से लेखक के टूटने में समकालीनता का भान होने लगता है। कालिदास ने सरकारी चोला पहनकर कुछ नहीं किया, कुछ नहीं पाया, सब-कुछ खोया है। अगर कुछ पाया है तो मल्लिका से पाया है। वह **कुमारसंभव** की उमा है, **मेघदूत** की यक्षिणी है, **शाकुन्तल** की शकुन्तला है, **रघुवंश** की रति है। इन सब रचनाओं का नायक कालिदास है। यह विवेचन रोमांटिक बोध की झलक देने लगता है और कोरे पन्नों की कापी इसे गहराती है; लेकिन बच्ची का रोना मल्लिका को आगत से तोड़ देता है। इस समय विलोम का आना घाव पर नमक छिड़कने के समान है। इसके बाद सृजन में थोड़ा उतार आने लगता है, तनाव ढीला होने लगता है। कालिदास के पास यहाँ से बाहर जाने के सिवाय और चारा ही क्या है और बाहर जाने के साथ नाटक का अन्त नाटक के बाहर हो जाता है। इस अन्त-बोध में आधुनिकता का बोध उजागर होने लगता है। इस नाटक में भी **अंधा युग** के पहरेदारों की तरह दो अनुचर हैं—अनुस्वार और अनुनासिक जो मातृगुप्त (कालिदास) के आने से पहले मल्लिका के घर को

---

१. आषाढ़ का एक दिन—पृ० १०१।
२. आषाढ़ का एक दिन—पृ० १०५।

ठीक-ठाक करने में असंगति और विसंगति के बोध का भान कराते हैं। इनके सहमत और असहमत होने में नाटक की गम्भीरता थोड़ा टूटने लगती है, त्रासद तनाव ढीला होकर विसंगत होने लगता है जिसमें आधुनिकता का बोध होने लगता है। क्या इस नाटक में **व्यक्तित्व की खोज घर की खोज में नहीं है और व्यक्तित्व की खोज में घर की खोज नहीं है**? इसमें आधुनिकता के उस दौर की गवाही मिलती है जिसमें आज रोमांटिकता को आँका जा रहा है। इस तरह **आषाढ़ का एक दिन** में आधुनिकता और रोमांटिकता का ताना-बाना है या ताना-पेटा है। नाटककार का यह दावा कि कालिदास का चरित्र उसकी रचनाओं में समाहित है, उसके व्यक्तित्व से बहुत हटकर नहीं है। उसी तरह का दावा है जिस तरह प्रसाद का यह दावा कि मनु का चरित्र **कामायनी** में वैदिक परम्परा से हटकर नहीं है। कालिदास किसी नाटककार के लिए सृजनात्मक शक्तियों का प्रतीक है, उस आन्तरिक द्वन्द्व का संकेत देने वाला है जो किसी भी काल में सृजनशील प्रतिमा को आन्दोलित करता है। इनकी अपनी बात कि कालिदास का व्यक्तित्व बहुत हटकर नहीं है, इनकी अपनी इस बात से कट जाती है कि आज का लेखक जिस स्थिति से गुज़र रहा है, कालिदास को भी इससे गुज़रना पड़ा था। इस तरह कालिदास के चरित्र को समकालीनता के साँचे में ढालने की कोशिश नाटक में जारी रहती है और मल्लिका का चरित्र तो रोमांटिकता के साँचे में अथ से इति तक ढला हुआ है। इसलिए यह कहना असंगत नहीं जान पड़ता कि नाटक में आधुनिकता और रोमांटिकता का योग है। इतिहास के कालिदास और कृतियों के कालिदास को अलगाने से समकालीन कालिदास का चेहरा आँखों से ओझल नहीं हो जाता जिस पर कोमलता, अस्थिरता, असमंजस और तनाव की लकीरें हैं। इन लकीरों को राकेश के हर नाटक के नायक के चेहरे पर देखा जा सकता है।

लहरों के राजहंस (१९६८) के नायक के चेहरे पर तनाव की लकीरें अधिक गहरी लगती हैं, तनाव में अधिक कसाव आ गया है। कालिदास की तरह नन्द भी राकेशकालीन है। इस नाटक की रचना-प्रक्रिया की एक लंबी कहानी है जिसे नाटककार ने विस्तार से कहा है। अपने अन्तिम रूप में यह नाटक एक कविता होने की गवाही देने लगता है, इसके काव्यात्मक वियन में आधुनिकता धारणा के स्तर पर नहीं, संवेदना के धरातल पर है। यह सही हो सकता है कि अश्वघोष का **सौन्दरनन्द** पढ़ते समय दो दीपाधार का बिम्ब नाटककार के मन में बनने लगा हो—एक नर का और दूसरा नारी का; एक शिखर पर नर का बिम्ब, जिसकी फैली बाँहें और आँखें आकाश की ओर उठी रहती हैं और दूसरा नारी का बिम्ब नीचे शिखर पर, जिसकी सिमटी बाँहें और आँखें धरती की ओर झुकी रहती हैं। अश्वघोष के काव्य का अपना बिम्ब लहरों पर

तैरते राजहंस का है या अनिश्चय में उठे एक पैर का है। **सौन्दरनन्द** में इस तरह के दो दीपाधार नहीं हैं। यह नाटककार के मन का बिम्ब है जो बार-बार बदलता रहा है। एक पते की बात **सौन्दरनन्द** के बारे में कही गई है कि वह इसके **निश्चित अन्त** के बारे में है। इसमें निश्चित अन्त नाटककार को अखरता रहा है। क्यों अखरता रहा है? यह आधुनिकता के बोध का परिणाम है। यह कैसे है—इसकी गवाही नाटक देगा। डॉ० सुरेश अवस्थी ने जिस **लहरों के राजहंस** की पहचान-परख की है वह दूसरा लगता है, शायद इस नाटक का पहले का संस्करण लगता है।[1] इसलिए इनके मूल्यांकन से सहमत या असहमत होने का सवाल ही नहीं उठता। इस नाटक के बारे में श्यामानन्द जालान ने कुछ सवाल उठाए हैं जिनका नाटककार ने जवाब भी दिया है; लेकिन इनसे सहमत होना लाज़मी नहीं है। कभी-कभी लेखक के मन में कुछ होता है, लेकिन कृति में कुछ और हो जाता है। मोहन राकेश के उत्तरों से इतना साफ़ हो जाता है कि इन्होंने इस नाटक को प्रतीकात्मक बनाना चाहा है। इस नाटक की मूल कथा नन्द और सुन्दरी की है जिसे वह नर और नारी की कथा का रूप देना चाहते हैं। क्या यह उर्वशी और पुरुखा की तरह है? शायद नहीं। मोहन राकेश के अनुसार सुन्दरी धरती का संकेत देती है जो आदमी को अपने तक बाँध रखना चाहती है; वह बँधना चाहकर इससे उठना चाहता है, अपने लिए उपलब्धि खोजना चाहता है; लेकिन बुद्ध की तरह नहीं जो सब को तिलाञ्जलि देकर उस उपलब्धि की ओर जाते हैं। नन्द तिलाञ्जलि न तो देना चाहता है और न ही दे पाता है, वह **धरती** के माध्यम से या इसके भीतर से **अधरती** को पाना चाहता है। यह अधरती क्या है? यह अलग सवाल है। इसमें संदेह नहीं है कि नन्द तनाव और दुविधा की स्थिति में है। क्या नन्द की खोज में उपलब्धि की खोज घर की खोज नहीं है या व्यक्तित्व की खोज में घर की खोज तो नहीं है? इस घर की खोज को धरती कह सकते हैं और व्यक्तित्व की खोज को उपलब्धि या बिन्दुओं की खोज कह सकते हैं। मोहन राकेश ने इसे कहने के लिए जिस **पार्थिव-अपार्थिव** की भाषा को अपनाया है वह इस बुनियादी बात को सकील और वायवी बना देती है।[2] नन्द की दुविधा में आधुनिकता का बोध है जो उसे प्रश्नचिह्न बना डालता है। इन्सान पहले भी शंकाओं से घिरता रहा है; लेकिन शंकाओं का समाधान भी होता रहा है। नन्द की शंकाओं का समाधान नहीं हो सका है। इसलिए नाटक का अन्त कितने-कितने बिन्दु की खोज से होता है। इस अन्त-बोध में भी आधुनिकता उजागर होती है। इसलिए नंद का व्यक्तित्व नाटककार और नाटक दोनों के मन में प्रश्नचिह्न बना रहता है और उसकी प्रश्न-

---

१. कल्पना—१४४।
२. लहरों के राजहंस—पृ० २३ (३)।

चिह्नता इस बोध को गहराती है। इसी तरह श्यामांग के बारे में यह पूछा गया है कि वह क्या है। क्या वह पागल है? यह शायद इसलिए पूछा गया है कि उसके पागलपन की सतही गवाही नाटक में बार-बार मिलती है। क्या वह वास्तव में पागल है? क्या वह केवल बहकता है? इस पात्र का मतलब क्या है? नाटककार के अनुसार श्यामांग एक तरह से नन्द के मन की संकुलता को रेखांकित करता है, नाटक के दूसरे अंक में श्यामांग की आवाज़ नन्द के भीतरी वहम को उजागर करती है। यह इसका एक मतलब हा सकता है; लेकिन इसका दूसरा मतलब स्थिति को विसंगत बनाने में है, उन्माद की स्थिति को गहराने में है। पहले अंक में नन्द-सुन्दरी और श्यामांग-अलका की कथा छोटे और बड़े पैमाने पर चलती है। इस तरह श्यामांग पागल नहीं है, श्वेतांग का विरोधी रूप है। श्यामांग और श्वेतांग दो अनुचरों की अलग-अलग जीवन-दृष्टियाँ हैं जो उसी तरह परस्पर विरोधी हैं जिस तरह सुन्दरी और यशोधरा की हैं। श्यामांग की दृष्टि में उलझाव है, तनाव है और श्वेतांग की दृष्टि सीधी, सपाट और साफ़ है। इनके नाम भी इनकी दृष्टियों का संकेत दे जाते हैं। श्यामांग की बे-सर-पैर की बातों में विसंगति का बोध भी आधुनिकता के बोध का परिणाम लगता है। श्यामांग जैसे पात्र को आधुनिक नाटक में रखने की परम्परा-सी बन रही है—कभी पहरेदारों के रूप में (अन्धा युग), कभी अपाहिजों के रूप में (तीन अपाहिज) तो कभी सर्वहित के रूप में (**एक कंठ विषपायी**)। क्या यह कहीं आवारा पात्रों की परम्परा का पालन तो नहीं है (गोदो के इन्तजार में)? **इस तरह का सामान्य पात्र मानव की साँझी स्थिति या नियति को उजागर करने में उपयोगी साबित हो सकता है।** श्यामांग की दृष्टि आधुनिक मानव के उलझाव का संकेत दे जाती है। इस नाटक के बारे में एक और सवाल उठाया गया है कि राजहंस कौन हैं और लेखक का जवाब है कि राजहंस नन्द और सुन्दरी का संकेत हैं और लहरें इनकी परिस्थितियों का।[1] इस विन्दु पर या इस दृष्टि से नाटक को प्रतीकात्मक और काव्यात्मक बनाने की कोशिश है। इस कोशिश में नाटककार कहाँ तक सफल हो पाया है—यह दूसरा सवाल है; लेकिन इस प्रकार के संकेत आधुनिकता के उस दौर को सूचित करते हैं जिसे नई कहानी में आँका गया है। नई कहानी और राकेश की कहानी दोनों इस तरह के संकेतों और प्रतीकों से अटी पड़ी हैं, जिनका आज घोर विरोध भी होने लगा है और जिनमें आज रोमांटिक बोध को खोजा और पाया जा रहा है। यह कहानीकार के कवि की देन है या आधुनिकता के उस दौर की या रचना-विधान की उस परम्परा की जिसका नई कहानी के आन्दोलन

---

१. लहरों के राजहंस—पृ० २३।

में पालन किया गया। इस नाटक में एक और संकेत मृत मृग का है जो जीवित-मृत है। **आषाढ़ का एक दिन** में मृग-शावक है जिसका अपना संकेत है। राकेश की कृतियों के रचना-विधान का यह अभिन्न अंग है जो कभी-कभी रूढ़ि बनने का संकेत भी दे जाता है। यदि यह कृति **में** है तो यह इसका अभिन्न अंग है और यदि यह कृति **पर** है, तो आरोपित है, एक रूढ़ि बनकर रह जाता है। **लहरों के राजहंस** में इस संकेत को उस समय दिया गया है जब कामोत्सव का आयोजन हो रहा है और यह अवसर के अनुकूल नहीं बैठता। इससे केवल आशंका की सम्भावना या अपशकुन का ही संकेत नहीं मिलता, नन्द की मानसिक स्थिति का भी मिल जाता है। इस नाटक में मृग का इशारा उस इन्सान की तरफ़ है जो कभी-कभी ज़िन्दा रहने के लिए लड़ते-लड़ते इतना थक जाता है कि वह अपनी थकावट से मर जाता है। इस तरह की नियति नन्द की भी हो सकती है या किसी दूसरे की भी हो सकती है।[1] क्या इस नाटक की धुरी नन्द है या सुन्दरी या नन्द-सुन्दरी की नियति? क्या इनकी नियति स्त्री-पुरुष की बन सकी है? क्या आधुनिक युग में यह इनकी नियति है या सब कालों में यह इनकी नियति है? क्या सब कालों में स्त्री-पुरुष की नियति एक समान हो सकती है? इस तरह के अनेक सवाल उठाये जा सकते हैं। यह सही है कि इस नाटक में खोज मानव की स्थिति की इतनी नहीं है जितनी मानव की नियति की है। यह उसी तरह है जिस तरह इनके **आधे अधूरे** में मानव की नियति की खोज पर इतना बल नहीं दिया गया है जितना मानव की स्थिति पर और मानव में स्त्री-पुरुष दोनों का समावेश है। **लहरों के राजहंस** में आधुनिक मानव की नियति की खोज है। नन्द और सुन्दरी एक ऐसे विन्दु पर पहुँच चुके हैं कि इनका एक-दूसरे से अलग होना नाटक में लाज़मी हो गया है। नाटककार के सामने सबसे बड़ी समस्या इनको अलगाने की है। इसलिए कहना पड़ता है कि नाटक का मूल उद्देश्य घर की खोज में व्यक्तित्व की खोज है और व्यक्तित्व की खोज में घर की खोज और घर का मतलब उसकी दीवारों और छतों से नहीं है। कालिदास मल्लिका को छोड़कर चले जाने के लिए बाधित है, नन्द सुन्दरी को छोड़कर चले जाने के लिए विवश है और **आधे अधूरे** का नायक टूटे घर में लौटने पर लाचार है। **आषाढ़ का एक दिन** में अलग होने का अन्दाज़ रोमांटिक है, **लहरों के राजहंस** में यह रोमांटिक बोध से छुटकारा पाने का है और **आधे अधूरे** में यह वास्तव का सामना करने में उजागर होता है। रोमांटिक बोध से छुटकारा पाने के लिए नन्द को या नाटककार को जिस यातना से गुज़रना पड़ा

---

१. लहरों के राजहंस—पृ० ६६-६७।

है उसे विस्तार से इस नाटक की भूमिका में कहा गया है; तीसरे अंक को बार-बार बदलने से इसकी गवाही मिल जाती है। इसके अन्त के बारे में एक बात जो नाटककार के दिमाग में कौंध जाती है वह यह है कि इसका निश्चित अन्त गलत होगा, नन्द और सुन्दरी की परिणति परिणतिहीन है। इस नाटक का अन्त अन्तहीन ही हो सकता है और इस अन्त-बोध में आधुनिकता की चुनौती है जो अन्त को निश्चित नहीं होने देती, अन्त को नये बिन्दुओं की खोज में नाटक के बाहर फेंक देती है। इस तरह आधुनिकता की प्रक्रिया बन्द होने से इन्कार करती है। यह उसी तरह है जिस तरह नन्द सुन्दरी के दायरे में बन्द होने से इन्कार करता है। इसके साथ यह भी सही है कि वह नए बिन्दुओं की खोज सुन्दरी के माध्यम से करना चाहता है। उसके केशों का मुण्डन बाह्य है; लेकिन उसकी दुविधा आन्तरिक है जिसे सुन्दरी नहीं समझ पाती। सुन्दरी के भीतरी अहं को नन्द के केशों के मुण्डन से गहरी चोट पहुँची है। उसका अहं उसके रूप से उपजा है जिसे नन्द नहीं समझ पाता। क्या मानव की नियति एक-दूसरे को न समझ पाने में है? नर और नारी के एक-दूसरे से अलग हो जाने में है? क्या इसमें त्रासदी का बोध है या विसंगति का? सुन्दरी यशोधरा की तरह दीक्षा नहीं ले सकती, अपने अहं को नहीं खो सकती। सुन्दरी और नन्द दोनों का व्यक्तित्व एक-दूसरे से अलग होने के लिए अभिशप्त है। इस नाटक का अन्त सुन्दरी के इन शब्दों से किया गया है, 'तुम······! कितने-कितने बिन्दु खोजे हैं आज तक तुमने ?······जाओ, एक और बिन्दु खोजो! कितने-कितने शब्दों में ढाँपा है उन बिन्दुओं को ?······जाओ, कुछ और शब्द ढूँढ़ो······फिर भी क्यों वही-के-वही बने रहते हो तुम? वही······ वही!' यह कथन काव्यात्मक है, इसमें काव्यात्मक वाग्मिता है। इस नाटक की न केवल संरचना काव्यात्मक है, यह एक कविता लगता है जिसमें हंस नियति की लहरों पर तैरकर एक-दूसरे से अलग हो जाते हैं, किनारे लगने के लिए या लहरों में डूबने के लिए—यह अनिश्चित है।

लहरों के राजहंस में अगर नायक की नियति अलग होने में है तो आधे-अधूरे (१९६९) में उसकी नियति टूटे घर में लौटने में है, दोनों हालतों में जुड़ने में नहीं है और इसमें आधुनिकता का बोध है। इस नाटक में भी घर की खोज में निजीपन की खोज है और निजीपन की खोज से मतलब नर और नारी के आपसी सम्बन्धों की खोज है। इस नाटक की **प्रस्तावना** से लगता है कि नन्द बिन्दुओं को तलाशने के बाद अनाम हो गया है, टूटे घर में लौटने पर बाधित हो गया है। क्यों हो गया है—इसका जवाब अगर दिया जाता है तो क्या यह आधा-अधूरा साबित न होगा? इस नाटक में बल मानव की नियति पर इतना नहीं दिया गया जितना उसकी स्थिति पर जो एक छोटे

दायरे या कमरे में सीमित है। इस नाटक को पहचानने और परखने की कोशिश तो की गई है कि यह इस तरह क्यों है, इस तरह क्यों नहीं है—यह कलाकृति नहीं है, यह स्फीत घटनाओं का संकलन है, यह नाटक एक खाका है, तस्वीर नहीं है, महज़ एक टूटते हुए परिवार का खाका है, तस्वीर नहीं बन सकी। इसके सारे चरित्र रूढ़ हैं जिनकी निजता नहीं है, इसमें संत्रास का बोध नहीं होता, स्थितियाँ चरित्रों के बने-बनाये व्यक्तित्व को तोड़ती नहीं हैं, इनकी खुद की ज़िन्दगी नहीं है, परिवेश की ज़िन्दगी है, पूरे नाटक में संकेतों को इतना खींचा गया है कि वे सपाट बन जाते हैं, प्रतीक संकट के बिन्दु पर पैदा नहीं होते, स्थितियाँ नकली और आरोपित हैं, कहानी जहाँ से शुरू होती है वहीं खत्म हो जाती है, स्थितियों के माध्यम से कुछ घटता-बढ़ता नहीं है—न नाटक, न चरित्र। इसी तरह सावित्री और महेन्द्रनाथ का सम्बन्ध एकांगी है, परिस्थितियों के बदल जानें पर आदमी बदलता नहीं है, व्यक्ति के मूल प्रश्नों का इसमें जवाब नहीं दिया गया है, वह क्यों अकेला है, इसकी **प्रस्तावना** और सारे नाटक से यह लगता है नाटक केवल 'घर की माली हालत सुधरने से सब ठीक-ठाक हो जाएगा' का बोध कराता है। यह शब्द जाल से अटा पड़ा है, सवाल गंदम है और जवाब चीनी है।[1] क्या इस आलोचक के मन में किसी और नाटक की तस्वीर तो नहीं है जिसका जवाब यह नाटक नहीं दे पाता ? इस तरह सब दलीलों में यह बार-बार दोहराया गया है कि नाटक इस तरह क्यों है। और इस तरह क्यों नहीं है। क्या इस तरह की पहचान में अपनी आवाज़ को नाटक की आवाज़ पर लादना तो नहीं है ? इसकी आवाज़ चाहे आधी हो या अधूरी हो। क्या आरोपित दृष्टि से आलोचक अपने निकट और नाटक से दूर होने की गवाही नहीं देने लगता ? इसी तरह नाटक पर यह आरोप भी लगाया गया है कि नाटक अपनी प्रस्तावना में पूरा होने का दावा तो करता है, लेकिन रह जाता अधूरा है, अधूरा भी नहीं, मात्र रूढ़ स्थितियों का पुंज।[2] इसका मतलब यह हुआ कि नाटक वचन-पालन में रघुकुल की रीति निभा नहीं पाता। इसलिए प्रस्तावना इसका अभिन्न अंग नहीं है, आरोपित है। नाटक कृति नहीं है, इसमें सृजन का अभाव है। अन्तिम तान इस बात पर तोड़ी गई है कि नाटक की सबसे बड़ी सफलता इसकी भाषा है। क्या कथन को कथ्य से अलगाया जा सकता है ? क्या कथ्य-कथन में आपसी विरोध है—सफल कथन और असफल कथ्य ? इस समय सवाल नाटक के कृति, अनुकृति या विकृति होने का इतना नहीं है

---

१. नटरंग अंक १०-११।
२. वही।

जितना इसमें आधुनिकता के बोध का है। इस नाटक में तीन दरवाज़ों वाले एक बन्द कमरे में काले सूट वाले आदमी के दाखिल होने के बाद एक जोड़ा इस सवाल का जवाब खोज रहा है कि मानव की स्थिति और नियति क्या है। यह सवाल इनके तनावों में है जो सतह पर है। इसलिए नाटक लकीरी या एकयामी लगता है, अगर काले सूट वाले आदमी की बात को अलग भी रख दें और नाटक की राह से गुज़रें तो इसकी शुरुआत एक कमरे से ही तो है, जो घर नहीं है, जिसमें बिखरी चीज़ें हैं और एक फालतू आदमी है। पति-पत्नी में तनाव का या एक-दूसरे से कट जाने का बोध होने लगता है। इस घर से बड़ी लड़की भाग चुकी है और छोटी गुस्ताख बन चुकी है, लड़का बेकार है, बाप भी बेकार है। इस घर को चलाने का सारा बोझ पत्नी के कंधों पर है जो नौकरी करती है और इसके साथ उसे बहुत कुछ करना पड़ता है। इस घर में एक नया आदमी आता रहा है—इस स्त्री के खालीपन को भरने के लिए, उसके अधूरेपन को पूरा करने के लिए। इसी तरह बड़ी लड़की के नये घर में सब-कुछ गलत है। इसका कारण हवा बताया गया है जो बड़ी लड़की और मनोज के बीच से गुज़रकर स्थिति का गड़बड़ बना देती है जिसमें आधुनिकता का बोध होने लगता है। बड़ी लड़की के लिए भी अपने व्यक्ति की खोज घर की खोज में है और घर की खोज अपने व्यक्ति की खोज में है जो शायद अब तक राकेश के नाटक की मूल खोज है। बड़ी लड़की ने इसे विरासत में पाया है।[1] माँ-बेटी दोनों इस तलाश के शिकार हैं, माँ के घर को लड़की के घर में दोहराया जा रहा है। इस टूटते-बिखरते परिवेश में आधुनिकता का बोध इतना मानव की नियति के स्तर पर नहीं है जितना उसकी स्थिति के स्तर पर है और इतना-जितना इसलिए कि एक स्तर को दूसरे स्तर से अलगाया नहीं जा सकता। इसी तरह फालतू आदमी के जवाबों में उसका इतना दब्बूपन नहीं है जितना उसके व्यक्ति का विसंगत होना है। उसके लिए घर में सब एक रबर स्टैम्प हैं और वह खुद एक रबर का टुकड़ा है।[2] इस घर में या कमरे में जितनी गड़बड़ है सब उसकी वजह से है—लड़की का भाग जाना, लड़के का आवारा घूमना, छोटी लड़की का गुस्ताख होना और नये लोगों का एक-दूसरे के बाद इस घर में आना। इसी तरह औरत एक मशीन है और आदमी रबर का एक टुकड़ा है जिसे वह सी नहीं

---

१. आधे अधूरे —पृ० ३१।
२. वही, पृ० ४४।

सकी है। इसी तरह स्त्री और **पुरुष दो** में जो संवाद चलता है वह सवाल गंदम और जवाब चीनी के वज़न को लिये हुए है और इसमें विसंगति का बोध होने लगता है।[1] इन बेतुकी बातों में व्यंग्य के माध्यम से आधुनिकता उजागर होने लगती है। क्या संवाद मात्र भाषा के लटके हैं या इनकी तह में विसंगति-व्यंग्य का बोध है? इसी तरह नाटक में कीड़े का संकेत इसे गहराता है और यह राकेश की कृतियों की एक रूढ़ि बन गया है—कीड़े-मकौड़े, कुत्ते-बिल्लियाँ, कबूतर-राजहंस, पशु-पंछी आदि। बड़ी लड़की मनोज से कटकर अपने घर में मेहमान है। इसमें अजातीयता का बोध आधुनिकता के बोध को गहराता है। सब घर के भीतर होकर घर से बाहर हैं या बाहर निकलना चाहते हैं, स्त्री जगमोहन के साथ और **पुरुष एक** जुनेजा के साथ। इस तरह नाटक में घर की बात को बार-बार दोहराया गया है जो बड़ी लड़की के लिए एक चिड़िया-घर है जिसके एक पिंजरे में वह बन्द है, उसकी नियति अभिशप्त है।[2] एक आदमी घर बसाता है अपने अधूरेपन को भरने के लिए, लेकिन सावित्री एक पूरे आदमी की तलाश में एक, दो, तीन और चार पुरुष को आज़मा चुकी है। कुछ और नामों का भी नाटक में संकेत दिया गया है जिनको वह आज़मा चुकी है। इन सबको उसने आधा-अधूरा पाया है, एक-सा पाया है। यह राजपुरुष **चार** के साथ संवाद में खुलता है। हर किसी के साथ सावित्री की शादी गलत साबित हो सकती थी। क्या यह सावित्री की नियति है या नारी की? उसे आखिरी कोशिश में एक बड़ा झटका खाना पड़ा है, मनोज के साथ जो उसकी बड़ी लड़की भगाकर ले गया। माँ ने मनोज को चाहा और मनोज ने लड़की को चाहा। सावित्री के इस कथन में कि सबके-सब एक-से हैं, अलग-अलग मुखौटे, पर चेहरा?···चेहरा सबका एक ही। और पुरुष चार के इस जवाब में आधुनिकता का बोध गहराने लगता है—तुम्हें लगता है कि तुम चुनाव कर सकती हो, लेकिन दायें से हटकर बायें, सामने से हटकर पीछे, इस कोने से हटकर उस कोने में—क्या सचमुच कहीं कोई चुनाव नज़र आया है तुम्हें?[3] इसमें आधुनिकता का बोध तो है, लेकिन यह बड़बोलेपन के बिना भी उजागर हो सकता था। यह कमरा या घर पति-पत्नी दोनों के अनुकूल नहीं है। इसलिए **पुरुष चार** पुरुष एक के लिए छुटकारा माँगने आया है। वह मिल भी जाता है, लेकिन उसकी नियति इस घर में लौटने में है। अगर लौटने में होती तो भी ठीक है; लेकिन नाटक में वह लौटता नहीं, उसे लौटाया जाता है।

---

१. आधे अधूरे, पृ० ५३, ५४, ५५।
२. वही, पृ० ९३।
३. वही, पृ० १०९

यह शायद इसलिए कि राकेश ने कालिदास और नन्द को घर से बाहर भेजकर आज़मा लिया है कि बिन्दुओं की खोज का क्या नतीजा निकल सकता है। कालिदास या नन्द की नियति महेन्द्र में अभिशप्त है, आधुनिक मानव की नियति टूटे घर में लौटने में है। इस नाटक में अपने व्यक्ति की खोज के माध्यम से घर की खोज और घर की खोज के माध्यम से अपने व्यक्ति की खोज आधी और अधूरी साबित होती है और इसमें आधुनिकता का बोध उजागर होता है। अब **प्रस्तावना** को जिसे भुला दिया गया था यहाँ इसे अगर **उपसंहार** के रूप में रख दिया जाय तो क्या यह नाटक में है या नाटक पर है, इसका अभिन्न अंग है या आरोपित है—इसका जवाब मिल जाता है। काले सूट वाला—'फिर एक बार, फिर से वही शुरुआत।......आप सोचते हो कि इस नाटक में मैं था, परन्तु मैं अपने सम्बन्ध में निश्चित रूप में कुछ नहीं कह सका—उसी तरह जैसे इस नाटक के सम्बन्ध में कुछ नहीं कह सका। क्योंकि यह नाटक भी मेरी तरह अनिश्चित है।......मैं वास्तव में कौन था?—यह एक ऐसा सवाल है जिसका सामना करना इधर आकर मैंने छोड़ दिया है (बिन्दुओं की तलाश छोड़ दी है) इसके बाद बाहर-भीतर के वास्तव पर बात है। मैं कहाँ रहता था, क्या काम करता था, किस-किससे मिलता था और किन-किन परिस्थितिओं में जीता था। आप मतलब नहीं रखते, क्योंकि मैं भी आपसे मतलब नहीं रखता। क्या यह आरोपित जान पड़ता है? इसके बाद काले सूट वाला विभाजित होने की बात करता है जो वह है और नाटक में है। इस प्रस्तावना में यदि दोष है तो वह इसके विस्तार में है; लेकिन यह कहना कि यह नितान्त बेकार है, असंगत जान पड़ता है। इसमें आधुनिकता के बोध का केवल निरूपण ही नहीं है, यह देखने वाले और पढ़ने वाले की संवेदना को तैयार भी इसके लिए करता है जो पुराने ढंग के नाटक का आदी हो चुका है। इसलिए यह कहना कि नाटककार ने **प्रस्तावना** में जिस महानता का समावेश किया है वह उसी में रह जाती है, नाटक में नहीं है, सही नहीं जान पड़ता। यह नाटक के बारे में पूरे भरोसे के न होने का परिणाम नहीं है। क्या अपने को, दूसरों को, एक-दूसरे को न समझ पाने में मानव की नियति अभिशप्त नहीं है? क्या यह नियति किसी खास जमात के आदमी की है, या इन्सान की है? **आधे-अधूरे** में यह बीच के तबके की इसलिए लगती है कि इसमें **बल** जितना स्थिति पर है उतना नियति पर नहीं है और **आषाढ़ का एक दिन** और **लहरों के राजहंस** में यह इसलिए नहीं लगती कि इनमें **बल** जितना मानव की नियति पर है उतना स्थिति पर नहीं है और बल देने की बात इसलिए करनी पड़ती है कि नियति और स्थिति को एक-दूसरे से अलगाया भी नहीं जा सकता। इस बल के कारण इन नाटकों में रचना-विधान का अन्तर भी आ गया है। इस समय

सवाल इनके रचना-विधान के संगत-असंगत या नाटकों के कृति-विकृति होने का नहीं है, इनमें आधुनिकता के बोध का है जिसे पहचानने की कोशिश **आधी-अधूरी** हो सकती है।

६—आधुनिकता की चुनौती को लक्ष्मीनारायण लाल ने भी अपने नाटकों में स्वीकारने की कोशिश अपनी सीमा और स्थिति में की है—**सूर्यमुख** (१९६८), **मिस्टर अभिमन्यु** (१९७१) और **करफ्यू** (१९७२)। इनमें आधुनिकता का बोध कहाँ, कैसे और किस तरह है! यह सही है कि आधुनिक मानस में विगत से टूटने का बोध सजग रूप में पाया जाता है? इसे कालगत अनिरन्तरता के रूप में आँका जा सकता है जो इसका ऐतिहासिक पहलू है। इसी तरह आधुनिकता का बोध नगर-बोध से भी जुड़ गया है जो नगरीकरण की प्रक्रिया का परिणाम है। इस दृष्टि से अगर आधुनिकता को हिन्दी साहित्य में आँका जाय तो यह अधिक साफ़ हो सकता है। इसकी पहचान जब केवल पाश्चात्य की आधुनिकता लेकर की जाती है तो यह न केवल संदिग्ध हो जाती है, इसका इस्तेमाल दूषित भी हो जाता है। इस शब्द में इतना फैलाव आ गया है कि इसका पैनापन खो गया है। भारतीय आधुनिक अपने को उतना अनाम और उखड़ा हुआ नहीं पाता है जितना वह बनता और कहता है। उसके कहने का अन्दाज़ शायद इसलिए धारणात्मक अधिक है, संवेदनात्मक कम है। अब वह अपने को थोड़ा विगत और परिवेश से कटा महसूस करने लगा है, अपने सम्बन्धों को टूटा हुआ पाने लगा है, मौलिक और राजनैतिक सड़ाँध को सूँघने लगा है, तनावों के भँवर में चक्कर काटने लगा है, अपनी अस्मिता को खोजने लगा है। उसके नगर का नरक शायद इतना घिनौना नहीं है जितना पश्चिम के महानगरों का है। यह नरक नाटकों में आने लगता है। भारती के **अंधा युग** में यह कौरव नगरी है और लाल के **सूर्यमुख** में यह द्वारिका नगरी है जो उजड़ चुकी है, गिर चुकी है, नरक बन चुकी है। इस तरह विगत को आगत से जोड़कर इसमें समकालीन स्थिति के माध्यम से आधुनिकता का बोध उजागर होने लगता है। इस मिथकीय पद्धति का उपयोग इस उद्देश्य को पूरा करने के लिए अनेकों ने किया है। डॉ० लाल का **सूर्यमुख** डॉ० भारती के **अंधायुग** का परिशिष्ट होने की गवाही देता है, काल की दृष्टि और रचना की दृष्टि से। इस नाटक में महाभारत के युद्ध के बाद का काल है। द्वारिका बड़े-बड़े लोगों से खाली हो चुकी है और इसमें युवा पीढ़ी सब का विरोध करती है, यह अलग-अलग वंशों में विभाजित है जो आपस में अधिकारों के लिए लड़ रही है। यह नगरी डूब रही है, काल का सागर इसे लील रहा है। इस तरह महाभारत की नगरी आज की नगरी से जुड़कर, समकालीन स्थिति को उजागर करती है, आधुनिकता का बोध नगर-बोध से जुड़ जाता है। इस नाटक के पात्रों पर

अंधा युग अार **कनुप्रिया** के पात्रों की छाया मँडरा रही है। इस तरह **अंधा युग** और **सूर्यमुख** में न केवल नगरी के परिवेश की समानता है, युद्ध की भी समानता है, पात्रों की भी समानता है। एक में संजय द्रष्टा के रूप में है तो दूसरे में व्यास-पुत्र इतिहासकार के रूप में है, एक में गांधारी है तो दूसरे में रुक्मिणी है, एक में दो प्रहरी हैं तो दूसरे में दो दरबान हैं; लेकिन **सूर्यमुख** की वेणुरति पर कनुप्रिया की छाप है। इसी तरह दोनों में भिखारी हैं। इस नगरी में आपसी युद्ध ने राजकोश खाली कर दिया है और काल के सागर का जल इसे निगलने की धमकी दे रहा है, इसके अस्तित्व को खतरे में डाल रहा है। इस तरह कौरव नगरी के नाश के बाद द्वारिका नगरी का नाश होने वाला है। इसका कारण दुर्गपाल के माध्यम से यह बताया है कि सब इतिहास से भाग निकले हैं, व्यक्तित्व खो चुके हैं, इतिहास दृष्टि से वंचित होकर मूल्यहीन हो चुके हैं।[1] इस तरह एक मात्र अनिरन्तरता को आधार बनाना चाहता है तो दूसरा निरन्तरता को या इतिहास-बोध को और दोनों दृष्टियों में आधुनिकता का बोध है।[2] प्रद्युम्न की दृष्टि में सहज-बोध को निरूपित किया गया है, कृष्ण के पुत्र और कृष्ण की आखिरी रानी वेनुरति के सम्बन्ध में जो नागरिकों को अखरता है, सहज सम्बन्ध को निरूपित किया गया है। क्या यह सहज सम्बन्ध शशि-शेखर के बोध को लिए हुए है? क्या इसमें आधुनिकता का बोध उस दौर का है जिसमें रोमांटिक बोध की मिलावट है? वेनुरति का व्यक्तित्व इस बोध के साँचे में ढला हुआ है। **अंधा युग** में जिस तरह सबका बोझ अपने कंधों पर उठाने की बात कृष्ण करते हैं, **सूर्यमुख** में कृष्ण का पुत्र करता है।[3] **अंधा युग** जरा को जिसने भूल से कृष्ण का वध किया था, इस नाटक में इसलिए लिया गया है कि उसके माध्यम से आधुनिकता के बोध को अस्वीकारा जा सके।[4] साम्ब के माध्यम से इसका स्वीकार भी उजागर होता है—'इस नगर में बोलने की मूल्यहीन स्वतन्त्रता ने हमें खोखला बना दिया है।' **कनुप्रिया** में कृष्ण अगर राधा के चरणों पर महावर लगाते हैं तो **सूर्यमुख** में कृष्ण का पुत्र वेनुरति की वेणी में कमल गूँथते हैं और आधुनिकता के बोध में रोमांटिक बोध का रंग घोल देते हैं। जहाँ तक नगरी का सवाल है उसमें आधुनिकता के बोध को अनेक संकेतों से गहराया गया है—चूहों का फैल जाना, सोने-चाँदी में साँपों का पैदा हो जाना, गाय के पेट से गधे, हथिनी के पेट से सूअर का पैदा

---

१. सूर्यमुख—पृ० १२।

२. सूर्यमुख—साम्ब और दुर्गपाल—पृ० १३।

३. वही—पृ० २८।

४. वही—पृ० ३८।

होना वास्तव को उलट-पुलट और विसंगत बनाता है।[1] इसी तरह विजय-पराजय की बहस में भी विसंगति का बोध गहराने लगता है—विजय किसकी होगी ? जो विजयी होगा। वह कौन है ? मैं तुम किसके पक्ष में हो ? अपने। इस तरह व्यंग्य-बोध विसंगति-बोध से जुड़ा हुआ है जिसके मूल में आधुनिकता की प्रक्रिया है; जिसकी झलक नाटक के अथ और इति तक तो नहीं मिलती, कहीं-कहीं मिल जाती है। यह शायद इसलिए कि पूरे नाटक का विन्यास आधुनिकता के धरातल पर नहीं है या शायद इसलिए कि इसमें आधुनिकता का बोध पहले दौर का है जिसमें आज रोमांटिक बोध की मिलावट नज़र आने लगी है। इस नाटक पर **अंधा युग** और **कनुप्रिया** की गहरी छाप अंकित है जिसका संकेत दिया जा चुका है। रुक्मिणी गांधारी की भाषा में बोलती है तो वेनुरति कनुप्रिया की भाषा में; लेकिन दोनों के व्यक्तित्व कमज़ोर क्यों हैं ? इसके अपने कारण हैं। अन्तिम तान रुक्मिणी के द्वारिका की ओर लौटने में तोड़ी गई है, आस्था में मुखरित की गई है। **अंधा युग** की तरह इस नाटक के अन्त-बोध में शयन और समापन का बोध है और इसमें आधुनिकता की पतली धारा सूखकर विलीन हो जाती है। डॉ० लाल का नाटक मिस्टर **अभिमन्यु** (१९७१) में उस आदमी का चेहरा नहीं है जो चक्रव्यूह से बाहर निकलना चाहता था और इसके लिए लड़ा था और मारा गया था; इसमें उस आदमी का चेहरा है जो बाहर निकलना नहीं चाहता, वह बाहर निकलने के वहम का शिकार अवश्य है और इसलिए वह अभिमन्यु न हो **मिस्टर** अभिमन्यु है, **पौराणिक** पात्र न होकर **आधुनिक** पात्र है, एक अफसर बनकर व्यवस्था के चक्रव्यूह में फँस गया है। इस तरह पौराणिक पात्र या महाभारतीय पात्र के माध्यम से आधुनिक आदमी की स्थिति को उजागर किया गया है जिसके मूल में आधुनिकता का बोध है। नाटकों में और कभी-कभी कविता में महाभारत के पात्रों का वैदिक या रामायण के पात्रों के बजाय रूपक के रूप में आज की स्थिति को उजागर करने के लिए अधिक उपयोग क्यों किया गया है ? यह एक टेढ़ा सवाल है। क्या महाभारत के पात्रों में आधुनिक स्थिति या नियति को पेश करने में अधिक क्षमता है या पाठक-सामाजिक तक पहुँचने की अधिक संभावना है ? इतना सही है कि नाटक की विधा में सामाजिक तक पहुँचना अधिक आवश्यक माना गया है। श्रीकान्त ने मिस्टर अभिमन्यु को पहचानने और परखने में पैनी दृष्टि और गहरी पकड़ का परिचय दिया है, लेकिन इसे आधुनिक आदमी की त्रासदी के रूप में आँकना इतना संगत नहीं जान पड़ता

---

१. सूर्यमुख—साम्ब और दुर्गपाल—पृ० ६९।

जितना इसे आधुनिक आदमी की विडम्बना के रूप में आँकना।[1] यह इसलिए भी संगत है कि शुद्ध त्रासदी और शुद्ध कामदी का युग बीत गया है और इसके मूल में आधुनिकता की चुनौती है। मिस्टर अभिमन्यु राजन है जिसका दम सरकारी व्यवस्था में घुटता है, वह इस परिवेश से बाहर निकलने की सोचता है; लेकिन इससे निकल नहीं पाता, इससे निकलने की कीमत अदा नहीं कर पाता। इसके चेहरे का एक पहलू आत्मन है और दोनों को जोड़ने में डॉ० लाल ने अपना नाटकीय कौशल दिखाया है। आत्मन की मौत राजन की मौत है। राजन के चेहरे का दूसरा पहलू गयादत्त है जो व्यवस्था का संकेत देता है। राजन के व्यक्ति की विडम्बना यह है कि वह आत्मन के बजाय गयादत्त होकर रह जाता है। इस तरह होने और न हो सकने में तनाव की स्थिति है, मिस्टर अभिमन्यु की स्थिति और शायद नियति है। राजन की कविताबाज़ी विमल के साथ चलती है; लेकिन संवाद आत्मन के साथ चलता है जब वह आधुनिक चक्रव्यूह से बाहर निकलने की सोचता है। राजन के व्यक्ति का एक पहलू बाहर न निकलने में सुरक्षित है; लेकिन आत्मन के रूप में इसका दूसरा पहलू बाहर निकलने में अरक्षित है और वह तनाव की स्थिति से गुज़रता हुआ अन्त में अकेला पड़ जाता है, उन्नति के अवसर पर दावत की भीड़ में वह अधिक अकेला हो जाता है। इस अन्त-बोध में आधुनिकता उजागर होने लगती है। इसी तरह नाटक में वह उस आदमी के चेहरे का परिचय देता है जो अपने लिए कुछ चुन नहीं पाता—न नौकरी, न पत्नी, न बँगला, न दोस्त, न रहन-सहन और न ही अपने कपड़े। इसमें व्यक्ति के खोखलेपन और बनावटीपन का बोध आज के परिवेश का परिणाम है या पुराने विधान का—यह एक पेचीदा सवाल है। क्या राजन **मिस्टर** अभिमन्यु है या **श्री** अभिमन्यु—इसे तय करना भी कठिन है। डॉ० लाल के नाटकों में परिवेश के बंधनों का तीखा बोध है। मिस्टर अभिमन्यु अगर चक्रव्यूह में घिर गया है तो **करफ्यू** (१९७२) नाटक में गौतम के व्यक्ति पर करफ्यू लग गया है। वह इसी बात को इस नाटक में एक और दृष्टि से दोहराते हैं। राजन बाहर निकलने की सोचता रह जाता है और इस नाटक के सभी पात्र करफ्यू को तोड़कर इसके पिंजरे से बाहर निकल जाते हैं। क्या इनके बाहर निकल जाने में आधुनिकता की प्रक्रिया जारी रहती है या रुक जाती है? इसका जवाब नाटक में पाना बेहतर होगा। इसमें चार पात्र हैं—गौतम, कविता, संजय और मनीषा। कविता गौतम की पत्नी है। इनका विवाहित जीवन एक पिंजरे में बन्द है, एक दायरे में चक्कर काटता चला आ रहा है। इस घर में एक मनीषा आती है जो ठहरे जीवन में

१. मिस्टर अभिमन्यु—भूमिका।

हरकत पैदा कर देती है। वह शायद आधुनिका है जो गौतम के पिंजरे की सीखचों को तोड़ देती है। इसके पहले कहानियों और उपन्यासों में बाहर से आदमी आता रहा है; लेकिन इस नाटक में बाहर से औरत आती है। मनीषा की दृष्टि में गौतम जानवर निकलता है जो किसी भी सहज काम को करने के लिए तैयार नहीं है, खूंटे से बँधा एक पशु है। यह एक दूसरे के दुख का कारण बनता है। इसके बाद कविता का पिंजरा खुलता है या उस पर लगा करफ्यू टूटता है। कविता ने भी संजय के घर में नया अनुभव पा लिया है। गौतम और कविता दोनों ने अपने विवाहित जीवन की बोरियत को तोड़ लिया है और नाटककार के अनुसार 'दोनों की तलाश ने दोनों' को एक नये बिन्दु पर पहुँचाया है।' वह कौन-सा नया बिन्दु है? यह नया बिंदु शायद पिंजरे का खुलना है, पति और पत्नी का किसी दूसरे के सामने खुलना है। इस तलाश के बाद दोनों एक-दूसरे से इस नये अनुभव को छिपाने के लिए झूठों का सहारा लेते हैं और दोनों सच का सामना नहीं कर पाते। इस बीच कविता अपने अनुभव को एक कहानी के रूप में या एक कहानी बनाकर कहती है और यह कहानी इसके पहले कविता की गैरहाजिरी में गौतम और मनीषा के बीच कही जा चुकी है जिसमें न केवल नाट्यात्मक आयरनी उजागर होती है, आधुनिकता भी उजागर होती है। कविता अपने घर के अन्दर मनीषा को पा लेती है। यह चाहे नाटक के बाहर के वास्तव से मेल न खाता हो, लेकिन यह नाटक का वास्तव अवश्य है। इस वास्तव की रचना शायद इसलिए की गई है कि बाहर का वास्तव इस तरह का हो और नाटककार के इस चाहने में आधुनिकता की प्रक्रिया ठप हो जाती है। वह इससे विवाहित जीवन की नई बुनियाद रखना चाहते हैं। कविता शादी से पहले एक युवक से नाता जोड़कर अपनी कायरता के कारण इसे तोड़ चुकी थी। और सुविधा के लिए राजन से शादी की थी। क्या आज की युवती सुविधाओं के लिए विवाह नहीं करती? क्या इस तरह वह अपने को पिंजरे में बन्द नहीं कर लेती? करफ्यू शब्द से यह संकेत बार-बार दिया गया है। मनीषा, जो आधुनिका है, बार-बार टूटी है। वह कविता के विपरीत है। एक से भागकर दूसरे के पास, दूसरे से तीसरे के पास जाने में उसकी नियति अभिशप्त रही है। कविता पर **शादी** का करफ्यू लगा हुआ है और मनीषा पर **आज़ादी** का। और दोनों अपने-अपने पिंजरे में बन्द हैं। इसी तरह संजय भी गौतम के विपरीत है। इस कलाकार पर भी आजादी का करफ्यू लगा हुआ है। मनीषा गौतम के जीवन में संतुलन लाती है और कविता संजय के जीवन में। शादी और आज़ादी दोनों अतियाँ हैं और इस नाटक का मूल संकेत शायद इसमें है—**थोड़ी शादी और थोड़ी आज़ादी** लेकिन नाटककार के अपने मन में मनीषा बस गई है। इसलिए गौतम को थोड़ी आज़ादी की नई अनुभूति

दी गई है। इस तरह करफ्यू एक प्रतीक है जिससे एक से अधिक संकेत निकल सकते हैं या निकाले जा सकते हैं। डॉ० हेम भटनागर ने करफ्यू से यह संकेत निकाला है—'अपने को जानने के लिए व्यक्ति को एकान्त के अंधकार में स्वयं को खोलना आवश्यक है। वह बाहर के आलोक में नाटक खेलता है। मनीषा से एकान्त में मिलने पर गौतम करफ्यू के बाहर आ गया, कविता संजय से मिलने पर करफ्यू के बाहर आ गई और भीतर आकर वह खुल गई। संजय और मनीषा इस तरह अपने-अपने करफ्यू से बाहर रहकर भीतर आ गए। इसका मतलब भी यह हुआ कि **थोड़ा भीतर और थोड़ा बाहर, थोड़ी शादी और थोड़ी आज़ादी**; लेकिन इस दायरे में आधुनिकता पर करफ्यू लग जाता है, आधुनिकता के बोध में समझदारी का बोध होने लगता है।

७—जगदीशचन्द्र माथुर के नाटक **पहला राजा** (१९६९) में मिथकीय पद्धति को आधार बनाया गया है ताकि विगत को आगत से जोड़कर अनागत का संकेत दिया जा सके। इस तरह निरन्तरता के बोध में भी आधुनिकता का बोध उसी तरह उजागर हो सकता है जिस तरह अनिरन्तरता के बोध में परम्परा को तोड़ने में आधुनिकता की प्रक्रिया उसी तरह जारी हो सकती है जिस तरह परम्परा से नये स्तर पर जुड़ने में। आधुनिकता को किसी खेमे में बन्द करना आधुनिकवादी होने का खतरा मोल लेना होगा। आधुनिकता भी, जैसे पहले अनेक बार कहा गया है, एक से अधिक दौरों से गुज़र चुकी है जिससे इन्कार करना आधुनिकवादी होने का सबूत देना होगा। प्रसाद के नाटकों में विगत को आगत के जोड़ने में स्वच्छन्दतावादी या रोमांटिक बोध है; लेकिन **पहला राजा** में आधुनिक दृष्टि का दावा है और यह आधुनिक दृष्टि पहले दौर की लगती है, नेहरू दौर की। नाटककार ने बड़े परिश्रम से वैदिक, पौराणिक और इस से भी पहले के पात्रों और स्थितियों को बटोरा है और इन्हें अपनी रचना का आधार बनाया है, पृथु या पहले राजा के माध्यम से नेहरू के व्यक्तित्व को उजागर करना चाहा है। पुराने पात्रों और स्थितियों का चयन नेहरू-काल की समस्याओं को उठाने के लिए किया गया है। इसमें एक-एक स्थिति का संकेत है। माथुर ने इनके संकेत देने में पैनी दृष्टि का परिचय तो दिया है; लेकिन नाटक कृति बन सका है या नहीं—इसके बारे में अन्तिम मत देना कठिन है। इसमें आधुनिकता का बोध कहाँ और कैसे है? इस नाटक की शुरुआत सूत्रधार और नटी के संवाद से होती है जिसमें सकील भाषा के इस्तेमाल से या संकर भाषा के उपयोग से आधुनिकता के बोध को उभारने की सायास कोशिश है; लेकिन इस भाषा और इस बोध में पटरी नहीं बैठती; पात्रों की रचना में आधुनिकता के बोध की कुछ गवाही चाहे मिल जाती है। सूत्रधार और नटी को छोड़कर इस नाटक में बारह पात्र हैं जिन्हें युग-बोध के साँचे में ढाला गया

है—गर्ग, अत्रि, शुक्राचार्य, सूत, मागध, पृथु, कवष, सुनीथा, दासी अर्चना और उर्वि और हर पात्र एक अन्योक्ति है, एक संकेत है जिसके माध्यम से नेहरू-युग की आधुनिकता या आधुनिकता का पहला दौर उजागर होने लगता है। इस तरह नाटक में समकालीनता इनके आधार पर उभरने लगती है—योजनाओं की स्थापना, भारत-चीन युद्ध, मन्त्रियों के आपसी द्वेष और षड्यन्त्र, घाटे का बजट या राजकोश का खाली हो जाना, देश की एकता का सवाल, पूंजीपतियों के बड़े-बड़े घर, मुनाफाखोरी, जनता का शोषण, अन्न की कमी, पिछड़ी जातियों का मसला, संविधान की शपथ। इसलिए माथुर ने इस नाटक के रचना-विधान को **आधुनिक अन्योक्ति** का नाम देना बेहतर समझा है। इसमें पात्रों को पौराणिक साहित्य से लिया गया है; लेकिन नाटक पौराणिक नहीं हैं, कुछ सूत्रों को मोहनजोदाड़ो—हड़प्पा सभ्यता की खुदाइयों से लिया गया है; लेकिन नाटक ऐतिहासिक भी नहीं है; कुछ गीतों पर लोक-शैली की छाप है; लेकिन नाटक वास्तवादी भी नहीं है। अन्योक्ति शब्द का उपयोग रूपक के रूप में किया गया है। नाटक की शुरुआत वेन के शव को मथने से होती है जिससे पृथु का जन्म होता है। वह नाटक का नायक है, पहला राजा है, देश का शासक है, आज़ादी के बाद का जवाहरलाल है। वह खुशामद और तारीफ नहीं चाहता, काम चाहता है, सहयोग चाहता है। उसका वियन काव्यात्मक है। पृथु बाँध बाँधने के लिए खुद कुदाली से मिट्टी खोदता है, सरस्वती की धारा को मोड़ना चाहता है। इस में भाखड़ा बाँध का संकेत है; लेकिन उसे असफलता का मुँह ताकना पड़ता है जिसके अनेक कारण हैं। पृथु के व्यक्तित्व की दो विशेषताएँ हैं—**काम** और **काम** या मेहनत और सेक्स और इनके संकेत अर्चि और उर्वि में मिलते हैं, अर्चि से पहले राजा का काम-सम्बन्ध है और उर्वि से परिश्रम-सम्बन्ध है। कवष पृथु का साथी है। वह अनार्य होकर भी आर्य के लिए लड़ता है। अर्चि और शुक्राचार्य दो मन्त्रियों में गहरा मतभेद है। शुक्र-नीति से पृथु को असफलता मिलती है। हर युग का अपना-अपना शुक्राचार्य होता है, जवाहरलाल के मन्त्रि-मण्डल का अपना शुक्राचार्य था। देश में अकाल की स्थिति है, सरस्वती नदी का जल सूख गया है, सूखा पड़ गया है और ठेकेदारों को हाथ रँगने का अवसर मिल गया है। अत्रि और भृगु के अपने-अपने आश्रम हैं, आज के पूंजीपतियों के दो बड़े इज़ारदारे हैं। मुनियों को टोकरियों और कुदालों का ठेका मिलता है, पूँजीपतियों को विदेशी-मुद्रा का। सुनीथा युद्ध में घायलों की सेवा करती है और उसका पति वेन अंध परम्परा का संकेत देता है। कुशा की पुनीत रस्सी पवित्र संविधान की शपथ के समान पावन है। इस तरह आगत को विगत से जोड़ा गया है और आधुनिकता को उजागर किया गया है जो संवेदना के स्तर पर न होकर धारणा के स्तर पर है। सूत्रधार और नटी के संवादों में भी युग की

समस्याओं के संकेत हैं। इनका उपयोग कोरस की तरह किया गया है। पृथु अकेला तो है; लेकिन उसका रास्ता लम्बा और साफ़ है। उसके मन में न उलझन है और न ही दुविधा।[1] क्या जवाहरलाल का व्यक्तित्व इससे मेल खाता है? क्या पृथु के अकेलेपन में रोमांटिक बोध नहीं है?[2] इसके विपरीत सूत्रधार और नटी के संवाद में आधुनिकता का बोध कभी-कभी अवश्य उभरता है—'तो फिर वही ऊब, वही उदासी, वही बेमानी, बेघरबार भटकना।' यह आधुनिकता पहले दौर की है। माथुर ने पूरी कोशिश की है कि नाटक के पहले राजा को नेहरू के व्यक्तित्व के साँचे में ढाला जाय, वह चाहे ढले या न ढले। इस नाटक में यह भी संकेत दिया गया है कि कामराज-योजना का सहारा लेकर मन्त्रिमण्डल से कुछ लोगों को निकाल दिया जाय और शुक्राचार्य इसे जानता है—'राजा पृथु हम लोगों को दूध की मक्खी की तरह फेंकेंगे। और उनके मंत्रिमण्डल में होंगे जंघापुत्र कवष और दस्यु सुन्दरी उर्वि।' नाटक का अन्त भी सूत्रधार और नटी के संवाद से होता है जिसमें धरती की खोज है। अथर्ववेद के पृथ्वीसूक्त के सस्वर गायन से आधुनिकता की प्रक्रिया अवरुद्ध हो जाती है और इस तरह का अन्त-बोध आधुनिकता के पहले दौर की एक रूढ़ि है शमन और समापन से इस दौर के नाटक का अन्त होता रहा है—वह चाहे **अंधा युग** हो या **एक कंठ विषपायी**। माथुर का **पहला राजा** आधुनिकता की दृष्टि से इसी परम्परा में आता है।

८—विपिन कुमार का छोटा नाटक **तीन अपाहिज** (१९६३) आधुनिकता के **अगले** दौर को इसलिए लिए हुए है कि इसमें विसंगति का बोध है और विसंगति का बोध एक ही साँचे में ढला हुआ नहीं है। इस संसार को उद्देश्यहीन और अराजक मानने की बात नई नहीं है। यह बोध पराभौतिक यातना की स्थिति पैदा करता है। इस तरह की यातना को पहले के नाटककारों ने भी उजागर किया है; लेकिन इनमें अन्तर यह है कि आज नाटककारों ने विचारों को वस्तु-शिल्प रूपायित करने की अनुमति दे दी है। इस तरह विसंगति पर बहस करने के बजाय विसंगति को पेश करना बेहतर समझा जाने लगा है। विसंगत नाटक का पहला काम व्यंग्य से उस समाज को काटना है जो ओछा और खोटा है। इसका दूसरा काम इन्सान को उसकी सामाजिक स्थिति से अलगाना है और उससे चयन करवाना है ताकि वह बुनियादी स्थितियों का सामना कर सके। मानव की स्थिति या मानवीय स्थिति की विसंगति का विरोध अस्तित्ववादी बोध को लिए हुए है। इसका विरोध रोमांटिक बोध के

---

१. पहला राजा—पृ० ५३।
२. वही—पृ० ५८।

आधार भी होता रहा है; लेकिन अस्तित्ववादी विरोध आयरनी को आधार बनाता है। इस तरह विसंगत नाटक में नायक अनायक हो गया है—आवारा, अपाहिज, अपराधी, बूढ़ा, कैदी। विपिन कुमार के नाटक में यह अपाहिज है। इस नाटक की शुरुआत तीन अपाहिजों से होती है—कल्लू, खल्लू और गल्लू—मतलब क, ख, ग से जो एक तेल के लैम्प के खम्भे के नीचे **तीन तरह** बैठे हैं। इस अन्तर के सिवाय इनमें और अन्तर हो भी क्या सकता है। इस विसंगत संसार में इनके एक-एक शब्द से, एक-एक अंदाज़ से विसंगति का बोध होता है जो **गोदो का इन्तज़ार** के आवारों की याद दिलाता है—चलो ! चलो क्या ? उठकर। कहाँ ? कहीं भी। कहीं भी, मतलब, कहीं भी। यानी, यहाँ आसपास भी ? हो सकता है। मैंने अभी सोचा नहीं है। बिना सोचे कभी नहीं बोलना चाहिए। इसी तरह भविष्यवाणी की बात को लेकर व्यंग्य आकाशवाणी पर कसा गया है, आज़ाद होने की बात का मज़ाक उड़ाया नहीं गया, यह उड़ जाता है। अपाहिज किसी बात का मज़ाक उड़ाते नहीं हैं, वह शब्दों के हेरफेर से खुद पैदा हो जाता है, खुद उड़ जाता है। इस हेरफेर में न तो शब्दों की चुस्ती है और न ही चालाकी, इसमें **नाट्यात्मक** शब्द का चयन है और इसकी हरकत है। इस तरह विसंगति पर बहस नहीं होती, विसंगति पैदा हो जाती है या पेश हो जाती है। इस छोटे नाटक में कभी मानव की नियति तो कभी इसकी स्थिति पेश विसंगत हो जाती है—बल कभी उसकी नियति पर है तो कभी उसकी स्थिति पर है। अन्तिम तान तीन अपाहिजों की स्थिति पर टूटती है। देश की आज़ादी, आकाशवाणी के झूठ, काम और आराम, देश की एकता आदि को लेकर विसंगत स्थिति का बोध होता है और हवा चलने, जगह बदलने आदि को लेकर विसंगत नियति का बोध उजागर होता है—फिर गलत हो गया। सही क्या था ? जो पहले था अब नहीं है। न सही, न गलत। न सही, न गलत। तो अब क्या है ? जो है। इसमें आधुनिकता का बोध गहराने लगता है। अन्तिम तान हम सब कद्दू हैं, हम सब एक हैं में टूटकर तीन अपाहिजों की स्थिति को विसंगति में बदल डालती है और इस अन्त-बोध में, जो नाटक के बाहर हो जाता है, आधुनिकता की प्रक्रिया जारी हो जाती है। इस तरह **तीन अपाहिज** कहीं-कहीं **गोदो का इन्तज़ार** की याद भी दिलाने लगता है। इस तरह के छोटे नाटकों की रचना बराबर हो रही है जिनमें आधुनिकता का बोध अपने-अपने स्तर और परिवेश को लिए हुए है। यह कभी धारणा के धरातल पर है तो कभी संवेदना के धरातल पर।[1]

---

१. नवरंग में छोटे नाटक। विपिन अग्रवाल—यह पूरा नाटक एक शब्द है। शंभूनाथ सिंह—दीवार की वापसी। शान्ति मेहरोत्रा—एक और दिन। नवरंग में। मुद्रा राक्षस—तिलचट्टा।

९—ज्ञानदेव अग्निहोत्री के नाटक **शुतरमुर्ग** (१९६८) के बारे में अनेक मत हो सकते हैं और एक-दूसरे के विरोधी भी हो सकते हैं; लेकिन इस समय सवाल इसमें आधुनिकता का है। अगर इसमें आधुनिकता का बोध है तो यह कहाँ और कैसे है! नाटक की शुरुआत सूत्रधार के कथन से होती है जिसमें वह शुतरमुर्ग के प्रतीक को अपना काला दुशाला उतारकर राजा के रूप में इन शब्दों में स्पष्ट करता है—शुतुरमुर्ग! कितना प्यारा पक्षी है! जब नग्न सत्य उसे चारों ओर से घेर लेते हैं तो वह भाग नहीं पाता तो आँखों समेत वह अपनी चोंच रेत में डुबो देता है और पलायन की अनुभूति की वह कल्पना करता है कि उसे कोई नहीं देख रहा है····· **और वह सुरक्षित है**।······वह **सचेतन** शुतुरमुर्ग है, वह जानता है कि उसे सब देख रहे हैं, सब समझ रहे हैं, सब जान रहे हैं और **वह सुरक्षित नहीं** है। ऐसा एक नाटक मेरी शुतुरनगरी में खेला गया था। इस परिचय के बाद परदा इस नाटक पर उठता है। क्या सुरक्षित या अरक्षित होने का बोध नाटककार के मन में है या नाटक में है? यदि नाटक में नहीं है तो आधुनिकता के बोध का सवाल उठाना संगत नहीं जान पड़ता। क्या राजा वास्तव में सो रहा है, अचेत शुतुरमुर्ग है या सचेत शुतुरमुर्ग? इस नाटक की संरचना में व्यंग्य-बोध है। यदि इस दृष्टि से इसे नहीं आँका जाता और गंभीरता के आधार पर इसकी पहचान की जाती है तो राजा वास्तव में सो रहा है। वह बाहर से सो रहा है लेकिन भीतर से जाग रहा है। उसका हर कथन उसे एक **यमले** जाट की तरह है जो भीतर से खचरा होता है, सचेत होता है। आज से बीस साल पहले राजा ने शुतुरमुर्ग की प्रतिमा स्थापित करने की सोची थी। क्या बीस साल का संकेत देश की आज़ादी से नहीं है जिसमें समकालीन बोध उजागर होता है? इसकी बीसवीं सालगिरह मनाने के लिए कुछ लोग राजा का अभिनन्दन करना चाहते हैं; लेकिन वह कृतिकार का अभिनन्दन नहीं चाहता, कृति का चाहता है। क्या इस व्यंग्य में राजा का उद्घाटन नहीं हो रहा है? जनता इसके खिलाफ़ है। वह शुतुरमुर्ग की स्थापना के विरोध में है! विरोधीलाल में समकालीनता का बोध है। महामन्त्री की इस राय में कि **आज** इतना सरल नहीं कि उसे किसी परिभाषा में बाँधा जा सके—आधुनिकता का बोध उजागर होता है।[1] राजा टालना जानता है और इसलिए वह कभी तुक की बातें करता है तो कभी बेतुकी बातें जिनमें आयरनी उभरती है और कभी-कभी विसंगति भी। विरोधीलाल की चुनौती तीर फेंकने के माध्यम से भीतर पहुँच जाती है जिससे यह संकेत मिल जाता है कि राजा किस तरह परिवेश से कटा हुआ है; लेकिन शुतुरनगरी को वश में करना वह जानता है। महामन्त्री की इस राय में कि

---

१. शुतुरमुर्ग—पृ० १०।

इस नगरी में सजग और संवेदनशील होकर जीना संभव नहीं है, आधुनिकता की प्रक्रिया जारी है।[1] विरोधीलाल के इस मत में कि अनास्था, भय, भूख और दिशाहीनता का अदृश्य कोहरा शुतुरनगरी को धीरे-धीरे निगल रहा है, समकालीनता के माध्यम से आधुनिकता का बोध गहराने लगता है। विरोधीलाल को राजा हथिया लेता है, वह व्यवस्था का अंग बनकर सुबोधीलाल बन जाता है और जनता का नेता मामूलीराम बन जाता है। इस तरह न केवल इन नामों में व्यंग्य-बोध है, स्थिति में भी है जो राजनीतिक है। अब मामूलीराम को राजा ने हथियाना है—हाँ, भाषण मन्त्री, विरोधीलाल के शपथ-समारोह पर मामूलीराम राजमहल में जाएगा, वह अपनी आँखों से सब-कुछ देखेगा। फिर वह बाहर आएगा, उसका कटु अनुभव भीड़ को मालूम होगा। विरोधीलाल को भीड़ सदैव के लिए अलग कर देगी। वह पूरा हमारा हो जाएगा। और **दिशाहीन भीड़** को हमारी होने का अवसर मिलेगा।[2] इस तरह व्यंग्य के माध्यम से आधुनिकता का बोध उजागर होने लगता है और व्यंग्य नाटक के अथ से इति तक चलता है। इससे लगता है कि यह एक राजनीतिक व्यंग्य-रचना है। समकालीन स्थिति पर महामन्त्री की गहरी पकड़ है—जब तक विरोधियों का अनुवाद सुबोधियों में होता रहेगा तब तक यह सब सम्भव नहीं है। इसी तरह विरोधीलाल की शपथ में व्यंग्य का तीखा बोध है—मेरे पास आत्मा जैसी कोई चीज़ नहीं है। मैं कुलदेवता शुतुरमुर्ग को साक्षी करके यह शपथ लेता हूँ कि आधा वचन और आधा कर्म से महाराज का पूरा अनुयायी रहूँगा। इस नाटक में समकालीनता का दबाव इतना है कि यह अपने स्तर से उतरने लगता है, व्यंग्य की धार कुण्ठित होने की गवाही देने लगती है जब चीन और पाकिस्तान दो-दो दुश्मनों की तरफ़ इशारा किया गया है।[3] एक ओर अकाल है और दूसरी ओर विशाल भोज है और भूख से मौत को विसंगत रूप दिया गया है। इसमें आयरनी धँसने लगती है और व्यंग्य भीषण होने लगता है।[4] इसके कसाव को कम करने के लिए उपहास का सहारा लिया गया है। इस नाटक में भी आधुनिकता का बोध नगर-बोध से जुड़ा हुआ है, खोखली शुतुरनगरी से। क्या राजा शुतुरमुर्ग है जब वह लोगों के पेट की भूख को दिमाग की भूख में बदलने की सोचता है? इसलिए नाटककार की

१. शुतुरमुर्ग, पृ० १४।
२. वही, पृष्ठ २१।
३. वही, पृष्ठ ३८, ३९।
४. वही, पृष्ठ ५५।

यह शिकायत संगत जान पड़ती है कि आलोचकों ने राजा की सही पहचान नहीं की है। वह शुतुर-दृष्टि से पीड़ित नहीं है, वह इस दृष्टि से पूरी तरह परिचित है। वह दिशाहीन भीड़ को यह आश्वासन देता है कि इसके कहने पर सब-कुछ होगा और मामूलीराम यह संदेश पहुँचाने के काम आता है। इस नाटक का अन्त इस तान पर तोड़ा गया है कि शुतुरमुर्ग तो बन ही नहीं पाया, उसके टूटने का सवाल ही नहीं उठता। राजा को इस उजड़ी और खोखली नगरी से निकाला जा रहा है और नाटक देखने वाली की ओर मुड़कर वह कहता है कि शुतुरमुर्ग की स्थापना उसने कभी नहीं चाही। यह तो शक्ति और सत्ता को सुरक्षित रखने की एक नीति थी। 'अब तो आप समझ गए होंगे कि हम एक राजा हैं और इस **अनन्त नाटक** के सूत्रधार भी। इस तरह **हम** का **मैं** में बदल जाना और अनन्त नाटक के संकेत से नाटक का अन्त हो जाना आधुनिकता की प्रक्रिया को जारी रखता है। अगर **अनन्त** नाटक की बजाय **अन्तहीन** नाटक कहा जाता तो शायद बेहतर होता। अनन्त मध्यकालीन बोध को लिए हुए है और अन्तहीन आधुनिकता के बोध को।

१०—सुरेन्द्र वर्मा के नाटक द्रौपदी (१९७०) के अन्त-बोध में भी आधुनिकता के बोध का परिचय मिलता है और अन्तहीन अन्त-बोध आधुनिकता का एक मूल न होकर नाटक या कृति की संरचना का परिणाम है।[1] एक डॉक्टर आलोचक को इस नाटक का अन्त धुंधला और गँदला लगा है। इनकी शिकायत यह है कि युवा नाटककारों पर वास्तववादी शैलियाँ हावी क्यों हैं। इनकी आधुनिकता आरोपित है।[2] **द्रौपदी** इसका उदाहरण है। सुरेखा मनमोहन की पत्नी है और एक बड़ी लड़की और एक बड़े लड़के की माँ है। सुरेखा के संवाद से नाटक की शुरुआत होती है जिसमें परिवार के सदस्यों का परिचय देने में फैलाव आ जाता है। आखिरी परिचय उसके पति का है जिसका नाम मनमोहन या मनि है। इस एक नाम पर चार नकाब वालों को इसलिए एतराज़ है कि इससे इनके अस्तित्व के लोप हो जाने का खतरा है; लेकिन सुरेखा इनके एतराज़ से चौंक जाती है। क्या सुरेखा की नियति द्रौपदी की तरह इन सबको या पाँचों को झेलने में है? इन नकाबों के अलग-अलग रंग हैं—सफेद, लाल, काला और पीला। इनसे मनमोहन के व्यक्ति के चार और चेहरों का संकेत दिया गया है। सुरेखा को जब चारों की इस बात का सामना करना पड़ता है कि वे वही हैं जो उसका पति है तो द्रौपदी का चेहरा उभरने लगता है जिसके पाँच पति थे और वह इसे सहन

---

१. नटरंग, १७।
२. इनेक्ट, ५१।

नहीं कर पाती। सुरेखा के अनुरोध पर मनमोहन नकाब वालों को न तो नकारता है और न ही फटकारता है। उस पर नौकरी वाला पहलू हावी हो जाता है। इस तरह घर में उसका दफ्तर वाला चेहरा उभरता है और दफ्तर में उसका और चेहरा। वह अलग-अलग संसारों में विभाजित है। इस विभाजन से वह विसंगत होने की गवाही देने लगता है, बेतुकी बातें करने लगता है, एक संसार को दूसरे से जोड़ नहीं पाता। उसकी जवान लड़की और उसके जवान लड़के का अपना-अपना संसार है, अपना-अपना जीवन है। इस परिवार के जीवन को, जो बीच के तबके का है, मीठी चुटकियाँ ले-लेकर उभारा गया है। माँ और बेटी के खुले संवाद से इस परिवार के जीवन का भीतर खुलने लगता है। रोमांटिक बोध पर मीठी चुटकियाँ आधुनिकता के बोध को उजागर करती हैं। लड़का भी समकालीन नगर-बोध की आदतों का शिकार है। इस तरह आधुनिकता का बोध नगर-बोध से जुड़ जाता है। वह चरस और एल० एस० डी० का शौक करता है। इसी तरह एक और चीज़ है उसके कमरे में, दराज़ के भीतर ताले में बन्द है। यह घर बिखर रहा है, टूट रहा है। बेटा और बेटी माँ-बाप से कट गए हैं, माँ भी बाप से कट गई है। इनमें आपसी संवाद सतही है या टूट चुका है। मनमोहन और पीले नकाब वाले में संवाद आधुनिकता के बोध को लिए हुए है। क्या करोगे? तलाश? किस की? कुछ था, जो अब नहीं रहा।...कब से उसे ढूँढ़ रहा हूँ—हर जगह। ...सारी आलमारियाँ खोलकर देख लीं। मेज़ों की एक-एक दराज़।[1] इधर मनमोहन इतना आत्मलीन हो गया है, अपने में खो गया है कि उधर कम्पनी का मैनेजर और डायरेक्टर मनमोहन के पीले नकाबवाले अंश की डाँट-डपट करने लगते हैं। वह न घर का रहा है और न ही कम्पनी का। इस स्थिति में उसकी बातचीत अंजना से होती है और उसका यही सवाल है कि उसे क्या हो गया है। मनमोहन लाल नकाब वाले में बदलकर उसके यहाँ जाता है। क्या ये रंग मनमोहन के व्यक्ति के अलग-अलग खाने हैं? क्या इन रंगों का इस्तेमाल मानस के चेतन, उपचेतन या अचेतन को उजागर करने के लिए है...इड, ईगो और सुपर-ईगो को? अंजना और लाल नकाब वाले की बातचीत बे-सिर-पैर की है, बेतुकी है। इसी तरह अंजना की बोरियत नगर-बोध का परिणाम है जिसमें आधुनिकता का बोध गहराने लगता है।[2] वह अपने को भीड़ से काट लेना चाहती है, वह मनमोहन के शनिवारों के लिए इस ज़िन्दगी से चिपका रहना नहीं चाहती और मनमोहन का लाल नकाब को इसकी

---

१. नवरंग, ६४—पृ० १४।
२. नवरंग, पृष्ठ १८।

परवाह नहीं है। इसके बाद राजेश और अलका का छोटा नाटक शुरू हो जाता है जो इस घर के बिखरने का संकेत देता है और अनिल-वर्षा का इसके टूटने को इंगित करता है। मनमोहन का घर उसके लिए घर नहीं रहा, सबके लिए मकान हो गया है जिसकी भीतरी दीवारें तड़क गई हैं, आपसी सम्बन्ध टूट गए हैं। अनेक नाटकों की तरह इस नाटक में भी घर टूट जाता है। क्या यह मानव की स्थिति है या उसकी नियति या दोनों ? क्या यह कहीं केवल महानगर के परिवेश का परिणाम तो नहीं है जिसमें दियोनीसस घुस गया है ? मनमोहन के दो नकाबों के संवाद में इस स्थिति की पहचान और परख जारी है। कभी गिलास के टूट जाने के संकेत में तो कभी इन्तज़ार के संकेत में आधुनिकता का बोध उजागर होता है। इसे नाट्यात्मक शब्द के बजाय काव्यात्मक भाषा या संकेत की भाषा में कहा गया है। इसके बाद बड़े और छोटे नाटकों के संवादों को दोहराने से अतीत को ताजा किया है। मनमोहन और काले नकाब वाले के संवाद में व्यंग्य की धार तीखी होने लगती है। मनमोहन खुद को अपने से, अपने परिवेश से कटा हुआ पाता है, लेकिन काला नकाब उसे कार के लाइसेंस से, बैंक की पासबुक से, लौकर की चाबी से, बीमे की पालिसी से, मकान के कागज़ों से जुड़ा हुआ बताता है। सच्चे रिश्ते यही हैं जो कभी नहीं बदलते, कभी बासी नहीं होते। अंजना भी पागल भीड़ का हिस्सा बने रहना नहीं चाहती। उसमें किसी तरह का स्वाद नहीं रहा। इस तरह मनमोहन का समय तो कटता रहा है, लेकिन यह उसे भी काटता रहा है। काले नकाब वाला मनमोहन के लाल नकाब की जरूरत को समझता है—अगर अंजना के पहले एक रंजना थी तो अंजना के बाद एक वंदना होगी—एक नयी किताब पढ़ने को, एक नया जिस्म जानने को। मनमोहन थक गया है, उसे कुछ हो गया है, होश में नहीं रहा। वह अपने को खोकर बिखर गया है, बहकने लगा है। इस तरह महानगर का जीवन जीने से होश में कौन रह सकता है, कौन लगातार दौड़ लगा सकता है जिसमें वह पिछड़ जाय। मनमोहन अपने पीले नकाब में लड़खड़ा जाता है। उसे होश में लाने के लिए मकान की इस मंज़िल पर पीने का पानी नहीं चढ़ता (जिन्दगी) इसे चढ़ाने के लिए बूस्टर चाहिए। इसकी सूचना सुरेखा देती है, एक बार शुरू में वह पहले भी दे चुकी है। इस बार वह शायद इसलिए देती है ताकि नाटक में उसे भुलाया न जा सके। इस नाटक की शुरुआत सुरेखा या द्रौपदी से की गई है जिसे मनमोहन के पाँच पहलुओं या पतियों को झेलना है, लेकिन बाद में उसे मरकज़ से धीरे-धीरे हटाकर परिधि में डाल दिया गया है और नाटक की मूल कल्पना, जिसके आधार पर इसका नाम रखा गया है, झुठलाने लगती है। सब रंगों के नकाब वाले बूस्टर चाहिए का नारा लगाते हैं, महानगर में बिना

बूस्टर के पानी नहीं चढ़ता, ज़िन्दगी सूख जाती है। इस नारे के साथ नाटक का अन्त हो जाता है या किया जाता है जो आकस्मिक है। मनमोहन सँभलकर खड़ा तो हो जाता है या उसे खड़ा किया जाता है; लेकिन भीतर से वह टूट चुका है। उसके चुक जाने में नाटक के अन्त को बाहर निकालने की कोशिश में आधुनिकता का बोध होने लगता है। ऐसा क्यों ? इस प्रश्न में इसकी प्रक्रिया जारी हो जाती है।

इस तरह आधुनिकता की पहचान और परख इस नाटक और अन्य नाटकों में की गई है। आधुनिकता को एक आलोचक ने नेति-नेति की भाषा में भी पहचाना और परखा है और नाटककार को समाधि की स्थिति में पहुँचाया है—जैसे आधुनिक नाटक में पुरानी भाषा नहीं है, पुराना वास्तव नहीं है, आवेश और आवेग नहीं है, पुरानी अन्वितियाँ नहीं हैं, करुणा नहीं है। इस नाटक के बारे में यह भी कहा गया है कि इसके संवादों में भीतरी कसाव है, इसमें हास्य और व्यंग्य है, इसके शब्द में हरकत है, लेकिन इसमें अकेलेपन, संत्रास, खोखलेपन और परिवेश से कट जाने का बोध भारतीय परिवेश में गलत है।[1] इस तरह भारतीय और अभारतीय के सवाल को उठाकर आधुनिकता की पहचान और परख कहाँ तक संगत है। आधुनिकता का बोध यदि नगरीकरण की प्रक्रिया का परिणाम है तो इस सवाल को किस तरह उठाया जा सकता है ! क्या इसका कारण भारतीय परम्परा से कट जाने की पीड़ा है ? आधुनिकता का बोध परम्परा से कट जाने में भी हो सकता है और नये स्तर पर इससे जुड़ने में भी। कभी भय, संत्रास, विसंगति के बोध को किसी परिवेश या देश में सीमित किया जा सकता है या नगरीकरण की प्रक्रिया को इसमें बाँधा जा सकता है ? आधुनिकता नाटक में भी क्या-कैसे-किस तरह है इसे उजागर करने की कोशिश की गई है। इसकी पहचान कभी वास्तव के स्वरूप को लेकर की गई है, कभी अन्त-बोध को लेकर तो कभी नगर-बोध को लेकर, कभी अनुभूति के वियन लेकर तो कभी ज़मीर की धारा को लेकर, कभी मिथकीय पद्धति को लेकर तो कभी नाट्यात्मक शब्द को लेकर, कभी असंगति-विसंगति के बोध को लेकर तो कभी अजातीयता के बोध को लेकर, कभी स्थिति पर बल देने की दृष्टि को लेकर तो कभी नियति पर बल देने की दृष्टि को लेकर, कभी परम्परा से कट जाने की समस्या को लेकर तो कभी इससे नये स्तर पर जुड़ने की समस्या को लेकर, कभी घर में व्यक्तित्व की खोज को लेकर तो कभी व्यक्तित्व में घर की तलाश को लेकर। इसी तरह नाटकों में आधुनिकता के एक से अधिक दौर भी देखने को मिलते है। इसलिए आधुनिकता को एक मूल्य के रूप में आँकने की बजाय एक प्रक्रिया के रूप में आँकना बेहतर जान पड़ता है। अगर इसे किसी

१. नवरंग—भूमिका।

एक या दूसरे बाड़े में बाँधा न जाय तो यह भी शायद बेहतर साबित हो सकता है। इसी तरह नाटक में आधुनिकता की पहचान और परख कविता, कहानी या उपन्यास में आधुनिकता के आधार पर अगर की जाती है तो यह भी असंगत साबित हो सकता है। एक विधा की लय को जब दूसरी विधा की लय पर आरोपित किया जाता है तो परिणाम इस तरह का निकल सकता है और निकलता रहा है।

●●●

अकारान्त-नाम सूची